독일문학 그리고 한국문학

독일문학을 사랑하는 모두에게

The Germany Literature & Korea Literature

독일문학 그리고 한국문학

최석희

푸른사상

머리말

독일 가는 비행기를 처음 탄 것은 30여 년 전인 1975년이었다. 해외에 나가기 위해서는 신원조회라는 것을 받아야 했으며 그 절차가 까다롭기 그지없던 시절이었다. 한국유학생들이 지금처럼 많지 않던 당시 독일사람들은 아시아여자, 그것도 한국여자가 독일 말을 하는 게 신기한지 어디서 독일어를 배웠으며 왜 독문학을 전공했는지 물었다. 너무나 당연한 일이라고 생각했던 나로서는 그런 질문을 받고 나서야 왜 내가 독문학을 했을까하고 자문하게 되었다. 꼭 독문학이 아니면 안 된다는 생각을 한 것은 아니었지만 독문학을 하면 독일에 갈 수 있을 것이며 번역서로 읽은 독일작품을 원서로 마음놓고 실컷 읽을 수 있으리라는 막연한 생각 때문이었다.

한국에서는 대부분의 학생들이 고등학교 때 제2 외국어로 독일어를 배웠다는 사실, 초등학교 국어 책에서 그림동화를, 중학교 국어교과서에서는 쉴러의 드라마를, 그리고 고등학교 국어교과서에서는 독일 산문을 읽었다고 말하면 독일사람들은 감탄해마지 않는다. 그러나 너무나 놀랍게도 나는 막스 뮐러의 『독일인의 사랑』이나 안톤 슈낙의 「우리를 슬프게 하는 것들」을 읽어보았다는 독일사람을 만나지 못했다. 「황태자의 첫 사랑」은 아느냐고 물으면 잠시 머뭇거리다가 그제사 「알트-하이델베르크」를 말하는 것은 아닌지 하고 조심스럽게 물어온다. 언제부터인가 나는 한국인이 즐겨 읽었거나 즐겨 읽는 독일문학작품이 반드시 독일에서 알려진 유명한 작품은 아니라는 사실을 차츰 깨닫기 시작했다. 그렇다면 독일인이 읽는 우리 한국문학도 마찬가지일 것이다. 독일인들은 한국하면 무엇을 떠올리며, 어떤 작품을 읽었을까?

한국어로 번역된 독일작품은 수없이 많지만 일반 독자들에게 알려진 작품은 그렇게 많지 않다. 제1부에서는 한국국어교과서에 수록된 작품, 1960년대와 1970년대 한국에서 베스트셀러가 된 독일작품, 독일과 관련된 수필, 우리가 즐겨 부르는 독일노래를 다시 읽어보고자 한다. 교과서에 수록된 작품들은 대부분 비교적 짧은 이야기이기에 가능한 전문을 다 수록하고 싶었지만 사정상 중략을 하지 않을 수 없었으며 그리고 옛 글일 경우에는 옛 문법 그대로 두었음을 밝힌다.

지금까지 한국어로 번역된 독일작품에 비하면 독일에 소개된 한국관련 책이나 독일어로 번역된 한국작품은 그 수가 많지 않아 불균형을 이루고 있다. 그러나 우리 민담은 우리가 독일작품을 읽기 시작한 1920년대에 이미 독일학자에 의해 독일에 번역 소개되었다. 제2부에서는 독일교과서에 수록된 『압록강은 흐른다』, 구한말에 나온 한국여행기, 1970년대와 80년대에 나온 한국관련 저서, 독일어로 최초 번역 소개된 한국민담을 소개하고자한다. 이미 번역이 되어있는 저서나 작품들은 기존의 번역본을 사용했으며 번역되어있지 않은 경우에는 감히 필자가 번역을 하였다.

서재에 어지럽게 널려있던 자료들을 다시 제자리에 돌려놓으면서 이 책이 독문학에 대한 아름다운 추억과 나아가 한국문학의 세계화 기여에 작게나마 도움이 되었으면 한다. 푸른사상사 한봉숙 사장님과 편집위원여러분께 진심으로 감사드립니다.

2007년 5월
최 석 희

차 례

머리말 • 5

제1 부 한국인이 본 독일, 독일문학

제1장 국어교과서를 통한 독일문학 수용 • 13
  1. 초등학교 국어교과서 • 13
    1) 제1차 교육과정—제6차 교육과정 • 13
      「금고기」• 15　　　　　　　「백조 왕자」• 40
      「브레멘의 음악대」• 52　　　「당나귀」• 65
      「월광곡」• 72
    2) 제7차 교육과정 • 80
      「곰돌이 워셔블의 여행」• 80　「수학귀신 이야기」• 85
  2. 중학교 국어교과서 • 90
    1) 제1차 교육과정—제6차 교육과정 • 90
      「빌헬름 텔」• 91　　　　　　「독일의 인상」• 107
      「독일의 부흥」• 112
    2) 제7차 교육과정 • 117
      「나비」• 117　　　　　　　　「책상은 책상이다」• 123
  3. 고등학교 국어교과서 • 128
      「우리를 슬프게 하는 것들」• 128

제2장 한국에서 베스트셀러가 된 독일문학 • 136
    『데미안』• 137　　　　　　　「청춘은 아름다워라」• 141
    『독일인의 사랑』• 144　　　　『젊은 베르테르의 슬픔』• 147
    『황태자의 첫사랑』• 159　　　『생의 한가운데』• 165

독일문학 그리고 한국문학

제3장 독일과 관련된 수필　　　　　　　　　　• 170
　『그리고 아무 말도 하지 않았다』• 170

제4장 독일노래　　　　　　　　　　　　　　　• 177
　1. 독일민요 • 178
　　1) 초등학교 음악교과서 • 178
　　2) 중학교 음악교과서 • 184
　2. 독일서정시 • 190
　　1) 하이네의 시 • 190
　　2) 괴테의 시 • 202
　　3) 뮐러의 시 • 209
　　4) 헤롯세의 시 • 210
　　5) 쉴러의 시 • 211
　　6) 헤세의 시 • 213

제 2 부 독일인이 본 한국, 한국문학

제1장 독일교과서를 통한 한국문학 수용　　　• 217
　『압록강은 흐른다』• 217

차 례

제2장 독일인이 본 한국 • 234
1. 구한말에 나온 한국기행문 • 235
2. 1970-1980년대에 나온 남북한 기행문 • 247
   『고래가 싸우면』• 247　　『북한 여행기』• 256
   『평양에서 잠 못 이루고』• 261
3. 1970년대에 나온 한국관련 저서 • 264
   『상처 입은 용』• 264　　『전쟁장난감』• 269
4. 올림픽이후에 나온 한국관련 저서 • 274
   『한국』• 274　　『한국 여행안내서』• 278

제3장 독일어로 번역된 한국문학 • 282
1. 한국민담 • 283
   1) 1920~1950년대 • 283
   『조선어문법』• 284　　『조선 민담집』• 289
   『오동나무 밑에서』• 297　　『산삼』• 301
   2) 1970년대 • 310
   한국동화 • 311
2. 한국현대문학 • 319

- 표 : 독일어로 번역된 한국문학 • 325
- 참고문헌 • 334
- 찾아보기 • 339

제1부
한국인이 본 독일, 독일문학

제1장 국어교과서를 통한 독일문학 수용

1. 초등학교 국어교과서

1) 제1차 교육과정—제6차 교육과정

얼마 전에 '그림동화의 꿈과 현실'이라는 교양강좌를 펼친 적이 있다. 수강신청을 한 학생들 중에는 『그림동화』를 그림이 그려진 동화 내지는 그림과 연관된 동화하고 생각한 학생들도 없지 않았다. 동화에는 늘 그림이 그려져 있어서 나 역시 어린 시절 『그림동화』라고 하면 그림이 그려진 동화라고 생각했다. 『그림동화』는 독일 낭만주의 작가인 그림형제 Brüder Grimm가 수집, 편찬한 동화이며 그림형제란 형 야콥 그림 Jacob Grimm(1785–1863)과 동생 빌헬름 그림 Wilhelm Grimm(1786–1859)를 말한다. 그리고 우리가 일반적으로 그림동화라고 하는 동화의 원 제목은 『어린이와 가정을 위한 동화 Kinder und-Hausmärchen』이며 그림동화는 창작 동화가 아니라 그림형제가 수집, 편찬한 독일전래동화이다.

그림형제는 마르부르크 Marburg에서 법학을 전공하였으며 법학을 전공한 이들이 동화를 편찬하게된 것은 바로 그들의 스승이었던 사비니 Savingy교수와의 인연 때문이다. 당시 이들 형제는 사비니교수의 개인 도서실을 이용하고 있었는데 여기서 독일 낭만주의 작가, 클레멘스 폰 브렌타노 Clemens von Brentano와 아르힘 폰 아르님 Archim von Arnim을 만나게 된 것이 그림동화 탄생의 결정적인 계기다. 브렌타노의 여동생 쿠니군데 Kunigunde가 사비니교수의 약혼자였기 때문에 브렌타노를 위시하여 당시 많은 독일 낭만주의 작가들이 사비니 교수 집에서 만남을 가지게 되었다. 브렌타노와 아르님은 당시 『소년의 마적 Des Knabens Wunderhorn』(1806-1808)이라는 독일민요집을 출판한 뒤 독일전래동화를 모으려는 생각을 하고 그림형제에게 자료를 부탁했다. 그림형제는 1810년부터 브렌타노를 위해 독일전래 동화를 모으기 시작하여 베를린에 있는 브렌타노에게 우송까지 했으나 브렌타노가 이 일을 그림형제에게 권하면서 본격적으로 동화수집을 하게 된다. 이렇게 해서 1812년에 초판 1권이 탄생하게 되었으며 우리들이 현재 읽고 있는 동화는 1857년에 나온 제7판인 최종판이다.

그림동화가 한국에 수용된 시기는 1922년, 1923년 일제 강점기이며 안데르센 동화, 이솝이야기와 함께 당시 방정환을 비롯하여 젊은 지식인들을 통해 번안, 번역되었다. 방정환은 1922년 잡지 ≪개벽≫에 그림동화 「개구리 왕자」, 「잠자는 공주」, 「천당가는 길」, 「막보의 장사」를, 1923년에는 잡지 ≪어린이≫에 「황금거위」, 「염소와 늑대」, 「작은 이의 일흠」을 번안 소개하였다. 그림동화가 한국국어교과서에 수록되기 시작한 것은 1940년 후반에서 1950년대 초, 그러니까 제1차 교육과정 때부터이다. (우리나라 교육과정은 해방 후 제1차 교육과정이 시작되어 현재 제7차 교육과정 개편을 마친 상태이다.)

1952년 3학년 1학기 국어교과서 9과에 수록된 「금고기」라는 이야기를 읽어보자.

「금고기」

바닷가 오막살이에 할아버지와 할머니가 살고 있었읍니다.
할아버지는 날마다 바다에 나가 고기를 잡고 할머니는 집에서 길삼을 하였읍니다.
오늘도 할아버지는 바다에 나가 거울같이 맑은 바닷물에 첨벙 그물을 던졌읍니다. 그리고는 조심조심 그물을 잡아당겼읍니다.
"이게 무슨 고기냐?"
할아버지는 깜짝 놀랐읍니다. 세상에서 처음 보는 번쩍 번쩍 빛나는 금고기였읍니다.
"할아버지, 할아버지. 나를 다시 바닷물 속에 놓아주십시오. 그 은혜는 잊지 않겠어요"
금고기는 이렇게 말했읍니다.
할아버지는 금고기를 바닷물에 놓아주었읍니다. 할아버지는 집에 돌아와 할머니에게 금고기이야기를 했읍니다. 이야기를 듣던 할머니는 갑자기 성을 내며,
"바보 같은 늙은이, 왜 고기를 놓아주었어. 하다못해 새 물동이라도 하나 달라지. 저렇게 다 깨어진 물동이로 어떻게 물을 긷는담."
할아버지는 할머니의 말에 못 이겨 바다로 나갔읍니다. 아까 금고기를 놓아 준 곳에 와서
"금고기야, 금고기야"
하고 금고기를 불러 보았읍니다. 그러자 곧 금고기가 바닷물 위에 머리를 쳐들고 나타났읍니다.

"할아버지, 부르셨어요?"
"금고기야, 금고기야. 할머니의 소원이다. 새물동이 하나만 주렴."
"할아버지, 할아버지. 걱정 말고 돌아가셔요. 할아버지보다 먼저 새 물동이가 집에 가 있을 거예요."
할아버지는 할머니가 퍽 좋아하실 줄 알았는데, 할머니는 좋아하시기는커녕 또 다시 이렇게 말했읍니다.
"그래, 물동이가 없다니까 겨우 새물동이 하나만 달랬소? 바보 같은 늙은이 같으니. 난 이젠 이런 오막살이집엔 살기가 싫어졌어요, 어서 가서 큼직한 집이라도 한 채 달래요."
할머니가 야단을 치는 바람에 할아버지는 다시 바다로 나갔읍니다. 바다에는 잔물결이 출렁거리고 있었읍니다.
"금고기야, 금고기야."
할아버지는 힘없이 금고기를 불렀읍니다. 금고기는 곧 다시 나왔읍니다.
"금고기야, 금고기야. 할머니의 소원이다. 깨끗한 집 한 채 만 주었으면."
"할아버지, 할아버지. 걱정 말고 돌아가셔요."
할아버지가 집에 돌아오려니까. 벌써 오막살이집은 간데 없고, 새로 지은 커다란 기와집 한 채가, 그 자리에 서 있었읍니다.
"아, 이게 우리 집이로구나."
하며 할아버지가 대문에 들어서자마자 할머니는 큰 소리로
"커다란 집만 가지고 어떻게 살아요. 돈이 있어야지, 돈이. 난 이제 일하기가 싫어요. 놀고먹을 테야 요. 어서 가서 큰 부자가 되게 해 달래요."
할아버지는 할 수 없이 다시 터벅터벅 바다로 나갔읍니다. 바다는 조금 파도가 일고 있었습니다.
"금고기야, 금고기야."
부르는 할아버지의 목소리는 떨렸읍니다.
"금고기야, 금고기야. 할머니의 소원이다. 할머니는 큰 부자가 되고 싶단다."

"할아버지, 할아버지. 걱정 말고 돌아가셔요."

할아버지가 집에 돌아갔을 때는 벌써 할머니는 큰부자가 되어, 아름다운 비단 옷을 입고 예쁜 꽃방석 위에 앉아있고, 마구에는 소와 말들이 여물을 먹고, 뜰에는 닭들이 모이를 쪼고 있었읍니다. 부엌에서는 지금 한창 맛있는 음식을 만드느라고 야단입니다.

얼마동안 할머니는 아무 말 없이 지냈읍니다. 그러나, 또 며칠이 못 가서 할머니는 할아버지를 불렀읍니다.

"난 인제 부자는 싫어졌어요. 놀고먹기도 실증이 났어요. 난 인제 이 나라의 여왕이 될 테야. 어서 금고기에게 가서 그렇게 말해요."

할아버지는 할머니의 성화에 못 이겨서 또 바다로 나갔읍니다. 하늘은 시커멓게 흐리고 바다에는 산더미 같은 파도가 일고 있었읍니다.

"금고기야, 금고기야."

할아버지는 목 메인 소리로 금고기를 불렀읍니다.

"금고기야, 금고기야. 나를 좀 살려 주렴. 할머니의 소원이다. 할머니는 인제 부자도 싫어졌단다. 이 나라의 여왕이 되겠단다."

금고기는 잠깐 동안 말이 없더니,

"할아버지, 할아버지. 걱정 말고 돌아 가셔요. 할머니는 벌써 여왕이 되어 대궐 안에 앉아있을 테니까요."

정말 할머니는 여왕이 되었읍니다. 눈부신 옷을 입고 높은 자리에 점잖게 앉아 있읍니다. 여왕이 되게 하여준 할아버지도 이제는 마음대로 할머니를 만날 수가 없읍니다. 파수보는 병정에게 허락을 받아야 겨우 할머니의 의자 앞에 꿇어앉을 수가 있었읍니다.

그러나 또 며칠이 못 가서 할머니는 할아버지를 불렀읍니다.

"내가 이 나라에서는 제일 높지만, 아직 금고기만은 못해. 저 넓은 바다도 내 마음대로 해야 돼. 인제 금고기도 내 부하로 만들 테야. 어서 가서 금고기더러 내 부하가 되라고 그래요."

할아버지는 기가 막혔읍니다. 그러나, 할머니의 성화에 다시 바다로 나가지 않고는 못 견디었읍니다. 할아버지는 하는 수 없이 또 바다로 나갔읍니다. 바다는 하늘과 맞붙어서, 성낸 물결이 막 할아버지에게 덤벼들 듯 하였읍니다.

"금고기야, 금고기야."

할아버지는 울음 섞인 목소리로 금고기를 불렀습니다. 금고기도 걱정스러운 얼굴로 나타났읍니다.

"금고기야, 금고기야, 할머니의 소원이다. 할머니는 바다의 왕까지 되어야 속이 시원하겠다. 너까지를 부하로 삼아야 마음이 놓이겠단다."

할아버지의 말을 듣고 있던 금고기는 아무 대답도 없이 물 속에 쑥 들어가 버렸읍니다. 금고기가 사라진 물위를 물끄러미 바라보던 할아버지는 터벅터벅 집으로 돌아오는 수밖에 없었읍니다.

돌아와 보니, 대궐도 큰 부잣집도 간데 없고 처음에 있던 오막살이 집만이 남아있었읍니다.

눈부신 여왕의 옷도 아름다운 옷도 간데 없고 헌 누더기를 입은 할머니만이 힘없이 집문 앞에 앉아 있었읍니다. 그 곁에는 깨어진 물동이 하나가 놓여 있었읍니다.[1] (철자법은 원문 그대로 두었음.)

깨어진 물동이 하나에서 시작된 할머니의 욕심은 큰집, 부자, 여왕, 용왕까지 이어지게 되며 결국 욕심이 지나쳐 모든 것을 잃어버리고 처음으로 뒤돌아간다는 이야기다. "금고기야, 금고기야 할머니의 소원이다" 라는 이 「금고기」는 10년 가까이 초등학교 국어교과서에 나오다가 1960년대부터 교과서에서 사라졌다. 그러나 욕심 많은 할머니에 대한 유사한 이야기는 일반동화집에 나오며 한국에 널리 알려져 있다.

욕심 많은 할머니이야기를 다룬 그림동화의 「어부와 그 아내 Von dem Fischer un syner Fru」라는 동화를 읽어보자.

---

[1] 초등학교 3학년 2학기 국어. 56-64쪽. 1952.

「어부와 그 아내」

바닷가에 어부와 그 아내가 함께 살고 있었습니다. 어부는 매일 나가서 낚시를 했습니다. 그는 그물을 치고 또 쳤습니다. 한번은 낚싯대 옆에 앉아서 맑은 물을 들여다보고 있었습니다. 그리고 앉아있고 또 앉아있었습니다.

그때 낚싯대가 깊이 아래로 내려갔습니다, 그리고 낚싯대를 위로 당겼을 때 커다란 넙치 한 마리를 끌어올렸습니다. 그때 고기가 어부에게 말했습니다.
"어부, 부탁이 있네, 나를 살려주게, 나는 진짜고기가 아니라 마법에 걸린 왕자일세. 나를 죽여보았자 자네에게 무슨 도움이 되겠나? 나는 맛도 없을 거야. 나를 다시 물 속에 넣어주고 헤엄치게 해주게."
남자가 말했습니다.
"고기야, 많은 말을 할 필요가 없단다, 내가 진작 말을 할 수 있는 고기를 놓아주어야 했었는데."
그렇게 어부는 고기를 물 속에 놓아주었고 고기는 물 속으로 들어가서 긴 꼬리를 흔들었습니다. 이제 어부는 일어나 마누라에게 갔습니다. 마누라가 말했습니다.
"여보, 오늘은 아무 것도 못 잡았소?"
남편이 말했습니다.
"잡았지, 고기 한 마리를 잡았소, 그런데 마법에 걸린 왕자였다오. 그래서 다시 놓아주었소."
마누라가 물었습니다.
"아무런 소원도 말하지 않았어요?"
"아니, 무슨 소원을 말해야 한단 말이오?"
"아, 여기 늘 이런 움막에 사는 것은 싫어요, 역겹고 냄새가 나요. 작은 오두막이라도 달라고 했어야지요. 가서 고기를 불러 작은 오두막을 갖고 싶다고 말하세요, 그러면 그렇게 할 것입니다."
남편이 말했습니다.
"아, 또 가야한단 말이오?"
마누라가 말했습니다.
"아이, 당신은 고기를 잡았는데 놓아주었어요, 고기가 그 사실을 잘 알고 있으니 당장 가세요."
남편은 사실 전혀 가고 싶지 않았지만 마누라의 말을 거역할 수가 없어서 바다로 갔습니다. 그가 바다에 도착하자 바다는 초록빛이었고 누렇고 전혀 맑지가 않았습니다. 남자는 바다 쪽으로 서서 말했습니다.
"고기야, 고기야
바다 속의 고기야,
우리 마누라 이자빌은
내가 원하는대로 하지 않으려 해."
그러자 고기가 헤엄을 쳐 나와 말했습니다.
"마누라가 무엇을 원하는가?"
남편이 말했습니다.
"아, 내가 너를 잡았으니, 뭔가 소원을 말해야했노라고 마누라가 말해, 그녀는 더 이상 움막에서 살기 싫다면서 오두막 한 채를 원해."
고기가 말했습니다,
"가보시오, 벌써 오두막 한 채가 있을 것입니다."
어부는 집에 가보니 마누라는 움막에 앉아있는 것이 아니라 작은 오두막 앞 벤치에 앉아있었습니다, 마누라는 남편의 손을 잡고는 말했습니다.
"들어와 보세요, 훨씬 좋지요."
그들은 안으로 들어갔으며 오두막에는 작은 현관이 있고 화려한 방 하나와 각자를 위한 침대가 하나씩 놓여 있는 방이 있었습니다. 부엌과 음식물을 보관하는 저장실이 있었으며 모든 것은 최고로 갖추어져있고 아름답게 꾸며져 있었으며, 납과 구리로 된 도구들이 그 안에 있었습니다. 뒤에 작은 뜰이 있었고 닭, 오리, 채소와 과일이 있는 작은 정원도 있었습니다. 마누라가 말했습니다.

"보세요, 예쁘지 않으세요?"

남편이 말했습니다.

"이제 이렇게 삽시다, 이제 우리들은 정말 만족해서 살 것이오."

마누라가 말했습니다.

"생각해봅시다."

그들은 식사를 한 다음 자러갔습니다.

그렇게 일주일 혹은 이 주일이 지나갔습니다, 그때 마누라가 말했습니다.

"여보 들어보세요, 오두막이 너무 좁아요, 마당과 채소밭도 너무 작아요. 고기가 우리에게 더 큰집을 선물할 수 있을 것입니다. 나는 벽돌로 지은 큰 성에 살고 싶어요. 고기한테 가세요, 고기더러 우리에게 성을 선물하라고 하세요."

남편이 말했습니다.

"여보, 오두막이면 충분히 좋지 않소. 왜 성안에 살아야한다지!"

마누라가 말했습니다.

"뭐라고요, 가세요 고기가 그렇게 할 수 있을 것입니다. "

"여보, 고기가 우리에게 오두막도 주었소, 나는 또다시 가고 싶지 않소, 그러면 고기를 화나게 할 것이오."

마누라가 말했습니다.

"가기나 하세요, 고기가 잘 할 것이며 기꺼이 할 것이오, 당신은 가기나 하세요."

남편은 마음이 무거웠으며 가고 싶지가 않아 혼자 중얼거렸습니다.

"이것은 옳지가 않아."

하지만 그는 고기에게 갔습니다.

그가 바다에 왔을 때 물은 오랑캐꽃 빛이었으며 짙은 푸른색이었고 잿빛이고 깊었습니다. 전혀 초록빛도 누런빛도 아니었으며 조용했습니다. 그때 어부는 바다 쪽으로 서서 말했습니다.

"고기야, 고기야,
바다 속의 고기야
우리 마누라 이자빌이
내가 원하는 대로 하지 않으려 해."

"그래, 그녀는 무엇을 원하는가?" 하고 고기가 물었습니다. 남편이 반은 우울하게 말했습니다.

"그녀는 돌로 지은 큰 성안에 살고 싶어해."

"가보시게, 그녀는 성문 앞에 있을 걸세." 하고 고기가 말했습니다. 그러자 남편은 집으로 가려 생각하고 집에 도착했을 때는 그곳에 돌로 지은 큰 성이 있었습니다, 그의 마누라는 계단 위에 서서 들어가려고 하다가 남편의 손을 잡고는 말했습니다.

"들어오기만 하세요."

그렇게 그는 그녀와 함께 들어갔습니다, 성안에는 대리석으로 된 복도에 수많은 하인들이 있었으며 커다란 문을 열자 벽은 모두 번쩍이고 아름다운 벽지가 발라져 있었습니다, 그리고 방안에는 황금 의자와 탁자가 있었으며 샹들리에가 천장에서 내려와 있었습니다, 모든 방에는 아름다운 양탄자가 깔려있었고 음식과 최고급 포도주가 식탁 위에 차려져있었습니다, 마치 식사를 시작하라는 것 같았습니다. 그리고 집 뒤에는 말 마구간과 소 마구간이 있는 큰 뜰이 있었으며 최고의 마차가 있었습니다. 그곳에는 아름다운 꽃과 맛있는 과일들이 열린 정원이 있었습니다. 숲이 반 마일이나 되었고 노루, 사슴, 토끼, 원하는 모든 것이 숲 속에 있었습니다. 남편이 말했습니다.

"자, 아름답지 않소? 이제 그만 합시다, 우리는 아름다운 성안에 살고 있지 않소, 만족해야지요."

"생각해보지요. 잠이나 잡시다." 마누라가 말했습니다. 그리고 나서 그들은 자러갔습니다.

다음날 아침 그녀는 먼저 일어났습니다, 막 날이 샜습니다. 모두 각자의 침대에서 화려한 땅이 자기 앞에 펼쳐져 있는 것을 보았습니다. 남편은 아직 자고 있었으며 그때 그녀는 팔꿈치로 남편을 치면서 말했습니다.

"여보, 일어나서 창 밖을 한번 보구려, 우리들은 이 모든 땅을 지배하는 왕이 될 수 있지 않겠어요? 고기한테 가세요, 왕이 되고 싶다고 하세요." 남편이 말했습니다.

"여보 마누라, 왜 왕이 되려하오! 나는 왕이 되고 싶지 않소."
마누라가 말했습니다.

"에이, 당신이 왕이 되려하지 않는다면 내가 왕이고자 해요. 고기한테 가세요, 나는 왕이 되려고 해요." 남편이 말했습니다.

"아, 여보, 왕이 되려 하다니, 나는 그 말을 하고 싶지 않소."
마누라가 말했습니다.

"왜 안돼요? 당장 가세요, 나는 왕이 되어야만 해요."

그러자 남편은 고기한테 갔으며 마누라가 왕이 되려고 해서 몹시 기분이 좋지 않았습니다.

"그것은 옳지 않아, 옳지 않아." 하고 남편은 생각했습니다. 그는 가지 않으려 했지만 고기에게 갔습니다.

그가 바닷가에 왔을 때 바다는 짙은 회색빛이었고 안에서 바닷물이 부글부글 끓어올랐으며 몹시 썩은 냄새가 났습니다. 그때 그는 바다 쪽을 향해 서서 말했습니다.

"고기야, 고기야
바다 속의 고기야.
우리 마누라 이자빌은
내가 원한대로 하지 않으려 해."
고기가 물었습니다.

"그럼 그녀는 무엇을 원하는가?"
남편이 말했습니다.

"아, 그녀는 왕이 되기를 원해."
고기가 말했습니다.

"가보시게, 그녀는 이미 왕이 되어 있을 것이오."

그러자 남편은 집으로 갔으며 그가 집에 도착했을 때 성은 훨씬 커졌으며 커다란 탑이 있었습니다. 그리고 문지기가 문 앞에 서 있었으며 트럼펫과 나팔을 든 군인들이 있었습니다. 집안으로 들어가자 모든 것은 황금대리석으로 되어 있었고 벨벳으로 된 천장······ 그의 마누라는 황금과 금강석이 박힌 높은 옥좌 위에 앉아있었으며 커다란 황금 관을 쓰고 손에는 왕홀을 들고 있었습니다, 황금과 보석으로 장식한 여섯 명의 아가씨들이 그녀 양옆에 열을 지어 서 있었으며 한 아가씨는 언제나 다른 아가씨보다 머리하나가 작았습니다. 그때 그는 선채로 말했습니다.
"여보 부인, 당신은 이제 왕이오?"
"네, 나는 이제 왕이요."
그는 서서 그녀를 바라다보았습니다, 한동안 그녀를 바라보고는 말했습니다.
"아, 부인, 당신이 왕이라니 정말 아름답구려! 이제 더 이상 바라지 맙시다."
"아뇨, 여보." 하고 마누라는 말했으며 그는 아주 불안하게 되었습니다. "시간이 너무 지겨워요, 더 이상 참을 수가 없어요. 고기한테 가서 왕인 나는 황제가 되어야한다고 말하세요."
남편이 말했습니다.
"아, 여보 왜 황제가 되려하오?"
그녀가 말했습니다.
"고기한테 가세요, 나는 황제가 되고 싶어요."
남편이 말했습니다.
"고기는 황제를 만들 수 없어. 나는 고기에게 그 말을 하고 싶지 않아. 황제란 나라 안에 단 한 분뿐이야. 고기는 황제를 만들 수가 없어, 그럴 수가 없어."
마누라가 말했습니다.
"뭐라고, 나는 왕이요, 당신은 나의 남편일 따름이오, 당장 가지 못하시겠어요? 당장 가세요. 고기가 우리를 왕으로 만들 수 있다면 황제도 만들 수 있어요. 나는 황제가 되고 싶어요. 당장 가세요!"

그는 가지 않을 수가 없었습니다. 그러나 남편은 가면서 몹시 두려웠습니다. 가면서 그는 생각했습니다.

"안 돼, 안 돼, 황제라니 너무 뻔뻔스러워, 고기도 결국 지칠 거야."

그런 생각을 하면서 그는 바다에 왔으며 그때 바다는 완전히 까맣고 두껍고 안에서부터 괴어오르기 시작하여 거품이 일고 바람에 일렁이었습니다. 두려움이 그를 엄습했습니다. 그는 바다를 향해 서서 말했습니다.

"고기야, 고기야,
바다 속의 고기야,
우리 마누라 이자빌은,
내가 원하는 대로 하지 않으려 해."

고기가 말했습니다.

"가기나 하시오, 그녀는 벌써 황제가 되어있을 테니."

그때 남편은 집으로 갔으며 도착했을 때 성 전체가 황금 조각상과 황금 장식이 달린 대리석으로 되어있었습니다. 성문 앞에는 군인들이 행진을 했으며 트럼펫을 불고 북을 두드렸습니다. 집안에는 백작과 공작들이 시중을 들었습니다, 그들은 온통 황금으로 된 문을 열어주었습니다. 그가 안으로 들어갔을 때 그의 아내는 옥좌 위에 앉아있었고 옥좌는 금 덩어리로 되어있었으며 6엘렌 높이였습니다. 그녀는 황금으로 된 큰 관을 쓰고 있었으며 그 황금관에는 금강석과 보석이 박혀있었습니다. 한 손에는 왕홀을 쥐고, 다른 한 손에는 지구의를 쥐고 있었습니다. 그녀 옆에는 제상들이 두 줄을 지어 서있었습니다, 늘 한사람은 다른 사람보다 더 작았습니다. 6엘렌이나 되는 가장 키가 큰 거인에서부터 새끼손가락 만한 난쟁이까지. 그녀 앞에는 많은 영주들과 공작이 서있었습니다. 그때 남편은 머뭇거리며 서서 말했습니다.

"여보, 당신은 이제 황제요?"

"그렇소. 나는 황제요." 그녀가 말했습니다.

남편은 다가가서 그녀를 한동안 쳐다보고는 말했습니다.

"아, 부인, 당신이 황제라니 얼마나 좋은지!"
마누라가 말했습니다.
"여보, 왜 그렇게 서 있지요? 나는 이제 황제요, 그러나 교황이 되고 싶어요, 고기에게 가세요."
남편이 말했습니다.
"여보, 당신은 모든 것을 원할 수는 없소, 교황이 될 수는 없소, 교황이란 그리스도교계에서 한 분뿐이오. 고기가 그렇게 만들 수는 없소."
그녀가 말했습니다.
"여보, 나는 교황이 되고 싶어요, 나는 오늘 교황이 되어야만해요."
남편이 말했습니다.
"여보, 부인, 나는 그 말을 할 수가 없소, 그것은 안되오, 그것은 너무 심하오, 고기는 당신을 교황으로 만들 수가 없소."
마누라가 말했습니다.
"원 별소리! 고기가 황제를 만들 수 있다면 교황도 만들 수 있어요. 당장 가요, 나는 황제예요, 그리고 당신은 나의 남편일 뿐이예요. 가시겠지요."

그때 그는 불안하고 아주 비참함 기분이 들었지만 고기한테 갔습니다. 그는 떨었으며 비틀거리고 무릎과 장단지가 흔들거렸습니다. 그때 바람이 땅위를 스쳐갔고 마치 저녁 무렵 황량하게되듯 구름이 지나갔습니다. 나무에서는 나뭇잎들이 불어왔고 물은 마치 물끓듯 소리를 내었으며 강기슭에는 첨벙거렸고 어부는 멀리서 배가 고난에 빠져 파도 위에서 춤을 추고 뛰어오르는 것을 보았습니다. 하늘은 가운데는 아직도 약간 푸르렀지만 옆에는 무거운 폭우 같은 것이 와 있었습니다. 그때 어부는 불안해하면서 서서 말했습니다.

"고기야, 고기야,
바다 속의 고기야,
우리 마누라 이자빌은
내가 원하는 대로 하지 않으려 해."

"이제 무얼 원하오?" 하고 고기가 물었습니다. 남편이 말했습니다.

"아, 마누라가 교황이 되고 싶데."

"가기나 해보세요, 벌써 되어있습니다."

그래서 남편은 집으로 갔습니다. 집에 도착하자 집은 커다란 교회처럼 온통 성으로 둘러싸여 있었습니다. 거기서 그는 백성들 사이를 밀치고 들어갔습니다. 집안에는 온통 수천의 촛대에 불이 밝혀져 있었으며 그의 아내는 온통 황금으로 된 옷을 입고 높은 옥좌에 앉아 있었으며 세 개의 커다란 금관을 쓰고 있었습니다. 그녀주변에는 많은 성직자들이, 그리고 그녀의 양옆으로는 두 줄로 촛대가 세워져 있었습니다. 아주 두껍고 커서 높은 탑 같은 촛대부터 아주 작은 교회의 촛대까지. 모든 황제와 왕들은 그녀 앞에 무릎을 꿇고 있었으며 그녀의 발에 키스를 했습니다.

"여보, 당신은 이제 교황이오?" 하고 남편은 묻고는 그녀를 쳐다보았습니다. 그녀는 말했습니다.

"그래요, 난 이제 교황이예요."

그때 그는 자리에 앉아 그녀를 바로 쳐다보았습니다. 마치 환한 태양을 보는 것 같았습니다. 어부는 마누라를 한참 그렇게 바라보고는 말했습니다.

"아, 여보, 당신이 교황이라니 정말 좋소!"

그러나 그녀는 통나무처럼 아주 뻣뻣하게 앉아서 움직이지 않았습니다. 그러자 남편이 말했습니다.

"여보, 만족하시오, 이제 당신은 교황이오, 이제 더 이상 아무 것도 될 수가 없소."

"생각해보지요."

하고 마누라가 말했습니다. 그리고 두 사람은 자러갔습니다, 그러나 그녀는 만족하지 않았습니다, 욕망으로 그녀는 잠을 이루지 못했습니다. 그녀는 또 무엇이 될 수 있는지 생각하고 또 생각했습니다. 남편은 깊이 잘 잤습니다. 그는 하루종일 많이 걸었습니다. 그러나 마누라는 전혀 잠을 이룰 수가 없었으며 밤새도록 이쪽 저쪽 뒤척이었으며 또 무엇이 될 수 있을까

하고 생각하고 또 생각했습니다. 그렇지만 더 이상 아무 것도 생각할 수 없는 상태에서 마침내 해가 떠올랐습니다. 침대에서 몸을 일으키면서 해가 떠오르는 것을 보았을 때 그녀는 생각했습니다.

"아, 나는 해도 달도 떠오르게 할 수 없지 않은가?"

"여보" 하고 그녀는 남편의 갈비뼈를 팔꿈치로 쳤습니다.

"일어나요, 가서 고기한테 내가 신이 되고 싶다고 말하세요."

남편은 반쯤 잠에서 깨어나 있었지만 너무나 놀라 침대에서 떨어졌습니다. 그는 잘못 들었다고 생각하고는 눈을 비볐습니다.

"여보 마누라, 무엇이라 했소?"

마누라가 말했습니다.

"여보, 내가 태양과 달을 떠오르게 할 수 없고 그것을 바라보기만 해야 하다니 참을 수가 없어요. 내가 태양과 달을 직접 떠오르게 할 수 없다면 단 한 시간도 편하지가 않을 것이오."

그때 그녀는 남편을 너무나 큰 눈으로 쳐다보아서 공포가 그를 엄습했습니다.

"당장 가세요, 나는 신이 되고 싶어요."

"아 여보, 고기가 그렇게 할 수는 없소, 고기가 황제와 교황을 만들 수는 있지만. 부탁하건대 정신차리고 교황으로 머무르시오."

그때 그녀는 불같은 화를 내었고 머리카락이 머리주변에서 거칠게 날았으며 흉위를 열어 재치고는 남편을 발로 걷어차면서 소리쳤습니다.

"난 참을 수가 없어요, 더 이상 참을 수가 없어요. 당장 가지 않으시겠소." 그러자 남편은 바지를 끼어 입고는 정신없이 나왔습니다.

그러나 바깥에는 강풍이 불어 발을 딛고 서 있을 수 없을 정도였습니다. 집과 나무가 바람에 흔들리고 산이 움직이고 바위가 바다 속으로 굴러 내렸으며 하늘은 칠흑처럼 검고 천둥과 번개가 쳤습니다, 바다는 교회탑이나 산처럼 높아지고 검은 파도가 되었고 모두 위에 하얀 왕관의 물거품을 쓰고 있었습니다. 그는 소리를 쳤지만 자신의 말을 들을 수 없었습니다.

"고기야, 고기야
바다 속의 고기야,
우리 마누라 이자빌은
내가 원하는 대로 하지 않으려 해."
"이제, 그녀는 도대체 무엇을 원하는가?" 하고 고기가 물었습니다. 남편이 말했습니다.
"아, 그녀는 신이 되고 싶어해."
"가기나 하시오, 그녀는 다시 옛날의 움막 속에 앉아 있을 걸세."
두 사람은 오늘날까지 아직도 그곳에 앉아있습니다.2)

그림동화 「어부와 그 아내」를 한국국어 교과서의 「금고기」와 비교하면 기본 구성은 같지만 우리의 「금고기」보다 내용이 훨씬 상세하며 약 여섯 배정도 길다. 그림동화에서 "고기야, 고기야, 바다 속의 고기야, 우리 마누라 이자빌은 내가 원하는 대로 하지 않으려 해."라는 할아버지의 말은 오두막집에서 성, 왕, 황제, 교황, 신이 되게 해달라는 할머니의 소원을 전할 때마다 반복된다. 이러한 동화의 특성은 우리 국어 교과서에 수록된 「금고기」에서도 마찬가지로 나타나고 있다. 그러나 한국 국어 교과서에서는 할아버지가 잡았다가 다시 놓아준 고기는 넙치가 아니라 금고기이며 아내의 이름이 이자빌이 아니라 그냥 할머니이다. 지금도 마찬가지이지만 옛날에 우리나라에서는 자신의 아내를 부를 때 이름을 부르지 않았기 때문에 할머니의 이름이 있을 수가 없다. 그리고 「금고기」에서 할머니가 마지막으로 되고 싶어하는 것은 신이 아니라 용왕이다. 이는 기독교문화가 밑바탕이 되어있는 서양에서는 그 누구도 다가갈 수 없

---

2) Brüder Grimm: *Kinder-und Hausmärchen*. S. 135-142. Artemis/ Winkler. 1993. 이 후부터는 KHM.으로 표기함.

는 것이 신이지만 한국에서는 당시 신이라는 개념보다는 용왕이라는 개념이 더 분명했기 때문이다. 그러나 한국전래동화에 이 「금고기」이야기가 없다는 사실로 미루어 「금고기」는 그림동화의 「어부와 그 아내」를 큰 줄기만 남겨놓고 한국정서에 맞게 번안한 것이 라고 볼 수 있다. 그림동화 「어부와 그 아내」는 이미 1923년, 잡지 ≪동명≫에 「漁夫의 夫婦」라는 제목으로 번역되었다.

漁夫의 夫婦 그림童話集에서

◇어느바다갓가운곳 오막살이집에 어부(漁夫)두량주가 살앗습니다. 그네는 날마다 낙시와 그물로 고기를잡는 것이 일이엇스며 쏘다시업는 질거움이엇스며 쏘 그것이생애이엇습니다.

◇오늘도 날이새자 어부는 거울처럼 맑고 새파란물우에 낙시ㅅ대를던지고 바위미테안저서 「찌」가 움즉임만정신 쏘고잇섯습니다. 그째 마츰 낙시에걸려나온고기는 가자미엇습니다.

◇가자미가 하는말이―

「여봅쇼 령감! 살려줍시오! 난참말 물고기가 아니라 원악 왕자로서 마술에걸려 고기가되엇습니다. 하니싸 나가튼것이야잡은들무엇하오 설사 먹는다해도 아무맛이업슬터이니 얼는돌우 물속에너허주시오」하고 애걸을햇습니다.

◇「아!」하고 쌈짝놀랜어부는 한참동안자쑤들여다보니 아닌게아니라 여느고기와는 좀달라 보엿습니다. 그래서 「아무턴 돌우물에너허주마. 너가티 말을잘하는고기는 무서워서도 노하줄수밧게……」

◇이러케말하면서 물우에 펄덕던지니까 얼사조타구나하고 뭉쑥한쏘리를휘휘둘르면서 물속으로들어갓습니다.

◇어부는곳장 마누라한테로 다름박질가니까

「웨 오늘아츰에는 고기가업소」

하면서 고기보구니를 들여다보앗습니다.

「아이구 어찌한담! 별수업시오늘아츰에는 맨밥을먹엇군」하고 마누라는 매우애닯아하는 모양이엇습니다.

◇어부는 두팔을쓰고 썩버틔고서서

「여보 아무말말우 재수가 업스랴니까 별일이다만치. 「찌」가끔벅하기에 낙시를 잡아달이니 아 팔이 쩍적지근하담. 그래 나는 무슨쏘큰수나나는줄알고 죽을욕을보면서 쯔집어내보니 별것이아니라 가자미여.」

◇마누라는 쌍에노핫든 보구니를다시 들여다보며

「그래 그건 어찌햇소」하얏습니다.

◇허 글세 내말을들어봐요—

「간신히 쯔집어냇드니 가자미란놈의 말이 난 원래왕자(王子)로서 어느 몹슬놈의 마술에걸려서 가자미가 됏다고하겟지」

◇이말을들은 마누라는

「그래 어쩌케햇소」

「어쩌케하기는 무얼어쩌케해. 돌우물속에너허달라고 애걸복걸을하기에 그대로해주엇지」

◇「그래 당신은 그한테 아무소원도 말하지안햇습니까」 하고 마누라가 퉁명스럽게말햇습니다. 어부는 추근추근히 이상한 듯이

「아니 소원이라니무슨소원?」

하얏습니다.

◇「아하」하고 마누라가 합장을하야가슴에대드니

「아 여보! 당신은 언제든지이런움속에서 살터입니까. 하다못해 삼간모옥에서라도 살다가죽어야지. 다시가셔서 불러가지고 말해보시요. 꼭 그대로 해줄터이니」

◇「그럴가? 하기야 낸들 왜 이보담조흔집에서 살구십지안흘가마는……」

하드니

「그럼 어찌하면될고?」

하고 마누라더러 물엇습니다.
　◇「그까진것 물을게무에람」
　마누라는 이러구면셔
　「쏘한번그곳으로 가서 낙시질을 해 보시요. 그래 가자미가 걸리거든놔주면서 소원을 말해보시요. 자! 어서가해보셔요.」
　◇어부는 어쩐지 맘에그닥지 쌩기지안는것을 그래도 그만둘수가업셔셔바다가으로 나갓습니다. 바다ㅅ물은벌서앗가가티맑아치는 안햇습니다. 어부는 가에셔셔
　「깁흔대 숨은가자미야
　쌀리쌀리 이곳으로나오너라
　우리집 마누라 백형산이가
　너한테 소원이 잇다구한다」
　◇이와가티 노래를하니까 가자미가물우에써올라서 말하기를—
　「소원이라니 그무엇인고?」
　어부의 말이
　「내가 다시한번 너를 잡으랴한다. 그래 놔줄째에 우리마누라가소원을 말하겟다한다. 소원이라고함은다른게아니라 인제는 오막살이하기가 실타나. 한째라도 살아보기가 소원이라나」
　◇그째에 가자미가
　「응 그리어!」
　하드니
　「그럼 쌀리집으로가봐라! 소원대로 되엇슬테니」
　하고서 다시쏭지로 물을한번탁치고서는 어대로가버렷습니다.
　　◇어부는 반신반의(半信半疑)로 집에 와보니 아니나다를가 아까지오두막 집은 간곳업고 정갈하고 말숙하고 그닥지크지도 안커니와 쏘 그닥지 작지도아니한 깨끗한집한채가잇는데 마누라는 마루ᄯ테걸어안젓다가 돌아오는 남편의 손을잡으면서
　「자! 들어와보셔요. 아조 훌륭하지요?」

◇두량주가 손을마주잡고서 이리저리돌아다니는데 안방, 건넌방, 대청 할것업시 느런히잇고 세간살이도이름도모를것이 수두룩하게 노혀잇섯습니다. 뒤ㅅ문으로 나가니 그곳에는 닭, 오리, 비닭이, 가튼짐승이잇고 또 나무새밧과 과수원도 잇섯습니다.

◇마누라는 남편의억개에 손을언저매달리면서

「여보! 얼마나 조흡니까」

하고 깃븜을이길수업서 하는모양이엇습니다. 어부도

「노상 이대로만잇스면사 그야 조치 안치도 안치만」

「그럼 쏘어쩌케변할까요?」

하고 마누라가 매우걱정스러운듯이뭇는말에는 대답도안코

「배가 곱흐니 어서저녁을하라」

고 핀잔만주엇습니다.

◇한두주일동안은 재미잇시 지낫스나 어느날 저녁밥을먹을째에 마누라는「여보령감! 이집이 넘우 협착하쟌하요? 족음만 더넓엇스면 조켓는데」

하드니 또말을이어서

「가자미한테 말만하면 될것이 아닙니까. 이왕이면 삼층양옥(三層洋屋)에서하루를살아도 사는듯십게 살아보굽흔데. 자아 어서가서 가자미더러 쏘 말해보셔요」

하얏습니다.

◇「여보 마누라 그런말말우. 이만하면 우리두사람이 넉넉히살아갈수잇짠소. 아이예 그런소릴랑말우」

하면서 어부는 어린애달래듯이 달랫습니다. 하지만 마누라는 도모지들을 까십지도안햇습니다.

「여보! 그러지말고 어서 가보셔요 가자미는 필경 또 소원을들어줄테니」

그래도 어부는

「쏙제비도 낫짝이 잇지그리. 이만해도훌륭한데 또그따위소청을 하얏다가 의외에벌이나 바드면 어쪄라고. 나는실허 나는실허」

제1장 국어교과서를 통한 독일문학 수용 33

하면서 머리를 둘레둘레 흔들엇습니다.
　◇그래도 마누라는 종시그치지안코
「글세어서가보셔요 말만하면될일을 왜 그러케써립니까」
하고 남편을 자꾸충두겻습니다.
　◇어부는 암만해도 맘에쌩기지안햇지만 마누라가 하도몹시졸라대니까 어쩌케햇스면 조흘는지 주저주저햇습니다. 그래속으로
「자아 이일을 어찌하면 조탐?」
하고 혼자중얼대 보앗스나 아무소용이 업섯습니다.
　◇그래도 원악의가조흔터에 마누라만윽박아버리는것도 가엽기 한량업슴으로 어찌할수업시 물가에갓습니다.
　◇물가으로가보니 물은 전과다름업시 시퍼런데 족으만고기가 물위로 팔닥팔닥 뛰놀앗습니다. 한참동안이나 물을 들여다보고 섯섯스나 말업는 물은 제대로 멍먹할뿐이엇습니다. 어부는 얼마동안서성대다가
「집흔대숨은 가자미야
　어서물위로 써 올라라
　우리집 마누라 백형산이가
　너한테 소원이 잇다고한다」
이와가티 노래를하니까 가늘고어여쁘게 움즉이는 물결을짤하 난대업는 가자미 한마리가 솟아나오더니
「소원이란 그무에요?」
하고 물엇습니다.
「아! 가자미냐. 다른게아니라 우리마누라가 삼층양옥집에서 한번살아보겟다고한단.」
「응 그리어. 그럼가서보렴」
가자미는 이말을하자마자 어대로달아나버리고 말앗습니다.
　◇어부는 그말을듯고도 한참동안이나 설사 가자미의말과 가티 쏘 마누라의 소원대로 훌륭한삼층양옥이 건축되엇다고는 미들수업섯슴이올시다. 원! 이런일이야 넷날이약이로나 들어볼것이지 참로말과 가티될가

십지도안하기때문이올시다. 쏘 가자미가제말과가티 원래 왕자로서 어느 심사글흔 마술쟁이한테 걸려서 이내고기로 환생하얏다 할지라도 그러케 용한재조를 가젓슬리만무하거니와 쏘 삼층이나되는 양옥을—나무도아니요—돌로어찌그리쌔르게지어놀수가잇슬가? 아무리생각해보나도저히고지들을수업섯습니다. 그래도다시 생각하면 요며칠전까지 한낫오두막살이임에지나지못하든 자긔집을 말몃마듸사이에 훌륭한집으로 바꾸어 노흔 것이 이상스러웟습니다. 그럴가 그러치 안흘가 이런생각을하면서 자긔집갓가이걸어올째에 언뜻보이는 것은 난대업는 석조의양옥미테 감히 그안에를 들어가지못하고서서 자긔를 기대리는 마누라이엇습니다.— (쏘잇소)—

◇두늙은이는 손을마주잡고 서마서마하면서 정문을향하야거어가는데 그발자욱소리를들은비복(婢僕)들은 황망히쏘처나와인도하얏습니다. 그안에는 무엇인지 이름은모르나 훌륭하게모다번들번들하고 번쩍번쩍하기째문에 두량주는 그저놀라워서 「아, 소리만 질럿슬뿐이엇습니다.

◇마누라는 어쩔지를몰라서 커다란 눈방울만두리번두리번하드니
「네! 여보! 얼마나훌륭합니까」
「글세! 하지만이런데서 어대살수잇슬가?」
「웨요? 어쨋든지 오늘은날도벌서저물어가니고만구경합시다」
이러케 두량주가한참동안 말을주고밧구하드니 침실로들어가서잣습니다.

◇그이튼날아츰이되자 침대에 누은채 류리창으로 보이는 밧갓경치에 홀릴지경이엇습니다. 하지만령감은 아즉도코를 드르렁드르렁골고만잇슴으로 팔꿈치로령감을지근지근하면서
「여보령감! 고만일어나서 저것좀보셔요. 그리고 쏘이왕이면이곳임검이되어봅시다 그려. 가자미한테말만하면 될것아닙니까. 자! 어서」
하고귀챤케졸라댓습니다.

◇어부는이말을듯고
「여보마누라 아이에그런말말우. 난 임검이구무어구 다귀챤후」
하면서 부시시닐어나서 옷을입엇습니다. 마누라는
「실커든 당신이나그만두그려. 내가 임검노릇을할터이니」

「아이예 그런소릴랑말우 임검이무에그닥지 조흘가?」
「웨 말라구하오? 그러지말고 쌜리 가셔서 가자미보고말해보시요 난긔 어코임검노릇이하고십흔데요」
하도마누라가못살게구니까하는수업시밧그로나왓스나 아무리 생각해보나 될가십지도 안햇습니다. 그러나 아무도 업는섬속에서 임검이란 소리를 마누라한테만듯는다해도 하기야 웨실흘가마는 속으로 이러케생각하면서
「그게될일일가? 아니야안될일이어」
하고 혼자중얼대 보앗습니다.
◇참정말가기실흔것을 억지로 참고서 어정어정 바다ㅅ가으로 걸어 갓습니다. 가보니바대ㅅ물은출렁출렁류다로 쒸어올랏습니다. 어부는 소리를 놉히질러서 「깁흔대숨은 가자미야
　어서물위로쒸어올라라
　우리집마누라 백형산이가
　너한테 소원이 잇다구한다」
고 노래를하얏습니다.
◇하기실흔짓을억지로 해노코 어쨔맘에쎼련하야잇슬판에 별안간어대서인지 「나한테소원이라니 그무에인고?」
소리를 짤하 자세히보니 요전 그 가자미가물위로써올랏습니다.
「다른게아니라 저 우리마누라가 임검이되구십단다」
어부는 이말을정말간신히 햇섯습니다,
◇그때 가자미는죽음도 어쩌케아니녀기는모양으로
「응 그리어! 그럼 쌜리가보렴 말대로 되어잇슬터이니」
어부가돌아가보니앗가는볼수업든 놉다란탑과 훌륭한성문이잇는데 그 압헤는 파수보는병정이잇고 쏘대고와 납팔을가진병졸들도 수두룩햇습니다.
◇대궐문으로 썩들어서니까 황금과 금강석의옥좌에 머리엔황금관을 쓰고 손에는 구슬을갓고 그좌우엽헤는 꼿가티 어여쑨계집에들이 여섯식 두줄로 늘어섯습니다. 그때에어부는 무서워무서워 하면서 마누라압흐로

갓가이가서
「마누라는 정말소원대로 되엿구려」
이러케말하고 한참바라다보다가
「여보 마누라! 그래임검이되니맘이 엇썻소, 이만하면 무엇 아모것도 부족함이업슬터이지」
「여보령감! 이왕이니 난 황데가되구십흔데요」
「마누라! 그런말마오. 황데는 다되어서 무엇하자는게요」
「그런 소리는말고서 어서쏘가서내가 황데가되구십다고 말해보시오」
「무엇이 어쩌구어째? 말만해도 난이우에 더청할수업고 쏘가자미도 자미이지 황데야 젠들어찌되게할수잇겟소.」
「가보셔요, 난왕이아니야요. 당신은 왕인내남편이지요, 긔시나를왕으로 맨들엇스니 황데로못맨들게야 무엇잇소. 자! 어셔가서말해보셔요.」
◇어부는어찌도할수가업서서
「대체 그런일이될가? 황데가되구십다함은 넘우참남한것이아닐가? 가자미도 아마인제는패씸하다고할걸」
하면서도 그럭저럭물가에와서
「긥흔대슴은가자미야
어서물위로 써올라라
우리집마누라 백형산이가
너한테 소원이잇다구한다.」
이소리를듯고 가자미는전과가티
「소원이라니 그무엇인고?」
「아! 가자미인가. 우리마누라가 이왕이니 황데가되구십흐다해」
「응 그리어! 돌아가보렴! 소원대로되엇슬터이니」
◇어부가집으로돌아오자 공·후·백·자 남이쭉늘어서고번쩍번쩍하는황금문을 열고서 안내를하얏습니다. 무에구무에구할것업시 제일첫재로 놀랠것은 어대서인지 사람이만히모여들음이올시다. 놉고나놉흔훌륭한옥좌에걸어안즌마누라를보고 한참동안은 얼썰썰햇섯스나 갓가이가서

「마누라! 정말황데가되엇소그려!」

「암 난황데이지」

「마누라! 인제는 다시아무소원이업겟지. 황데이니까」

「아니! 황데도되어보니까 어대별수가잇소. 인제는 세상에 단하나인법황이 한번되어보구십흔데 자! 이왕이면 법왕이 한번될것이야오. 왼세계에 단한사람이니까」

「여보이게 웬일이요! 욕심도한이잇지그려 법왕은 다되어서 무엇하고 그짜위소리는두번도마오」

「아니야요 그런소리말고서 어서 가자미한테말해보셔요 말만하면 쏘될터인데 웨 그러서요」

「무엇이어쌔? 아내입으로 그런참남한소리가 나올쯧하오 마누라는.」 하고 화를불끈내보앗스나 가만히다시 생각해보니 황데까지되엇는데 그야무엇못될게잇나? 법왕이라구소청을안들을가십지도 아니햇습니다.

◇하지만 한량이업는마누라의 허영심(虛榮心)이 몹시미워저서 정말야단을 첫습니다.

◇그래도 그러치못하야 마누라 보구는 실컨야단을 처노코서 슬슬바다ㅅ가에로나와서 견과가티하얏드니 가자미가 쏘나와서

「무에냐? 소원이란게」하고뭇드니

「응 그리어! 돌아가보렴.」

하얏습니다.

◇인제는앗가대궐이 커다란절이되어서 보기만해고 무서윗습니다. 그 옥좌미테는여러나라황데들이모여서그발에 키쓰를하고잇섯습니다. 그걸보고 어부는

「여보마누라 인제야 무엇 더바랄게업겟지」

하고 한숨을후유 쉬엇습니다.

「그럴까요?」

마누라는 이러구하드니 마츰넘어가는해를바라보면서

「여보령감! 나는 저해를 노상붓들구십허요. 세월이 자꾸달아나서 우

리가 이러케늙은게아닙니까」
「그러니 어쩌탄말이요?」
「어쩌키는 무에어쩨. 그저그러탄말이지」
「자! 대체 이상한게라군. 사람의일생이란. 이만하면 족지족이지」
마누라는 다시옥좌에서 불끈닐어나드니
「아니야! 이왕이니 한번만더말해보시오 응」
하면서 어부의가슴에암겨서 가진아양을다피웟습니다.
「아이고 이게대체웬일이람. 마누라도 참무던하오마는나도어지간한걸」
「자! 생각할것무엇잇소. 얼른가자미한테 가서 소청을 말하우그려」
이말을들은어부는 긔가막혀서다시한번마누라의 얼굴을 자세히들여다보앗습니다. 하지만 마즈막소청이니 에라 한번만 더해보자하얏습니다. 이러케생각을한어부는 한숨에바다ㅅ가에로 달음박질하야와서 쪼가자미를불러서 벌벌썰며「우리마누라가 해(日)와 달(月)을 맘대로 하게 해달라는데」하고 말긋을채 맺지못해서
「응 그리어 그럼돌아가보렴」
◇집으로 돌아온어부는 놀래지안흘수가업섯습니다. 지금까지의 모든 것은 어대로갓는지 간곳이업고 돌우 맨처음과가티 오두막살이 단한간집이엇습니다. 그때에 어부 두량주는 비롯오 꿈에서깨엇든것이올시다.
◇이것이 어느때어부두량주의 꿈이엇습니다. 그네는 이씀을쑬때에 과연얼마나 달착지근하고 재미잇섯슬까요. —끗—
(맞춤법, 띄어 쓰기를 수정하지 않은 채 원문그대로 실었음. 다만 가로로 된 것을 세로로 바꾸었다.)

≪동명≫에는 이「漁夫의 夫婦」를 비롯하여 16편의 그림동화가 실려 있으며 역자는 밝혀져 있지 않다.[3)] 1922년에 만들어졌다가 1923년에 폐간되었으며 최남선이 만든 이 ≪동명≫이라는 잡지는 어린이를 위한 잡

---

3) 최석희: 그림동화의 꿈과 현실. 대구가톨릭대학교 출판부. 2002. 109쪽 참조.

지가 아니라 청소년을 위한 주간지였다. ≪동명≫에 수록된 동화는 독일 어원문에 충실한 번역이며 문체는 소설체, 만연체로 그림동화보다 더 구수하고 재미있는 옛날이야기이다. 어부아내의 이름 이자빌(이자벨의 방언)을 백형산이라는 한국이름으로 바꾸는 등 한국정서에 맞게 고쳤으며 동화마지막에 "그때 어부의 두 양주는 꿈에서 깨었던 것입니다. 이것이 어느 때 어부 두 양주의 꿈이었습니다. 그네는 이 꿈을 꿀 때 과연 얼마나 달착지근하고 재미있었을 까요"하는 세 줄은 독일어 원문에 없는 부분으로 역자가 첨가한 것이다. 이상에서 볼 때 1953년부터 국어교과서에 우리가 읽은 「금고기」는 1923년에 이미 우리말로 번역된 그림동화의 큰 줄거리만을 따서 만들었다고 볼 수 있다.

「백조왕자」역시 「금고기」와 마찬가지로 제1차 교육과정 때부터 교과서에 등장한 동화다. 1955년, 3학년 2학기 국어교과서 수록된 「백조왕자」를 읽어보자.

「백조 왕자」

어느 따뜻한 남쪽나라에 임금님 한 분이 계셨읍니다. 임금님께서는 왕자 열 한 사람과 에리사라는 귀여운 공주 한사람이 있었읍니다. 에리사는 참말 예뻤읍니다.
왕자들과 공주는 날마다 즐겁게 살았읍니다.
그런데, 뜻밖에도 그들의 어머니인 황후가 돌아가시었읍니다.
임금님은 새 황후를 맞이하셨읍니다.
새 황후는 매우 심술궂은 분이어서, 왕자와 공주를 몹시 미워하였읍니다.
황후는 마침내, 임금님 몰래 에리사를 먼 시골 농가에 보내 버렸읍니다.
그리고 왕자들에게도 이렇게 말했읍니다.

"보기 싫다. 너희들도 커다란 새나 되어 먼 곳으로 날아가 버려라"
황후가 이렇게 말하자, 왕자들은 백조가 되어 어디론지 훨훨 날아가 버렸읍니다.
시골 농장에서 자란 에리사는 아버지와 오빠들이 보고싶어, 오래 간만에 궁궐로 찾아왔읍니다.
그러나 아무도 에리사를 반겨 맞아주는 사람은 없었읍니다.
황후는 에리사가 몰라보게 예뻐진 것을 보고 공연히 샘이 나서, 에리사의 얼굴에 더러운 기름을 바르고, 헌 옷을 입혀 대궐에서 쫓아내어 버렸읍니다.
"오빠들은 어디 갔을까? 어디가야 오빠들을 만날 수 있을까?"
에리사는 산을 넘고 물을 건너 오빠들을 찾아 여기 저기 헤매기 시작했읍니다.
여러 날 만에 에리사는 수풀을 지나 어느 바닷가에 다달았읍니다.
저녁해가 뉘엿뉘엿 질 무렵, 저 멀리 푸른 물결위로 백조 열 한 마리가 날아오고 있었읍니다.
해가 꼬빡 바닷물 속에 숨어 버리자, 바닷가에 날아와 앉은 백조들은 사람으로 변했읍니다.
"어마! 이게 오빠들이 아니우?"
에리사는 울음 섞인 목소리로 오빠들에게 매달리며 말했읍니다.
에리사는 오빠들이 요술에 걸려 낮 동안은 새로 변해 버린다는 이야기를 듣고, 한층 더 슬펐읍니다.
"어떻게 하면 오빠들을 요술에서 풀어내게 할 수 있을까? 해가 뜨는 아침이 와도 다시는 백조가 되지 않게 할 수는 없을까?"하고, 에리사는 곰곰히 생각했읍니다.
그 날 밤, 오빠들은 나무껍질을 벗겨 커다란 그물을 만들었읍니다.
아침이 되니 오빠들은 또 백조가 되었습니다.
백조들은 그물 위에 에리사를 앉히고, 네 귀를 붙잡고서 바다 위를 훨훨 날아 딴 나라 바닷가로 갔읍니다.

이 바닷가 언덕을 넘어서니, 커다란 대궐과 많은 집들이 보였읍니다. 저녁이 되자, 오빠들은 에리사를 위하여 이 곳에 조그만 집을 지었읍니다.

그 날 밤, 에리사는 꿈에 요술장이 할머니를 만났읍니다. 요술장이 할머니는 에리사에게 이렇게 말했읍니다.

"저 언덕에 오르면, 교회당이 있고, 그 둘레에 많은 무덤들이 있다. 그 무덤가에 가면 쐐기풀이 많이 있을 게다. 그걸 걷어다 실을 내서, 백조의 옷 열한 벌을 만들어라. 그러면, 나는 네 오빠들을 요술에서 풀어주마. 그런데, 네게 한가지 미리 말해두는 것은, 네가 그 옷을 다 만들 동안은 한 마디 말이라도 해서는 안 된다. 만일 말을 했다가는 너희 오빠들은 모두 염통이 터져 죽어 버리고 말 것이다."

아침 일찍 에리사는 언덕에 올라, 무덤가에 있는 쐐기풀을 걷기 시작했읍니다. 쐐기풀은 조금만 손을 대어도 몹시 따가왔습니다. 그래도, 에리사는 아픈 것을 참고 쐐기풀을 걷어다 열심히 오빠들의 옷을 짰읍니다.

에리사가 옷 네 벌을 다 만든 어느 날, 이 나라 임금님이 사냥을 오셨다가 무덤 가에서 쐐기풀을 걷고 있는 에리사를 보셨읍니다.

임금님도 이렇게 예쁜 아가씨를 보는 것은 처음이었읍니다.

임금님은 에리사를 대궐로 데리고 가려고, 자기가 타고 온 마차에 태워서 궁궐로 돌아갔읍니다.

대궐 안에서들도 모두 에리사가 온 것을 기뻐하였읍니다. 그러나, 한 분, 교회의 신부만은 이 일을 찬성하지 않았읍니다. 그 까닭은, 말 못하는 에리사가 보통사람이 아니고, 요술장이라는 것이었읍니다.

에리사는 오빠들의 옷을 짜기 위하여 쐐기풀을 뜯으러 가야 했습니다. 대낮엔 갈 수 없으니까, 남이 자는 밤중에 가만히 무덤 가에 갔다가, 그만 임금님과 신부님께 들켰습니다. 그래서, 임금님도 에리사를 정말 요술장이로 알게 되었습니다. 그러나, 에리사는 아무 말도 할 수 없었습니다. 에리사는 할 수 없이 그만 옥에 갇혀 버리고 말았읍니다.

내일은 장작더미 위에 올려놓고 불을 질러 태워 죽이기로 하였읍니다. 그러나, 임금님은 에리사가 몹시 불쌍했읍니다. 밤이 되면 추울 거라고, 여때까지 짜 놓은 오빠들의 옷과 또 옷 짜던 실을 옥 속에 넣어 주었읍니다.

에리사는

"인젠 되었다. 오늘 밤 안으로 나머지 오빠 옷을 다 짜야겠다."하고, 결심하였읍니다.

아침이 되었읍니다. 에리사는 마차에 실려 성 밖으로 끌려 갑니다. 많은 사람들은 에리사가 불에 타 죽는 구경을 하러 모여들었읍니다.

바로 이때입니다. 어디서 날아왔는지 열한 마리의 백조가 마차를 둘러쌌습니다. 에리사는 가지고 있던 옷 열한 벌을 얼른 내던졌읍니다.

그러자, 백조들은 곧 다시 왕자로 변하여, 에리사의 마차 옆을 둘러쌌읍니다.

"오빠!"

오래 동안 임금님이 별소리로 다물어도 말이 없던 에리사는 인제야 말을 하기 시작했읍니다. 에리사는 임금에게 여태까지 자기가 이야기하지 못한 까닭을 말하고, 자기 오빠들 이야기를 하였읍니다.

모여들었던 여러 사람들은 모두 엎드려 에리사에게 절을 하였읍니다. 이때 제일 맏오빠가 나서며, 이제까지 지난 이야기를 모두 하였읍니다.

왕자의 이야기가 끝나자, 어디서 아름다운 음악소리가 들려 오고, 사방에는 예쁜 장미꽃이 막 피어났읍니다. 여기에 작은 새들이 모여들어 즐거운 노래를 불렀읍니다.

에리사는 오빠 왕자들과 임금님을 모시고 즐겁게 지내게 되었읍니다.[4]

---

4) 초등학교 3학년 2학기 국어. 72-82쪽. 1955.

마녀라는 누명까지 써가면서 백조가 된 오빠를 위하여 무덤가에서 꺾은 쐐기풀로 오빠의 옷을 짜 오빠들을 마술에서 풀리게 하는 에리사 이야기는 최근까지도 교과서에서 읽을 수가 있었다. 이「백조왕자」는 "옛날 어느 나라에 열 한 명의 왕자와 막내인 공주 엘리사가 행복하게 살고 있었다."5)라고 표현이 다를 뿐 전체적인 줄거리는 전혀 수정되지 않은 채 제6차 교육과정까지 국어교과서에 수록되어 있었다. 계모의 저주로 인해 백조로 변해버린 열한 명의 왕자인 오빠를 구하기 위하여 엘리사(에리사)가 쐐기풀을 꺾어 열한 벌의 옷을 짜는 이 이야기는 바로 덴마크 동화작가인 안데르센의 창작동화「야생백조 Die wilden Schwänen」로 알려져 있다. 안데르센의「야생백조」와 교과서에 나온「백조왕자」비교해볼 때 줄거리는 크게 다르지 않기에 안데르센의「야생백조」의 마지막 부분만 소개하고자 한다.

「야생백조」

(중략)
도시 문에서 사람들이 밀려왔으며 마녀를 화형 시키는 것을 보려고 했습니다. 늙은 말이 그녀가 앉아있는 수레를 끌었습니다. 사람들은 그녀에게 거친 자루로 만든 가운을 입혔습니다. 아름다운 머리주변에 머리카락이 풀어져 내려와 있었고 뺨은 죽은 듯 창백했으며 손가락은 푸른 아마를 마무리하면서 입술은 나직이 움직이고 있었습니다. 죽음으로 향하는 길에서조차 그녀는 시작한 일을 멈추지 않았습니다. 열 벌의 사슬갑옷은 그녀의 발언저리에 놓여있었고 그녀는 열 한 번째 옷을 짜고 있었습니다. 군중은 그녀를 비웃었습니다.

---

5) 초등학교 4학년 2학기 국어. 214쪽. 1996.

"저 붉은 마녀가 뭐라고 중얼거리는지 보아라! 손에 기도서도 없어, 추한 요술을 부리면서 앉아있구나. 그녀를 수천 조각으로 갈기갈기 찢어라!"

그들은 모두 그녀에게 달려들어 사슬갑옷을 찢으려고 했습니다. 그때 열한 마리의 야생백조들이 날아와 수레 위 그녀 주변에 앉아서 큰 날개짓을 했습니다. 그러자 군중은 놀라서 옆으로 피했습니다.

"하늘의 표시다! 그녀는 분명 죄가 없어!" 하고 많은 사람들이 속삭였습니다. 그러나 큰소리로 감히 말하지는 못했습니다. 이제 형리가 그녀를 움켜잡았습니다. 그러자 그녀는 급히 사슬갑옷을 백조 위로 던졌습니다. 금방 아름다운 열 한 명의 왕자들이 서있었습니다. 그러나 막내 왕자는 한쪽 팔 대신에 한쪽 날개를 지니고 있었습니다, 사슬갑옷에 팔 한 쪽이 없었기 때문입니다. 그녀는 갑옷을 끝까지 짜지 못했습니다.

"이제 나는 말을 해도 돼! 나는 죄가 없어!" 하고 그녀가 말했습니다. 일어난 일을 본 백성은 성녀 앞에서처럼 그녀 앞에 몸을 숙였습니다. 그러나 그녀는 오빠들의 품에 죽은 듯이 쓰러졌습니다. 그렇듯 긴장되고 불안하고 고통스러웠기 때문입니다.

"그렇습니다. 그녀는 죄가 없습니다." 하고 가장 큰오빠가 말했으며 일어난 일을 모두 이야기했습니다. 그가 이야기를 하는 동안 수백 송이 장미향기가 퍼졌습니다, 처형대의 땔나무 하나 하나가 뿌리를 내리고 가지를 폈기 때문입니다. 붉은 장미가 향기를 뿜는 울타리가 높이 크게 서있었습니다. 맨 위에 희고 반짝이는 한 송이 꽃이 별처럼 반짝이었습니다. 왕은 그 꽃을 꺾어 엘리사의 가슴에 꽂았습니다. 그러자 그녀는 평화롭고 행복하게 깨어났습니다. 모든 교회 종이 저절로 울렸으며 새들이 무리를 지어왔습니다. 어느 왕도 보지 못했던 성으로 향하는 결혼식 행렬이 되었습니다. 6)

위 안데르센 동화에서 왕비의 이름이 엘리사인 것만 보아도 우리의

---

6) http://www.schwanenest.de/schwaene/

「백조왕자」는 안데르센의 동화에서 온 것임을 알 수 있다. 그러나 오빠를 마술에서 구하기 위해 희생하는 누이동생의 이야기는 그림동화 「열두 명의 오빠 Die zwölf Brüder」, 「일곱 마리의 까마귀 Die sieben Raben」, 「여섯 마리 백조 Die sechs Schwäne」에서도 나온다. 그 중에서 「여섯 마리의 백조」는 교과서에 수록된 「백조왕자」, 안데르센의 「야생 백조」와 가장 유사하다.

「여섯 마리 백조」

어느 날 왕이 커다란 숲 속으로 사냥을 갔는데 신하 중 아무도 그를 따를 수 없을 정도로 서둘러 짐승을 사냥했습니다. 저녁이 되었을 때 왕은 조용히 멈추어 서서 둘러보았습니다, 그때 그는 자신이 길을 잃었음을 알았습니다. 그는 출구를 찾았으나 발견할 수가 없었습니다. 그때 그는 머리를 흔들거리면서 한 늙은 노파가 자기 쪽으로 오는 것을 보았습니다. 마녀였습니다. 그는 마녀에게 "이보게, 숲을 빠져나가는 길을 가르쳐 줄 수 없는가?" 하고 물었습니다. "네, 폐하, 해드릴 수 있지요, 그러나 조건이 하나있습니다. 이 조건을 채우지 못하면 폐하께서는 숲에서 빠져나가지 못하고 이 안에서 굶어죽을 것입니다." 하고 마녀가 대답했습니다. "도대체 조건이란 무엇인가?" 하고 왕이 물었습니다. "제게 딸이 하나 있지요. 이 세상에서 발견할 수 있는 가장 아름답고 왕에게 어울리는 제 딸을 여왕으로 맞아주시면 폐하에게 숲에서 나가는 길을 가르쳐 드리지요."

왕은 불안한 심정에서 이를 허락했으며 노파는 딸이 불가에 앉아있는 자기 집으로 왕을 안내를 했습니다. 딸은 마치 기다리고 있었던 것처럼 왕을 맞이하였습니다. 왕은 그녀가 너무나 아름답다는 사실은 알았지만 마음에 들지 않았으며 그녀를 바라보면 남모르는 두려움이 생겼습니다. 왕이 그녀를 자신의 말 위에 앉힌 다음에 비로소 노파는 왕에게 길을 가르쳐주었고 왕은 다시 성에 도달했으며 결혼식을 올렸습니다.

왕은 이미 한 번 결혼한 적이 있었습니다. 첫 번째 부인에게서 자녀가 일곱이었는데 아들 여섯과 딸 하나가 있었습니다. 왕은 이 아이들을 세상에서 그 무엇보다도 사랑했습니다. 계모가 이 아이들을 잘 다루지 않고 괴롭힐까 두려웠기에 왕은 숲 한가운데 있는 한적한 성안에 아이들을 데려다 놓았습니다. 그 성은 꼭 숨겨져 있었기에 어느 현명한 노파가 기이한 실뭉치 하나를 선사하지 않았더라면 왕 스스로도 길을 찾기가 힘들었습니다. 실을 던지면 실뭉치가 저절로 풀려서 그에게 길을 가르쳐주었습니다. 그러나 왕은 자신의 부재가 왕비의 눈에 뜨이지 않을 정도로 만 사랑하는 아이들에게 갔습니다. 왕비는 호기심이 많았고 왕이 숲 속에서 혼자 무엇을 하는지 알려고 했습니다. 왕비는 하인들에게 많은 돈을 주었고 하인들은 그녀에게 비밀을 폭로했으며 혼자서 길을 가르쳐주는 실뭉치에 대하여서도 말했습니다. 왕이 어디에 실뭉치를 보관하고 있는지 알아낼 때까지 왕비의 마음은 편치 않았습니다. 그리고 나서 그녀는 하얀 비단으로 된 셔츠를 만들었습니다, 어머니에게서 마술을 배웠기 때문에 셔츠 안에다 마술을 기워 넣었습니다. 한번은 왕이 사냥을 나가자 그녀는 그 셔츠를 가지고 숲 속으로 갔고 실뭉치는 길을 가르쳐주었습니다. 아이들은 멀리서 누군가가 오는 것을 보고는 아버지가 온다고 생각하고 기쁨에 차서 아버지를 마중했습니다. 그때 그녀는 셔츠를 하나 하나 아이들 위로 던졌습니다, 셔츠가 몸에 닿자마자 아이들은 백조로 변했으며 수풀 너머 멀리 날아갔습니다. 왕비는 아주 만족하여 집으로 돌아왔으며 의붓자식들이 사라졌다고 믿었습니다. 그러나 소녀는 오빠들과 함께 계모에게 달려오지 않았으며 아무 것도 몰랐습니다. 다른 날 왕이 찾아와서 아이들을 만나려 했으나 소녀 외에 아무도 없다는 사실을 알았습니다. '너의 오라비들은 어디에 있느냐' 하고 왕이 물었습니다. '아, 아버지, 오빠들은 나가고 저만 혼자 내버려두었어요.'하고 대답했습니다. 오빠들이 백조가 되어 숲 너머로 날아가는 것을 작은 창문을 통해 보았노라고 이야기했습니다. 소녀는 백조가 마당에 떨어트린 깃을 주워 모았으며 왕에게 보여주었습니다. 왕은 슬퍼했으나 왕비가 나쁜 짓을 했으리라고는 생각하지 못했으며 딸을 잃어버릴까하는 두려움에서 딸을 데리고 가려했습니다. 그러나 딸은 계모가 겁이 나서 이 밤만 성안에 머물게 해달라고 왕에게 부탁했습니다.

가련한 소녀는 '나는 여기 오래 머물지 않을 거야. 나는 가서 오빠를 찾아야 해.' 하고 생각했습니다. 밤이 되자 소녀는 도망을 나와 곧장 숲 속으로 들어갔습니다. 마침내 피곤해서 더 이상 갈 수 없을 때까지 밤새도록 그리고 그 다음 날도 걸어갔습니다. 그곳에서 그녀는 오두막 한 채를 발견했으며 올라 가보니 어느 방에 작은 침대가 여섯 있었습니다. 그러나 그녀는 침대에 누울 엄두를 내지 못한 채 침대 밑으로 기어 들어가 딱딱한 바닥에 웅크리고 누워서 밤을 보내려 했습니다. 그러나 곧 해가 지자 쏴쏴하는 소리가 들렸고 여섯 백조가 창안으로 날아 들어오는 것을 보았습니다. 그들은 바닥에 앉아 서로 깃털을 불어 없앴습니다, 그러자 백조의 피부는 셔츠처럼 벗겨졌으며 그때 소녀는 오빠들을 알아보았습니다. 기뻐서 침대 밑에서 기어 나왔습니다. 누이를 보았을 때 오빠들의 기쁨도 적지 않았으나 기쁨은 길지 않았습니다.

'이곳은 네가 머물 곳이 아니 야, 이곳은 도적들의 소굴이다, 그들이 집에 돌아와 너를 발견하면 죽일 것이야.'하고 그들은 말했습니다. '오빠들은 나를 보호할 수 없나요?' 하고 누이가 물었습니다. '안돼, 우리들은 매일 밤 15분만 백조의 피부를 벗을 수가 있어, 그리고 이 순간만 인간의 모습을 갖게되지, 그러나 다시 백조의 모습으로 변하게 돼.' 하고 그들은 말했습니다. 누이는 울면서 '마술에서 풀려날 수는 없어요?' 하고 물었습니다. '안돼, 조건이 너무 까다로워. 너는 6년 동안 말을 해서도 안되며 웃어도 안돼. 그리고 이 기간 동안 너는 우리들을 위하여 엉겅퀴 나무로 여섯 벌의 셔츠를 짜야해. 너의 입에서 말 한 마디라도 나오면 모든 것이 허사가 되고 말아.' 오빠들은 그 말을 마치자마자 15분이 지나버려 다시 백조가 되어 창 밖으로 날아갔습니다.

그러나 소녀는 목숨이 다 할지라도 오빠를 구하려는 굳은 결심을 했습니다. 그녀는 오두막을 나와 숲 한가운데로 들어가 나무 위에 앉아 밤을 보냈습니다. 다음날 아침 그녀는 엉겅퀴를 모아 셔츠를 짜기 시작했습니다. 아무하고도 말하지 않았으며 울고 싶은 생각도 없었습니다. 앉아서 일만 했습니다. 오랫동안 그곳에서 보냈을 때 이 나라의 왕이 숲 속으로 사냥을 오게 되고 하인들이 소녀가 앉아있는 나무에 오게 되는 일이 있었습니다. 그들은 소녀를 부르며 '누구냐?'고 물었으나 대답을 하지 않았습니다. '내려오도록 하라, 우리들은 너를 해치지 않을 것이다.' 하고 그들은 말했습니다. 그러나 그녀는 머리만 흔들었습니다. 그들이 계속 귀찮게 질문을 하자 그녀는 황금목걸이를 던져주었으며 하인들이 그것으로 만족하리라 생각했습니다. 그러나 하인들은 중단하지 않았고 그녀는 자신의 허리띠를 던져주었으나 그것도 도움이 되지 않았습니다.

양말대님, 그녀가 걸치고 있던 모든 것을 하나 하나를 다 던졌으며 속옷만 남게 되었습니다. 사냥꾼들은 그래도 가지 않고 마침내 나무 위에 올라가 소녀를 끌어내려 왕 앞에 데리고 갔습니다. 왕은 '너는 누구냐? 나무 위에서 무엇을 하느냐?' 하고 물었으나 소녀는 대답을 하지 않았습니다. 왕은 여러 나라 말로 물었으나 그녀는 고기처럼 침묵을 지켰습니다. 그러나 소녀가 너무나 아름다웠기에 왕의 마음이 움직였습니다, 그녀에게 커다란 사랑을 느꼈습니다. 왕은 소녀에게 그의 외투를 걸치게 하고는 말 위에 태워 성으로 데려갔습니다. 그곳에서 값진 옷을 입혔으며 그녀의 아름다움은 밝은 대낮처럼 빛났지만 그녀는 한마디도 하지 않았습니다. 왕은 그녀를 식탁 옆자리에 앉혔으며 그녀의 겸손한 태도와 교양이 너무나 마음에 들어 '나는 그녀와 결혼하고 싶어, 다른 어느 여자도 아니야.' 하고 말했으며 며칠 후 그녀와 결혼했습니다.

그러나 이 결혼에 불만을 가지고 젊은 왕비에 대해 나쁜 말을 하는 마음씨 좋지 않은 왕의 어머니가 있었습니다. '말을 못하는 그녀는 어느 집 출신인지 누가 알겠어. 그녀는 왕에 어울리지 않아.' 왕비가 첫아이를 낳고 일 년이 되었을 때 시어머니는 아이를 빼앗고는 잠잘 때 왕비의 입에 피를 칠했습니다. 그리고는 왕에게 가서 왕비가 사람을 잡아먹는 여자라고 일러바쳤습니다. 왕은 그것을 믿지 않으려 했으며 사람들이 그녀를 괴롭히는 것을 참지 않았지만 그녀는 줄기차게 앉아서 셔츠를 짰으며 다른 일에는 신경을 쓰지 않았습니다. 다음 번에 그녀가 다시 아름다운 사내아이를 낳았을 때 시어머니는 다시 속임수를 썼으나 왕은 어머니의 말을 믿을 수가 없었습니다. 그는 말했습니다. '그녀는 그런 일을 하기에는 너무나 신앙심이 깊고 착합니다, 말을 하고 자신을 방어할 수 있다면 언젠가 그녀의 무죄가 증명될 것입니다.' 하고 말했습니다. 그러나 왕비가 다시 세 번째 아이를 낳자 못된 시어머니는 아이를 빼앗고는 한마디도 방어하지 않는 왕비에 대해 불평을 했으며 왕은 달리 방법이 없어 왕비를 법정에 넘겼습니다, 재판은 그녀를 화형에 처하기로 결정했습니다.

화형 당할 그날이 왔을 때 말도 못하고 웃지도 못하는 6년의 마지막 날이 지나가고 있었습니다. 그녀는 사랑하는 오빠를 마술에서 풀어줄 여섯 벌의 셔츠를 완성하였습니다. 다만 마지막 셔츠의 왼쪽 팔 하나가 부족했습니다. 그녀가 이제 장작더미 위로 인도되고 팔에 셔츠를 들고 있을 때, 장작더미에 막 불이 당겨졌을 때 그녀는 주변을 둘러보았습니다. 그 때 여섯 마리의 백조들이 공중을 날아 이쪽으로 왔습니다. 그들을 마술에서 풀 순간이 다가오고 있음을 본 그녀의 가슴은 기쁨으로 떨었습니다. 백조들은 그녀 곁으로 와서 내려앉았습니다, 그래서 셔츠를 백조들에게 던질 수가 있었습니다. 셔츠가 몸에 닿자마자 백조의 피부가 벗겨지고 그녀의 오빠들은 건장하고 아름다운 모습으로 그녀 앞에 서 있었습니다. 막내오빠에게만 팔이 없었습니다. 그 대신 그는 등 뒤에 백조의 날개를 달고 있었습니다. 그들은 서로 키스를 했으며 왕비는 몹시 놀란 왕에게 가서 말을 하기 시작했습니다. '존경하는 폐하, 저는 이제 죄가 없으며 부당하게 고소당했음을 말씀드릴 수가 있습니다.' 그리고 왕비는 아이 셋을 빼앗아 파묻은 시어머니의 계략에 대하여 왕에게 이야기했습니다. 그러자 사람들이 아이 셋을 놀랍게도 왕에게 데려왔으며 나쁜 시어머니는 장작더미 위에서 묶여서 재가 되도록 탔습니다. 왕과 왕비는 여섯 오빠들과 함께 오랫동안 행복하고 평화롭게 살았습니다. (KHM. S. 275-281)

그림동화의 「여섯 마리 백조」는 구조가 상당히 복잡하며 계모가 어떻게 왕자를 백조로 변하게 했는지 그 계모의 출신부터 상세히 묘사되어 있다. 새로 온 왕비는 바로 마녀의 딸이며 스스로 마술을 할 줄 아는 여인이었다. 그녀는 남편인 왕이 자신 몰래 전처의 소생인 여섯 왕자와 공주를 숲 속에 숨겨놓고 가끔 만나는 것을 알고 어느 날 남편이 사냥을 나간 뒤 남편이 숨겨놓은 실뭉치를 찾아 아이들이 숨겨진 곳을 알아내고는 마술을 기워넣은 셔츠를 던져 여섯 왕자를 백조로 만들어버린다. 이 부분은 교과서의 「백조왕자」에서는 나오지 않지만 마지막에 오빠를 구하는 부분은 유사하다. 그리고 그림형제의 「여섯 마리 백조」와 안데르센의 「야생백조」는 마지막에 백조가 되었던 오빠들이 다시 모두 왕자로 변했지만 막내 오빠의 한 팔이 여전히 백조의 날개를 달고있다는 점에서 동일하다. 그러나 교과서에 나온 「백조왕자」에서 공주의 이름이 엘리사라는 점과 백조가 여섯 마리가 아니라 열한 마리라는 것을 보면 안데르센 동화의 번안이 분명하다. 그림형제가 안데르센보다 앞선 시대의 사람이기에 안데르센은 분명 그림동화를 읽었으리라는 전제하에 생각해본다면 결과적으로 교과서의 「백조왕자」와 그림동화의 「여섯 마리 백조」가 전혀 무관하지 않다는 것을 알 수 있다.

이 「백조왕자」가 그림동화의 「여섯 마리 백조」에서 온 것인지 안데르센의 「야생백조」에서 온 것인지는 어쩌면 전혀 중요하지 않을지도 모른다. 문제는 오빠들을 위한 누이의 희생을 이야기하는 「백조왕자」가 50년 넘게 한국국어교과서에 수록되어있었다는 사실이다. 이 동화는 어떤 교육목표에서 제1차 교육과정에서 제6차 교육과정까지 초등학교 교과서에 수록되어있었던 것일까? 이 동화의 교육목표가 동화라는 장르소개와 함께 형제를 위한 누이의 희생내지는 우애였다면 이는 진작 교과서에서 사라졌어야했다. 오빠들을 위한 누이의 희생이라는 미덕은 이미 시대에 뒤떨어진, 어린이 교육상 바람직한 동화는 아니기 때문이다.

「금고기」, 「백조왕자」와는 달리 1996년, 제6차 교육과정개편 때 처음으로 4학년 1학기 국어에 수록된 「브레멘의 음악대」를 읽어보기로 하자.

「브레멘의 음악대」

때: 옛날
곳: 어느 시골
나오는 사람들: 당나귀, 고양이, 개, 닭, 도둑들(1,2), 합창단

막이 오르면 위로 숲이 보이고 무대중앙에 당나귀가 고개를 숙이고 있다.

합창1: 어떤 일이 생길까요? 동물들이 지치고 늙게 되면? 어떤 일이 생길까요, 동물이 늙어서 일을 할 수 없게 되면?
합창2: 이 이야기는 그런 동물들의 이야기이지요. 그들은 브레멘의 악사들이랍니다.
합창1: 옛날에 아주 늙은 당나귀가 있었어요.
당나귀: 히힝, 나는 이제 기운이 없어서 농장일을 할 수가 없어 그래서 주인은 나를 팔아버리려고 하지, 슬픈 일이지만 어떻게 하겠어?
합창2: (속삭이며) 달아나요, 달아나, 달아나서 살아요.
당나귀: 그것 참 좋은 생각이군.
합창1: 그것 참 좋은 생각이군. 그렇게 해야겠어.
합창1: 그래서 당나귀는 그렇게 했답니다.
합창2: 당나귀가 길을 따라 터벅터벅 걸어가고 있을 때 아주 늙은 고양이가 다가왔어요.
고양이: 야옹. 어, 당나귀 친구, 어디로 가는 건가?
당나귀: 나는 브레멘으로 가서 악사가 될 생각이야. 내 목소리는 기막히거든. 브레멘

에 가면 틀림없이 먹고 살 만큼은 벌 수 있을 거야.

고양이: 나도 같이 갈 수 없을까? 나는 이제 쥐를 잡기에는 너무 늙어 버렸어. 그래서 주인은 나를 내쫓아 버리려 하지.

당나귀: 좋고 말고! 분명히 자네도 목소리가 좋을 테니. 우리는 브레멘으로 가서 함께 노래할 수 있을 거야.

고양이: 야옹, 브레멘으로! 야옹!

당나귀: 히잉

합창1: 그렇게 당나귀와 고양이는 길을 따라 걸어갔답니다.

합창2: 얼마 가지 않아 아주 늙은 개를 만났어요.

개: 멍멍! 이렇게 상쾌한 아침에 어디를 가는 건가?

당나귀: 우리는 브레멘으로 가서 악사가 될 생각이라네.

개: 아, 나도 같이 갈 수만 있다면! 나는 사냥터에 따라다니기엔 너무 늙어 버렸어. 그래서 우리 주인은 날 없애버리려 하지.

고양이: 저런, 그럴 수가. 같이 브레멘으로 가지 않겠니? 3중창도 2중창만큼 잘 할 수 있을 거야.

당나귀: 자네도 목소리가 좋잖아? 우리하고 같이 가세.

개: 만세, 브레멘으로! 멍멍!

고양이: 야옹!

당나귀: 히잉!

합창1: 당나귀, 고양이, 개, 세 친구는 그렇게 길을 따라 걸어갔답니다.

합창2: 얼마 가지 않아. 아주아주 늙은 닭을 만났어요.

닭: 꼬끼오! 이렇게 상쾌한 아침에 어디를 가는 거지?

당나귀: 브레멘으로 가는 길일세. 우리는 유랑악사가 되어 밥벌이를 할 작정이야.

닭: 오, 얼마나 좋을까! 상쾌한 공기 속에서 언제나 즐거운 노래를 부를 수 있다면! 음악은 나한테는 인생의 반이라네.

개: 그럼 같이 가세. 친구!

닭: 그럴 수 있다면! 나는 너무 늙어서 우리 주인은 날 잡아 먹으려고 하지.

고양이: 그렇다면 나는 거기서 잠시도 더 머물지 않겠어.

당나귀: 개와 고양이가 옳아. 닭. 자네는 우리와 같은 편이야. 얼마나 멋진 4중창단이
　　　될까!

닭: 만세. 브레멘으로! 꼬끼오!

개: 멍멍

고양이: 야옹!

당나귀: 히잉!

합창1: 이렇게 해서 당나귀, 고양이, 개, 그리고 닭, 네 친구는 길을 따라 계속 걸어갔습니다.

합창2: 그들은 악사가 되어 살길을 찾으려고 브레멘으로 갔답니다.

당나귀: 잠깐 만 기다려, 친구들! 우리가 미처 생각하지 못한 것이 있어.

고양이: 뭔가?

닭: 무슨 소리야, 당나귀 친구?

당나귀: 우리가 노래를 한 곡도 못 부른다면 어떻게 악사라 할 수 있겠나?

닭: 그래, 자네 말이 옳아!

개: 우리는 함께 연습을 해야 하는데, 빠르면 빠를수록 좋지.

고양이: 여기 이 나무 밑에서 하면 어떨까?

당나귀: 좋아, 내가 지휘를 할 테니 각자 최선을 다해 부르라고.

고양이, 개, 닭: 알았네!

당나귀: 자, 이제 시작해. 하나, 둘, 시작!

　　　네 마리의 동물들이 노래를 부른다. 당나귀는 '히잉히잉' 고양이는 '야옹야옹', 개는 '멍멍멍멍', 닭은 '꼬끼오오'하고 소리 높인다. 마지막으로 당나귀의 '히잉히잉' 소리가 높아지며 합창을 마친다.

합창1: 노래 연습을 끝내고 네 친구는 브레멘을 향하여 다시 길을 떠났어요.

합창: 그렇지만 벌써 시간이 많이 흘렀고, 네 악사들은 피곤했어요.

합창1: 그리고 배도 고팠답니다. 눈꺼풀이 자꾸만 내리 감겼어요.

합창2: 그때, 저 앞에 불켜진 집이 보였어요. 모두 그리로 달려가서, 창문을 들여다보

　　　　며 가만히 소리를 엿들었어요.
합창1: 거기에는 험상궂게 생긴 사람들이 식탁 옆에 앉아있었어요.
합창2: 동물들은 그들이 하는 얘기에 귀를 기울였지요.
도둑1: 나는 배가 고파서 죽을 지경이야. 도둑 노릇은 정말 힘들단 말야.
도둑2: 이제 저녁 식사를 하세. 이리 와서 여기 따뜻한 불부터 쬐라고.
합창1: 창문밖에 있던 네 명의 친구는 자신들의 귀를 의심했지요.
합창2: 그들은 모두 보았죠. 맛있는 음식, 따뜻한 불, 그리고 포근한 잠자리를…… 그들은 어떻게 할까 급히 의논을 했답니다.
고양이: 멍멍. 저 맛있는 고기를 한 입만 먹어봤으면!
닭: 꼬끼오, 저기 저 포근한 짚더미 위에 앉아 봤으면!
당나귀: 히힝, 저 못된 도둑들은 쫓아 낼 수 있다면! 정말이지 저들은 벌을 받아야 한단 말이야.
개: 그렇지만 우리가 어떻게 하지?
닭: 나는 알겠어! 우리는 노래를 하는 거야.
고양이: 맞아. 할 수 있는 한 제일 크게.
당나귀: 그것 좋은 생각이야.
합창1: 개는 재빨리 당나귀의 등에 올라탔지요.
합창2: 고양이는 개의 등에 올라타고요.
합창1: 그리고 닭은 고양이의 머리 위에 날아 올라갔답니다.
합창2: 그리고 내 친구는 노래를 불렀어요.

　　　　동물들, 노래를 부른다. 전보다 더 크고 더 빠르게

도둑1: 이 무시무시한 괴성은 어디서 나는 거지?
도둑2: 으스스하고, 찢어지는 듯 날카롭고, 귀청이 떨어질 것 같아!
도둑1: 나, 나, 나는 무서워.
도둑2: 나, 나, 나도. 창문으로 가서 어디서 나는 소리인지 알아보자.
합창1: 도둑들은 살금살금 창문으로 다가가서 조심스럽게 창 밖을 내다 봤어요.

합창2: 거기에서 그들은 한 번도 본 적이 없는 괴물을 보았답니다.
도둑1: 괴물이야!
도둑2: 머리는 닭처럼 생겼어.
도둑1: 목은 고양이처럼 생겼고.
도둑2: 배는 개처럼 생겼고.
도둑1: 다리는 당나귀처럼 생겼는데.
도둑2: 틀림없어. 귀, 귀, 귀신이야!
도둑1: 도망치자.
도둑1 2: 사람 살려!

    그들이 달아나면서 목소리 점점 작아진다.

합창1: 도둑들은 달아나서 다시 나타나지 않았지요.
합창2: 그들이 도망치고 난 뒤, 네 친구는 집안으로 들어갔지요.
고양이: 야옹! 세상에서 제일 멋지고 따뜻하고 포근한 집이야.
개: 멍멍! 나는 여기서 오래오래 살 거야.
닭: 꼬끼오! 우리는 여기를 아늑하게 꾸미고 죽을 때까지 여기서 지낼 수 있어.
당나귀: 히힝! 어때 친구들, 내가 얘기한 대로 되었지? 우리는 브레멘으로 가다가 우리의 기막힌 합창으로 행운을 잡은 거야.

    네 동물들은 다시 한 번 소리를 지르며 노래한다. 마지막으로 당나귀가 '히힝'을 한 번 더 외친다.[7]

  국어교과서에 수록된 이 「브레멘의 음악대」는 극본 형태로 합창을 넣어 서사적 효과를 노리고 있으며 주제보다는 역할 분담을 통해 극본이라는 문학장르를 배우게 하고 있다. 브레멘 Bremen은 독일 북쪽에 있는 한

---

[7] 초등학교 4학년 1학기 국어 (읽기). 62–68쪽. 1996.

자 Hansa도시의 하나이며 그곳 시청 광장에 가면 나귀 위에 개, 개 위에 고양이, 고양이 위에 닭이 앉아있는 작은 청동 동상을 만나게 되는데 바로 브레멘의 음악대를 기리기 위한 동상이다. 브레멘 근교에서 유래하는 그림동화「브레멘의 음악대 Die Bremer Stadtmusikanten」를 읽어보자.

「브레멘의 음악대」

옛날에 어느 남자가 당나귀 한 마리를 가지고 있었습니다. 그 당나귀는 오래 동안 꾸준히 짐 자루를 물방아 간으로 운반했는데 이제 그 힘이 다하여 더 이상 쓸모없게 되었습니다. 그때 그 주인은 그 당나귀를 처치하려고 생각했으며 당나귀는 불길한 낌새를 눈치채고 브레멘으로 길을 떠났습니다. 그 곳에서 그는 시립 악사가 될 수도 있다고 생각하였습니다. 얼마 동안 걸었을 때 당나귀는 사냥개 한 마리가 길에 누워있는 것을 발견했습니다. 달려서 지친 사람처럼 헐떡거리고 있었습니다.
"왜 그렇게 헐떡거리니? 사냥개야."
당나귀는 물었습니다. 개는 대답했습니다.
"아! 내가 이제 늙고 매일매일 약해져서 사냥터에서 더 이상 뛰지 못하자, 우리 주인이 나를 때려죽이려고 해서 도망쳐 나왔어. 그러나 어떻게 먹고살아야 할지?"
당나귀가 말했습니다.
"나는 지금 브레멘으로 가서 시립 악사가 되려고 하는데, 너도 같이 가서 모집에 응모하자. 나는 라우데를 연주할 테니 너는 북을 치면 되지 않겠니."
개는 승낙하고, 둘은 같이 길을 떠났습니다. 얼마 되지 않아 그들은 침울한 얼굴을 하고 있는 고양이 한 마리를 만났습니다.
"늙은 고양이야, 무슨 일이 잘못되었나?"
당나귀가 말했습니다.

"내 목숨이 왔다 갔다 하는데 누가 농담하고 있어?"
고양이는 대답했습니다.
"내가 늙고 이빨도 둔해져서 쥐는 안 잡고 난로 옆에 앉아 놀고 있자 주인 여자가 나를 물에 빠뜨려 죽이려고 해서 겨우 도망을 나왔어, 그런데 이제 어디로 가야 할지 모르겠어."
"우리 함께 브레멘으로 가자, 너도 어느 정도 세레나데 같은 것을 할 수 있으니 시립 악사가 될 수도 있어."
고양이는 그 제안에 동의하고는 그들을 따라 나섰습니다. 얼마 안 가 그 세 도망자는 어느 농가를 지나가는데 문 앞에서 수탉 한 마리가 앉아 있는 힘을 다해 소리치고 있었습니다.
"너는 골수에 사무치게 소리를 지르고 있구나"
당나귀가 말했습니다.
"너 왜 그러니?"
"우리 주인 여자가 아이 옷을 빨아 말리고 싶어해서 나는 오늘 날씨가 좋을 거라고 예고했었어. 그런데 내일 일요일에 손님들이 오는데 주인 여자는 동정심도 없이 요리사에게 내일 나를 잡아 국을 끓여 먹고 싶다고 말하는 거야. 오늘 저녁 내 목이 잘릴 거야, 그래서 나는 할 수 있는 한 목청을 다해 소리 지른 거야."
"아이고, 뭐라고 붉은 대가리야."
당나귀가 말했습니다.
"지금 브레멘으로 가는데 우리랑 같이 가자. 어디를 가든지 죽음보다는 나을 거야. 너야 좋은 목소리를 가지고 있으니 우리가 함께 음악을 하면 그것도 멋있을 거야."
그 제안이 마음에 들어, 그들은 이제 넷이서 함께 길을 떠났습니다. 그러나 그 날 브레멘까지 갈 수 없어 저녁에 숲에 들어가 밤을 보내기로 했습니다. 당나귀와 개는 커다란 나무 밑에 눕고 고양이와 닭은 나뭇가지 위로 올라갔으며, 닭은 가장 안전한 나무 꼭대기 위로 날아 올라갔습니다. 닭이 잠자기 전에 주위를 한 번 둘러보니 멀리서 불빛이 깜빡깜빡하는 것이 보였습니다. 그는 곧 동료들을 깨워 불빛이 보이니 멀지 않은 곳에 집이 있을 거라고 얘기하였습니다. 당나귀가 말했습니다.
"자, 우리 일어나 그 곳에 가자. 여기는 잠자기에 불편하니까."
개는 '뼈다귀 몇 개하고 고기가 조금 있으면 참 좋을 텐데.' 하고 생각했습니다. 그들은 불빛이 비치는 쪽을 향해 걸어갔는데 점점 불빛이 밝아지더니 마침내 불이 환히 켜진 도둑의 집 앞에 당도했습니다. 제일 큰 동물인 당나귀는 창문에 다가가 안을 들여다보았습니다.
"뭐가 보이느냐고? 음식과 술이 잔뜩 차려진 식탁이 하나 있고, 그 식탁에 도둑놈들이 둘러앉아 기분 좋게 먹고 마시고 있어."
"그 음식과 술은 우리가 먹어야 되는데."
수탉이 말했습니다.
"그래 그래, 우리가 저기 들어갈 수 있다면!"
당나귀가 말했습니다. 어떻게 하면 도둑놈들을 집에서 몰아 낼 수 있을지 의논한 후에, 네 동물은 드디어 한 가지 방법을 생각해 냈습니다. 당나귀는 앞발을 창문에 세우고, 개는 당나귀 등위에 올라가서 앉고, 고양이는 개 위에 올라 앉고, 마지막으로 수탉이 고양이 머리 위로 날아가 앉았습니다. 그리고는 신호에 따라 그들은 음악을 연주하기 시작했습니다. 당나귀는 소리 지르고, 개는 짖고, 고양이는 야옹하고, 그리고 수탉은 꼬꼬댁거렸습니다. 그리고는 창문을 통해 방안으로 들이닥치자, 유리들이 와장창 깨어졌습니다. 도둑놈들은 끔찍한 소리에 유령이 나타난 줄 알고 겁이 나서 뛰쳐나와 숲으로 도망갔습니다. 그러자 네 동물은 식탁을 둘러싸고, 남아 있던 음식을 마치 한 달이나 굶은 것처럼 먹어 버렸습니다. 네 동물들은 식사를 마치자 불을 끄고는 각자 알맞고 편안한 잠자리를 찾았습니다. 당나귀는 거름 위에 눕고, 개는 문 뒤에, 고양이는 부엌 아궁이의 따뜻한 재 속에, 그리고 수탉은 홰 위에 앉았습니다. 그들은 모두 너무 피곤해서 눕자마자 잠이 들었습니다. 한밤중이 되자 멀리서 집안에 불이 꺼지고 조용한 것을 보고 도둑놈들의 두목이 말했습니다.
"우리들이 그렇게 겁을 집어먹고 줄행랑을 치는 게 아니었는데."

그리고는 부하 한 명을 보내 집안을 살피게 하였습니다. 파견된 부하는 모두 조용해진 것을 확인하고 불을 켜려고 부엌으로 들어갔습니다. 고양이의 빛나는 눈을 아직 타고 있는 석탄으로 생각하고는 불을 붙이려고 성냥개비를 갖다 대었습니다. 그러나 고양이가 장난을 받아들일 리는 만무했습니다. 도둑의 얼굴에 달려들어 침을 뱉고 할퀴었습니다. 도둑은 너무 놀라 뒷문으로 뛰어 나가려고 하였지만, 거기에 있던 개가 달려들어 다리를 물었습니다. 그가 퇴비 옆을 지나쳐 가자, 당나귀가 뒷다리로 마지막 한 방을 먹었습니다. 시끄러운 소리에 잠이 깨어 정신을 차린 수탉은 들보 위에서 '꼬꼬댁 꼬꼬댁' 소리를 쳤습니다. 그러자 도둑놈은 있는 힘을 다해 두목에게로 달려가서 말하였습니다.

"아, 집안에는 무시무시한 마녀가 있는데. 내 얼굴에 입김을 불어 대고, 긴 손가락으로 얼굴을 할퀴었습니다. 문 앞에는 한 남자가 칼을 들고 있다가 내 다리를 찔렀습니다. 그리고 마당에는 검은 괴물이 있다가 나무막대기로 나를 쳤으며, 지붕 위에는 판사가 앉아 저 나쁜 놈을 나에게 데리고 오라고 소리쳤습니다. 그래서 정신없이 도망쳐 나왔습니다."

그 때부터 도둑놈은 집안에 들어갈 생각을 못했지만, 그 네 명의 브레멘의 음악가들은 너무 집이 마음에 들어 집에서 나올 생각을 안 했습니다. 그런데 이 이야기를 마지막으로 한 사람은 아직 입에 침도 안 발랐답니다. (KHM. S. 180-189)

「브레멘의 음악대」는 늙어서 쓸모가 없게 되자 평생을 몸바쳐 일하던 주인에게서 쫓겨나는 동물들의 이야기로 퇴직자들의 상황을 묘사하고 있는 일종의 우화다. 음악대를 조직하여 브레멘으로 간 동물들이 도둑을 쫓아내고 집을 점거하는 집단 주택 점거 행위는 마르크스의 자본론 (1867) 1권 24장에서 말하는 '원천적인 축적'에 대항하는 가난한 국민의 저항운동의 일화였을 거라는 주장도 있다. 그림동화 「브레멘의 음악대」는 1923년 잡지 ≪동명≫에서 「부레면의 音樂師」라는 제목으로 처음 한국어로 번역되었다.

부레면의 音樂師 그림童話集에서

◇어느곳어느사람의집에 당나귀 한 마리가 잇섯습니다. 오랫동안주인에게귀염을바다오더니 년치가만하저서 요새는나날이쇠약해질쑨이엇습니다. 그러니까 주인은차차정이썰어저서 한째는 누구에게든지 팔아먹으랴고 하얏섯스나 맛당한작자도업거니와 상당한가격을바들수가업섯습니다. 주인은사불여의하면 당나귀를잡아서 그가죽이라도 어대다가쓸가하고 내심으로 생각한적도잇섯습니다.

◇그눈치를챈 당나귀는 오금아나살려라하면서 그집을몰래빠져나와 어슬렁어슬렁「부레면」이란 도시쪽을향하야 달아낫습니다.

「그곳에가면 악대(樂隊)의틈에 쩡길수가잇겟지」

하는생각을 하얏슴이올시다.

◇얼마만츰가자니까 길가에 산양개한마리가 무척피곤한 듯이 씩씩숨을 쉬면서 자고잇섯습니다.

「여보게! 구서방, 자네는 웨그러케 씩씩하고만잇나?」

하고 당나귀가 물엇습니다.

「아아」

소리를힘업시지르드니

「여보게! 자네도보면알겟지만, 나는 나날이늙어서 맘이나몸이나 쇠약해질쑨일세. 그러니어쩌케산양을가겟나? 그런데 이것좀봐, 사람이란무정도한게야, 아! 나를때려잡아고기라도먹겟다지. 그말을듯고서야어찌 그냥잇슬수가잇서야지. 생각다못하야 어쩌케먹고 어쩌케살아갈가? 그걱정을하고잇네.」

◇이말을듯고잇든 당나귀는

「무얼, 그까진 것, 걱정할것업네. 나는지금「부레면」으로가서 악대가되어볼가하는 중이니 자네도 가티가서 악대나되세. 자! 나는북을 두다릴것

제1장 국어교과서를 통한 독일문학 수용   61

이니 자네는 바이올링을타게.」

산양개는 당나귀가하자는대로 둘이 가티길을써낫습니다.

◇몃거름아니가서 고양이를 맛낫습니다. 고양이는 길바닥에쏘글이고 안젓는데 한사흘이나 굶엇는지 얼굴이짜칠하고 왼몸이훌부드레하얏습니다.

「얼래! 자네옛날친구아닌가? 웨이런데 이러케안저서 무엇을하나? 그런데 얼굴이매우안되엿네 그려」

당나귀가 먼저이러케 수작을비췻습니다. 고양이는 우는듯한목소리로

「흥 여보게말말게. 짜짝하면 목이달아날판인데 어쌔서 방글방글웃고 잇겟나? 여보게 내말을좀들어주게 나도그럭저럭 나히만하져서 인저는쥐란놈을 쏘처다닐근력도업거니와 요새가티치운째에는 짜씃한 양지짝에나 화로가에 안저서 고로롱 고로롱 실이나 감고잇는 것이 얼마나편한지 알수업서. 그러니 우리댁 아씨 일망정 그대로잇슬리야잇나? 어느날아씨는 서방님과무어라도 소곤소곤하기에 가만히엿들어보니까 아! 나를 련못물에다 집어넛는다고하겟지. 암만생각해보아도 안심할수가업서. 그래하는 수업시 십여년동안이나 정이 들엇든집을쒸어나왓스나 그러니 무엇신통한일이 잇서야지. 아! 생각하면 지난일이 모두 꿈이야꿈」

이러케 하소연을하얏습니다.

「얘! 그럴것무엇잇니. 울어도한평생 웃어도한평생아니야. 자! 생각할것도업다. 우리하고가티 「부레먼」으로가서악대나되자.」

◇고양이도 대찬성을하야 길을써낫습니다. 세나그내가 한참가다가 어느농가(農家)의 마당가에다달앗습니다. 그째마츰 숫탉 한마리가 두쭉지를 툭썰드니 놉흔목소리로

「쯔씨오쯔씨오」울엇습니다.

◇「얘! 너는정신업시 그러케 울지만 대체 무슨까닭이냐」

당나귀가 쏘이러케물엇습니다.

「아! 려서방이요, 오래못보엿습니다. 그런데여보, 나는이와가티날마다 날마다 째를고하고 일기가 조흘것을미리알으켜주쟌소. 그공노도업시일요

일이면 놀러오는손님의 밥상위에 손자도죽고 아들도죽고 동무도 죽어서 며칠만안잇스면 나까지죽을것입니다. 이왕업서질목숨이니살앗슬때에 맘 껏힘껏울어나볼까합니다.」 숫닭이 이러케말하얏습니다.

당나귀는 「아! 그런가하지만여보게 자네도 우리와가티가면 어썬가? 혼자암만 울고잇스면 무슨소용이잇나. 우리는 지금 「부레면」으로가는길일세. 사자는세상인데 죽어서야어쩌나. 더욱자네로말할지경이면 누구든지 감복시킬만한 아름다운목소리를 가젓스니 우리하고가티 악대가되세」

◇숫닭도 그말에찬성하고 동행이넷이되엇습니다. 하지만 「부레면」까지는 길이멀어서 하로에는도저히 갈수가업섯습니다. 날세는 차차저물어가는데 마츰 어느숩근처에 득달하얏습니다. 동향이셔로의론한결과 그숩 속에서 하로밤을지나기로하얏습니다.

◇커다란나무가 하나잇는데 당나귀와 산양개는 나무미테자리를잡고 고양이하고숫닭은 나무가지위로 올라갓습니다. 그중에도숫닭은 나무쪽댁이로 올라가서 가장안전한곳을 가려서잠자리를 보앗습니다. 모두자랴고 할때 사방을 두루삷히니 그리멀지아니한곳에서 불이싼짝싼짝하얏습니다. 그것을데일먼저알아낸고양이는 다른동무들을 불러가지고 「그불이잇는데는 필경집이잇슬것이니 두말할것업시 그리로차저가자」 하얏습니다.

◇그러니까 당나귀도

「그러면 쌀리 그곳까지가는게조하. 어썬지이곳은 장소가 그리조치못하니말이야」한즉 산양개는

「그래 정말그래. 거긔는아마 고기부튼뼈다귀한개야 잇겟지!」

말이맞나자일동은 그곳을써나서불이 싼짝어리는편을 향하야 쌀리가보니까 그불이 점점쪽쪽하게보이는데 그것은 틀림업는등잔불이엇습니다. 그런데 그집은 그근처에서가장무서워하는 도적놈의소굴이엇습니다.

◇당나귀가 키가데일크니까 먼저창문밧그로가서 방안을들여다보앗습니다. 그때에

「려서방! 무엇이보이나?」하고 숫닭이가만히 물엇습니다.

「무엇이보이느냐? 애암말두말고가만히잇거라. 맛잇는음식이식탁에그

득한데 도적놈들이 삥돌러안저서먹기에팔려잇다.」

◇그째에 일동은 어쩌케해서 도적놈을몰아낼고 하는의론을하얏는데 최후에 조흔생각한아기생겻습니다. 그방법이라하는것은 당나귀가 창문턱에압발을걸어노코 그등위에산양개가타고 고양이는 개를타고 숫닭은 맨나종에 활활날라서 고양이대가리에 올라안젓습니다.

◇이와가티 준비가다되면 암호를기다리어서 네마리가한쩌번에 합창(合唱)을하기로약조하얏습니다. 당나귀는울고 개는짓고 고양이는 악을쓰고 숫닭은 노래하야 일시는창문이 찌저질듯이 요란하얏섯습니다.

◇이상한소리에 몹시놀랜 도적놈들은 정신을일코 허둥지둥숩속으로 피해달아낫습니다. 이것은필경독갑이의작란이거나 그러치아니하면 요물의짓이라고생각하얏습니다.

◇네마리나그내는 덥허노코 방안으로 들어가서 도적놈들이벌려노핫든 음식을배가터지라고먹엇습니다. 동행네마리는 먹고마시기를마친후에 등잔불을 끄고 다각기제성질습관에맛는곳을 차젓습니다. 당나귀는 두엄썸이집가리에 산양개는 사리짝미테 고양이는 화로가에 숫닭은실경위에려 행에피로한몸을숨기고 곤하게잠이들엇습니다.

◇밤중이되자 도적놈들은 다시와서그집을 께금께금들여다보앗스나 쌈쌈하고 고요함으로 괴수놈은

「방안을 검사하라고」

부하의한사람에게 명령하고갓습니다. 부하는 들어가보니까 집안이휑해서찬바람이 획획돌앗습니다. 등잔불을켜랴고 부엌으로 들어갓슬째에 고양이눈이 불가티쩐적어리는 것을보고 석탄의불인줄알고 불을부치랴고석냥을 끄내엇습니다.

◇고양이는 잔쯕벼르고잇다가 별안간 팔닥쮜어서 날카럽은발톱으로 얼굴을 할퀴니까 부하는깜짝놀라 뒤ㅅ문으로 달아낫습니다. 그곳에는산냥개가잇다가 닥치는놈을 물고매달럿습니다. 부하는 절쑥절쑥하면서 두엄쌤이집가리를 지날째에 그곳에서 자든 당나귀가 시침이를쭉짜고잇다가 뒤ㅅ발로몹시 찻습니다. 그뿐일까요. 숫닭도 이풍파에 잠이째어서 실

경위에서 「쏘쏘 쏘쏘」하고 울엇습니다.
　◇도적놈은 한숨에 다름박질하야괴수한테돌아가서
「여봅시오 대장! 저집에는 무서운 마녀(魔女)가잇습듸다. 나를막두드리고 기다란손톱으로 내얼굴을할퀴엇습니다. 그래 뒤ㅅ문으로 빠져나오니까 그곳에는 칼을가진놈이 내허벅다리를찔럿습니다. 뜰에는 시컴한 것이 누어잇다가 커다란몽둥이로 나를두다렷습니다. 그뿐인가요? 지붕위에서는 재판관이 저놈잡으라고 소리를벽력가티질르겟지요. 나는어쩌케 이곳까지 왓는지 모르겟습니다.」
　◇그뒤번터는 도적놈들이 다시두번그집근처에도아니갓습니다. 「부레면」의 음악사(音樂師)는 그 후갈스록 더욱더욱 번창해저서 지금까지도 그 집에서 재미잇게 잘살어간다합니다.─(쯧)─

당시 ≪동명≫에 수록된 대부분의 다른 그림동화들은 모두 한국정서에 맞게 주인공 이름과 지명을 한국식으로 바꾸었다.8) 그러나 이 동화는 잡지 ≪동명≫에 수록되었던 다른 동화와는 달리 독일지명 브레멘을 한국명으로 바꾸지 않고 그대로 사용하고 있는 유일한 동화다.

초등학교 국어교과서에는 앞에서 소개한 그림동화 외에 당나귀이야기가 오래 동안 실려 있었다.

「당나귀」

한 노인이 아들을 데리고 당나귀를 팔러 장으로 몰고 가고 있는 길이었다. 두 사람은 조금 가다가, 우물에서 물을 긷고있는 여인 곁을 지나게

---

8) 그림동화의 「조린델과 조링겔 Jorindel und Joringel」은 「奇男이와 玉姬」로 되어있으며 「재투성이 王妃」에 나오는 주인공 이름은 경희로 나온다.

되었다.

"저 못난 사람을 보아요, 타고 가면 좋을 걸, 터덜터덜 먼지 길에 걸어가는 꼴이야!"

한 여인이 말했다.

이 말을 듣고 노인은 아들을 당나귀에 태웠다.

얼마 안 간즉 노인 몇 사람이 앉아서 점잖게 이야기를 하고 있다.

"저런 고약한 일이 있나." 하고 한 노인이 말한다.

"저런걸 보아도 내 말이 맞아. 요새 젊은것들은 조금도 늙은이를 생각하지 않아, 젊은 놈이 타고 가는데, 가엾은 늙은 아버지는 걷고있는 걸 보아."

이 말을 듣고 아들을 내리라 하고 아버지가 나귀를 탔다.

이렇게 조금 가다가, 어린애를 안고 가는 여인들을 만났다.

"아니, 저런 소견머리 없는 늙은이, 어쩌자고 저만 편히 타고 어린 자식을 걸리는고, 아이구, 가엾어라!"

한 여인이 하는 말을 듣고, 늙은이는 아들을 자기 뒤에 태우고, 장터에 거의 다 왔는데,

"여보, 점잖은 양반."

한 젊은이가 불렀다.

"아무리 짐승이라도 둘이나 타고 간단 말이요. 두 사람이 당나귀를 타고 가는 것보다 내 생각에는 둘이 당나귀를 매고 가는 게 좋을 것 같소."

이 말을 들은 두 사람은 내려서, 당나귀다리를 장대에 비끄러매었다, 그리고 장대 한 끝씩 매고 갔다.

가다가 다리 있는 데까지 왔다.

이 우스운 꼴을 보고 있던 아이들이 갑자기 큰 소리를 내어 웃는 바람에, 당나귀는 놀라서 버들적거리기 시작하더니, 마침내 동여매었던 끈이 끊어져 당나귀는 그만 물에 **빠졌다**.[9]

---

9) 초등학교 4학년 1학기 국어. 50－51쪽. 1947.

1947년에 교과서에 맨 처음 수록된 이 「당나귀」이야기는 1952년에는 「팔러가는 당나귀」로 제목을 바꾸고 극본형태가 되었다.

아버지와 아들이 팔 당나귀를 끌고, 여인들이 물을 긷고 있는 우물가를 지나갑니다.

여인 1: (손가락질을 하면서) "저 못난 사람들 보아, 타고 가면 좋을 걸. 당나귀를 끌고 터덜터덜 걸어가는 꼴이야."
여인 2: "그러게 말이야, 아마 당나귀를 모시고 가는 모양이지?"
아버지: (머리를 긁으며) "아, 듣고 보니 그렇기도 하군. (아들을 보고). 얘, 너 이 당나귀 타거라."

아들은 당나귀를 타고, 아버지는 당나귀고삐를 잡고 걸어갑니다. 나무그늘에서 노인들이 쉬고 있는 곳까지 왔읍니다.

노인 1: "저것 보오. 저런 고약한 일도 있나? 저런 것을 보아도 내 말이 맞거든. 요새 젊은 아이들은 어른을 조금도 위하지 않는다니까 그래. 젊은 놈은 타고 가고. 늙은 아버지가 터덜터덜 걸어가야 한담."
노인 2: "아이참! 괘씸한 일이로군."
노인 3: "글세, 그렇다니까."
아버지: "얘, 내려라. 내가 타고 가야겠다. 원 남부끄러워서, 어떻게 그냥 걸어가겠니?"
아들: "예"

아버지가 당나귀를 타고, 아들이 고삐를 잡고 걸어갑니다.
어느 동네 앞을 지나갑니다. 어린애를 안고 있는 여인들의 앞을 지나갑니다.

여인 3: "아니, 저런 소견없는 사람이 있나? 어쩌자고 어린 자식을 걸리고 자기만 편히 타고 갈가? 아이 가엾어라!"

아버지: "허허, 이것도 안되겠는걸. (아들을 보고,) 얘, 그럼 너도 같이 타렴."

아버지와 아들은 둘이 같이 당나귀를 타고 갑니다. 이 나귀는 무거운 듯이 다리를 절룩절룩 합니다.
밭에서 일을 하고 있던 농부들이 물끄러미 쳐다봅니다.

농부 1: "여보시오. 아무리 짐승이라도 두 사람이나 타고 간단 말이오? 그 나귀를 보니 힘이 빠져 비척비척하는 꼴이 타고 가는 것보다, 내 생각에는 둘이 메고 가는 편이 옳을 것같소."
농부 2: "그렇소, 둘러메고 가시오."
아버지: "얘 그럼 그렇게 하자."

아버지와 아들은 당나귀의 다리를 한데 묶어서 장대로 꿰어 메고 갑니다. 무거워서 이리로 비척 저리로 비척, 땀을 뻘뻘 흘리며 메고 갑니다.
개울까지 왔습니다. 거기는 좁은 다리가 놓여있습니다.

아이 1: "얘, 저것 봐라. 사람이 당나귀를 메고 간다."
아이들: "아이! 우스워, 하하하하."

아이들은 손바닥을 치면서 깔깔 웃습니다.
아이들이 웃는 바람에 당나귀가 깜짝 놀라서 개울 속으로 풍덩 빠져 버립니다.

아버지: "이걸 어째!"
아들: "어어, 당나귀가 막 떠내려가네."
아이들: "하하하하, 하하하하……."[10]

---

10) 초등학교 3학년 1학기 국어. 49쪽 – 55쪽. 1952.

당나귀 이야기는 이야기에서 극본형태로 다시 이야기형태로 바뀌기를 반복하면서 제6차 교육과정까지 국어교과서에 수록되어 있었다. 1996년 3학년 1학기 국어에 나오는 「팔려가는 당나귀」에서는 "아버지와 아들이 팔 나귀를 끌고 장으로 떠났습니다. 이것을 보고 사람들이 타고 가지 왜 끌고 갈까? 하고 말했습니다. 그 말을 들은 아버지는 아들을 나귀 등에 태웠습니다."라고 시작될 뿐 이야기의 줄거리는 전혀 변하지 않았다. 「당나귀」, 「팔러가는 당나귀」, 「팔려가는 당나귀」로 제목이 여러 번 바뀌지만 이런 저런 사람들의 말을 들으면서 소신 없이 굴다가는 결국 망신을 당하게 된다는 이야기에는 변함이 없으며 모든 사람의 마음에 들게 행동할 수 없다는 교훈이 담긴 이야기다.

요한 페터 헤벨 Johann Peter Hebel(1760-1826)의 '달력이야기 Kalendergeschichten'에 「이상한 나귀 타기 Seltsamer Spazierritt」라는 당나귀 이야기가 나온다. 독일에서 가장 많은 사람들이 읽는 것은 성경이며 성경다음으로 많이 읽는 것은 달력이기에 헤벨은 교훈이 될 많은 이야기를 만들어 달력에 실었다.

「이상한 나귀 타기」

한 남자가 나귀를 타고 집으로 가는데 자기 아들은 옆에 걸어가게 한다. 나그네가 오다가 말한다. "아버지인 당신이 타고 아들을 걸어가게 하는 것은 옳지 않아요. 댁은 사지가 튼튼하지 않소." 그때 아버지는 나귀에서 내려 아들을 타게 한다. 다시 한 나그네가 와서는 말한다. "이보게, 자네가 타고 자네 아버지를 걸어가게 하다니 이건 옳지 않아. 자네는 사지가 젊지 않은가." 그러자 두 사람이 나귀를 타고 한참을 갔다. 세 번째 나그네가 와서 말한다. "두 놈이 힘없는 짐승 위에 타다니 이 무슨 몰상식이오? 막대기라도 들고 너희 두 놈을 때려서 내리게 해야 하나?" 그러자 두 사람은 나귀에서 내려 아버지와 아들이 각각 왼쪽 오른쪽, 그리고 나귀는 가운데, 이렇게 셋이 걸어서 갔다. 네 번째 나그네가 와서 말한다. "당신들은 이상한 사람들이군. 두 사람이 걸어서 가야 되겠소? 당신들 중 한사람은 나귀를 타면 더 쉽지 않겠소?" 그러자 아버지는 나귀의 앞발을, 아들은 나귀의 뒷발을 묶고는 길가에 서있던 튼튼한 나무등치에 꿰어서 나귀를 어깨에 매고 집으로 갔다.

모든 사람들의 뜻에 맞게 하려는 일은 이렇게 까지 될 수 있다.[11]

헤벨의 「이상한 나귀 타기」와 한국의 「팔러가는 당나귀」 혹은 「팔려가는 당나귀」를 비교해보면 같은 소재이지만 한국의 「팔러가는 당나귀」의 구성이 훨씬 다양하고 이야기가 구체적이다. 헤벨의 이야기에서는 등장인물이 첫 번째, 두 번째 세 번째, 네 번째 '나그네 Wandersmann'로 나오지만 한국이야기에서는 젊은 여인, 노인, 아이를 업은 여인, 농부, 아이들이라는 다섯 그룹의 인물이 등장하며 각기 자기가 속한 그룹의 입장을 대변하고 있다.

전래동화의 경우 각국에 유사한 이야기가 많기에 그 근원을 파헤치기가 힘들다. 이 당나귀이야기의 기원을 거슬러 올라가기 위해 동화대사전에서 '나귀 Asius Vugli'라는 어원을 찾아보면 영국, 노르웨이, 스페인, 이탈리아, 루마니아, 헝가리. 유고 등 다양한 유럽국가에서 그 변형이 나타나고 있다. 뿐만 아니라 유럽이외 터키와 이란에서도 비슷한 소재의 이야기가 전해오고 있으며 그 유래를 거슬러 올라가면 5세기 라틴어에서

---

11) Johann Peter Hebel: *Seltsamer Spazieritt, Deutsche Anekdoten auf fünf Jahrhunderten*. S. 100. Verlag Philipp Reclamn Leipzig. 1988.

시작된다고 한다. 헤벨의 「이상한 나귀 타기」역시 헤벨이 창작한 이야기는 아니다.

그러나 헤벨의 『라인친구 혹은 새 달력 Der Rheinische Hausfreund oder Neuer Kalender』(1808년)에 나오는 「이상한 나귀 타기」와 라 폰테네 La Fontene의 우화가 가장 최근의 나귀이야기로 밝혀지고 있다. 따라서 한국 국어교과서에 나온 「팔려가는 당나귀」는 헤벨의 「이상한 나귀 타기」나 라 폰테네의 당나귀이야기에서 유래할 가능성이 가장 높다. 지금까지 각국에서 나온 나귀이야기의 유형을 살펴보면 다음과 같다.

아버지가 아들과 나귀를 데리고 길을 간다. 아들은 타고 가고 아버지는 걸어서 간다(A). 아들과 아버지는 아들이 아버지를 걷게 한다고 비난하는 사람들을 만나게 된다. 그러자 아버지는 나귀를 타고 아들은 걸어서 간다(B). 그들은 다시 이 해결을 비판하는 사람들을 만나게 된다. 그러자 두 사람 모두가 나귀에 올라탄다(C). 이것도 다시 지나가는 사람들의 지지를 얻지 못한다. 이제 그들은 걸어서 간다(D). 그러나 그것도 찬사를 받지 못한다. 아버지는 이 체험을 토대로 모든 사람들의 마음에 들기는 어렵다는 가르침을 아들에게 전한다. 이 이야기의 전승의 일부는 다른 에피소드까지 담고 있다. 아버지와 아들은 당나귀의 양쪽 발을 묶어 막대기에 끼워 어깨에 매고 간다(E). 이 해결도 비웃음을 사자 마침내 나귀를 물 속에 던져버리거나 당나귀가 놀라 물에 빠진다(F1). 때려잡아 껍질을 벗긴다(F2). 에피소드의 순서는 다양하지만 A에서 D가 나귀이야기의 기본구조다. 한국초등학교학교 국어교과서에 실려있는 나귀이야기의 순서는 DABCEF1의 순서이며 독일 작가 헤벨의 나귀이야기는 BACD이며 라틴어에서 나온 이야기는 ABCD다.

왜 세계적인 음악가 중에는 한국인이 많으며 많은 한국 학생들이 독일에서 음악공부를 하느냐고 독일 사람들이 물을 때면 베토벤과 베토벤의「월광곡」에 얽힌 이야기가 먼저 머리에 떠오른다.「월광곡」이야기가 맨 처음 나온 것은 1947년 홍난파 편『세계의 악성』이라는 책에서다.

「월광곡」

지금으로부터 130년 전 일입니다. 나뭇잎을 흔드는 바람조차 쓸쓸한 가을 저녁, 친구 집에서 저녁밥을 먹고 일어선 베토벤은 쌀쌀스러운 달빛을 온몸에 받으면서 고요히 초저녁잠에 들어있는 본성(城)의 거리를 거닐고 있었습니다. 그때의 본성은 좀처럼 얻기 어려운 자랑거리를 가지고 있었으니 물을 것도 없이 천재 작곡가 베토오벤이 여기서 난 것입니다. 좀처럼 나기 어려운 천재 베토벤의 머리 속에는 끊임없이 자연스러운 멜로디가 솟아 넘쳤으니 나무등걸을 스치고 지나가는 가벼운 바람소리나 코스모스 꽃잎 위에서 반짜기는 아침이슬의 구슬같이 아름다운 빛이 그의 귀에는 모두 다 음악 아닌 것이 없었고 그의 눈에는 예술 아닌 것이 없었던 것입니다.

하물며 달 밝고 하늘 높은 가을밤, 가인(歌人)의 심회조차 뒤숭숭할 그 달밤에 베토벤의 가슴인들 어찌 떠오르는 감동이 없었겠습니까?. 중추의 보름달을 물끄럼이 바라보며, 바쁜 일없는 다리를 힘없이 옮겨놓을 때 베토오벤의 귀ㅅ가에는 어디서부터인지 들리락 말락하게 피아노의 실 같이 가는 멜로디가 가벼운 바람ㅅ결에 그쳤다가 또 들리고 들렸다간 또 그침을 알게 되었습니다.

베토오벤은 희미한 꿈에 쌓여서, 음악소리가 들려오는 곳을 향하여 한걸음 또 한걸음을 가까이 갔던 것입니다. 이윽고 눈에 띠우는 것은 불도 없이 어듬컴컴한 나무 그늘 옆에 서있는 조그만 오막사리, 그 집안으로부터 흘러나오는 가냘픈 멜로디야말로 베토오벤 자신이 작곡한 쏘나타였던

것입니다.(중략)[12]

베토벤은 독일 본 Bonn에서 태어났으며 지금도 본에는 베토벤의 생가가 관광명소로 남아있다. 위 「월광곡」에 나오는 본성은 바로 분단시절 서독의 수도였으며 베토벤의 생가가 있는 본을 말한다. 1947년『세계의 악성』에 소개되었던 「월광곡」은 1950년부터 초등학교 5학년 국어교과서에 실리기 시작하였다.

나뭇잎을 흔드는 바람조차 쓸쓸한 저녁, 베에토오벤은 쌀쌀스러운 달빛을 온몸에 받으면서, 고요히 초저녁잠에 들어있는 거리를 거닐고 있었다.
중추의 보름달을 물끄럼이 바라보고 있을 때 어디선가 실같이 피아노의 곡조(曲調)가 가벼운 바람결에 그쳤다간 또 들리고, 들렸다간 또 그친다.
베에토오벤은 꿈결같은 음악소리가 은은하게 들려오는 곳을 향하여, 한 걸음 가까이 가보니, 바로 자기가 작곡한 곡조가 불도 없이 어둠 컴컴한 오막살이에서 가냘프게 흘러나오는 것이었다.
캄캄한 오막살이에 피아노는 웬 것이며, 그것을 치는 사람은 누구란 말인가?
베에토오벤은 이상한 감흥(感興)의 충동을 받아, 슬그머니 그 집 문(門)을 열고, 아무 말도 없이 들어섰다.
주인은 깜짝 놀라서
"누구요? 아닌 밤중에 아무 말도 없이······." 하고 물었다.
베에토오벤은, 자기 자신도 모르는 중에 문을 열고 들어서기는 했지마는 주인이 묻는 소리에 정신(精神)을 차리고 사면을 둘러보니, 방안에는 작은 촛불이 깜박거릴 뿐, 그 집주인은 어두컴컴한 속에서 무릎 위에 헌 신짝을 놓고 꿰매고 있었다.

---

12) 홍난파(편): 세계의 악성 5쪽. 朝鮮兒童文化協會. 1947.

들창 밑에는, 한 소녀가 피아노 앞에 앉아서 고개를 돌려 쳐다보고 있었다.

베에토오벤은, 주인이 묻는 말에는 아무 대답이 없이, 방안을 한 번 둘러보고는 다시 피아노 앞으로 고개를 돌이켰다. 낡은 피아노 위에는 악보는 고사하고, 종이 조각 하나도 보이지 않았다.

"당신이 시방 치던 그 곡조는 어디 있나요?"

소녀는 부끄러운 듯이 얼굴을 붉히며,

"저는 눈이 멀어서……"

채 말끝을 맺지도 못하고, 그의 목소리에는 반은 울음이 섞여있었다.

"아아, 장님!"

베에토오벤은 놀라서,

"그러면, 어떻게 그 어려운 곡조를 배웠습니까?"

하고 묻지 않을 수 없었다. 그 소녀는,

"배운 일은 없습니다. 제가 전에 살던 집 뒤에 어떤 귀족의 집이 있었는데, 그 부인이 치는 피아노 소리를 듣고 그저 좋아서 곡조 이름도 모르고 흉내를 내 보았을 뿐이어요."

아아, 가엾고 놀라운 일이다. 눈먼 이 소녀의 이 재주, 이 운명(運命)!

"참 가엾은 일입니다. 나도 역시 넉넉하지 못한 사람인데, 음악을 좋아하기는 하오마는……"

이 때, 오라버니는 두 사람의 주고받고 하는 말을 듣고, 어딘지 모르는 청년(靑年)의 위풍과 불타는 듯한 정열(情熱)에 감동되어, 앞치마를 부수수 떨고 일어나서, 옆에 있는 조그마한 걸상을 내놓으며, 앉으라고 권했다.

"부모(父母) 없이 자라난 저 아이에게는, 이 너른 세상에 이 오라버니와 다 깨어진 피아노만이 위안이올시다. 웬만만 해도 음악회에 데리고 가서, 저 애의 평생(平生) 소원인 베에토오벤 선생 님의 피아노 치는 소리라도 한번 들려주었으면 합니다마는……"

"당신네는 그다지도 베에토오벤의 음악을 듣고싶어합니까?"

"그게 무슨 말씀입니까? 사람인지 귀신인지 모를 대 천재 베에토오벤 선생님이야말로, 온 천하(天下)가 숭배하지 않습니까?"

초는 점점 녹아 내려서 까물까물 꺼져 가는 불빛이 세 사람의 얼굴을 비춰준다.

그는 가만히 피아노 앞으로 가서, 그 소녀를 붙잡아 일으킨 뒤, 피아노에 앉아서, 이 두 불행(不幸)한 남매를 위하여, 간장이 끓어지는 듯한 감정을 눌러가며, 천천히 한 곡조를 치기 시작한다.

곡조는, 조금 전에, 바로 그 소녀가 치던 곡조였다. 커 졌다 작아졌다, 느렸다 빨랐다 하는 묘한 곡조는, 고용한 좁은 방, 안에 퍼져서, 곡조를 듣는 두 남매는 물론, 곡조를 타는 베에토오벤 자신도, 이 세상(世上)을 떠나 멀리 하늘로 올라가는 듯한 이상하고도 신비스러운 생각에 싸였던 것이다.

옆에서 고개를 숙이고 듣고 섰던 소녀는 무엇에 감동되었는지, 별안간 베에토오벤의 옷자락을 잡으며 부르짖는다.

"선생님, 베에토오벤 선생님이 아니십니까?"

베에토오벤은 소녀의 머리를 어루만지며

"예, 내가 바로 베에토오벤이오."

이 말을 들은 남매는, 너무도 기쁘고 감격한 끝에, 한참동안 느껴 울었다.

"선생님, 이 불쌍한 제 동생을 위하여, 한 곡조만 더 들려주십시오."

오라버니는 애원하였다.

베에토오벤이 다시 피아노에 향하여 앉았을 때 깜박거리던 촛불이, 창틈으로 새어 들어오는 바람에 펄럭하고 꺼졌다. 마침 달빛이 하염없이 흘러 들어와, 피아노건반 위에서 춤을 추는 것 같았다. 온 방은 감격과 신비 속에 싸여 침묵을 지킬 뿐!

들창을 활짝 열어젖히고, 하늘을 우러러볼 때 수없이 많은 별들은 은구슬 뿌려 놓은 듯이 반짝이고 하늘복판에 흐르는 은하수가 한줄기 환한 이 달밤!

한동안 황홀히 바라보던 베에토오벤은 피아노 위에 손을 올려놓자, 마음속에서 복 바쳐 오르는 그 정열, 그 감흥을 곡조로 옮겨 천천히 타기 시작하였다.

황홀하고도 신비한 이 광경 속에서, 두 남매는 가슴에 두 손을 대고, 숨도 크게 못 쉬고 귀를 기울였다. 달 속의 여인이 흰 비단 치마를 발로 차면서 춤추는 듯한 아름답고도 구슬픈 곡조에 취하여, 멀리 달나라에 헤매는 듯, 이상스러운 꿈속에 싸여 있을 때, 곡조는 별안간에 변하여, 베에토오벤의 두 손이 사나운 비바람이 내리치는 듯, 불꽃이 튀는 듯 빨리 뛰기 시작하자, 마치 산이 울며 천지가 흔들리는 듯하더니, 이윽고 다시 가없고 아름다운 곡조가 평화(平和)와 영광을 두 남매의 가슴속에 가득히 담아 붓는 것이었다.

두 남매가 황홀한 음악에 취한 잠이 채 깨기도 전에 베에토오벤은 슬그머니 일어나서, 그 길로 곧 자기 집에 돌아와, 밤이 새도록 곡조를 그대로 베껴놓으니 이것이 만고(萬古)에 이름 높은 월광곡이다.[13]

독본형태로 국어교과서에 수록된 「월광곡」은 1990년부터는 드라마형태로 바뀌었다.

때: 어느 가을날 저녁
곳: 눈먼 소녀의 집
나오는 사람들: 베토벤 친구, 눈먼 소녀, 소녀의 오빠

무대 오른쪽에 소녀의 집이 있다. 허름한 피아노가 놓인 방안으로 창문을 통해 달빛이 들어온다.
무대 왼쪽 거리의 벤치에서 베토벤과 그의 친구가 이야기를 나눈다. 절망한

---

13) 초등학교 5학년 2학기 국어. 27 – 34쪽. 1950.

듯한 표정의 베토벤은 하늘을 쳐다보고 있다.

베토벤: 정말 어떻게 하면 좋지? 친구: 뭐가 말이야, 이 사람아, 자네, 자꾸 왜 이러나?
베토벤: 나도 잘 모르겠어. 점점 자신이 없어져.
친구: 도대체 그게 무슨 소리야? 위대한 천재 작곡가 베토벤이 무슨 말을 하고 있는 거야?
베토벤: 천재? 자네는 내 심정을 이해 못 해. 내게 남은 것은 절망뿐이야.
친구: 여보게, 용기를 내게, 제발.
베토벤: 하지만, 어쩌면 좋단 말인가? 귀가 안 들린단 말이야. 점점 더 심해.
친구: 괜찮아. 그래도 자넨 해낼 거 야. 틀림없이 해 낼 수 있을 거라 구.
베토벤: 답답한 소리 그만두게. 작곡가에게 있어서 귀란 생명보다도 더 소중하다는 것을 자네는 모르나?
친구: 하지만 자네의 소리는 귀로 만들어 내는 소리가 아니 야. 자네의 음악은 영혼의 음악이잖아.
베토벤: 쓸데없는 소리 집어치워. 그 따위 말이 내게 위로가 되리라고 생각하나?

베토벤, 벌떡 일어나 거칠게 무대 밖으로 사라진다.

친구: 아니, 여보게! 이 사람아!

무대 잠깐 어두워졌다가, 피아노 소리와 함께 소녀의 방이 밝아진다. 등을 돌리고 앉은 소녀, 피아노를 치고 있다. 피아노 소리가 그치며.

소녀: 오빠 난 왜 이렇게 재주가 없지? 아무리 애를 써도 잘 안돼. 연주가 마음에 들지 않아.
오빠: 무슨 소리냐? 네 연주는 훌륭해. 선생님도 없이 연습한 솜씨인데, 너무나 훌륭하지.
소녀: 아니 야. 위로해도 소용없어. 이런 실력으론 베토벤 선생님의 음악을 연주할 수

없단 말이야.

오빠: 또 그 소리. 노력은 않고 마음 약한 소리만 하면 못써. 그럴수록 더 열심히 해야 하는 거야.

소녀: 정말 그러면 될까, 오빠?

오빠: 아무렴, 그렇고 말고.

소녀: 아, 단 한 번이라도 음악회에 가서 그 분의 음악을 들어보았으면.

오빠: 미안하구나. 그럴 날이 오겠지. 오빠가 다 노력해서 네게 꼭 그런 기회를 마련해 주마. 자, 좀 더 연습해야지. 어서.

소녀는 다시 피아노를 열심히 연주한다. 오빠, 물끄러미 그 모습을 바라보고 있다. 이 때, 산책을 하던 베토벤이 피아노 소리를 듣고 이끌리듯이 소녀의 집에 들어서 말없이 그 모습을 바라본다.(중략)[14]

이 희곡에는 그 전의 「월광곡」에는 없던, 베토벤이 귀가 멀어 절망하는 부분이 첨가되어있다. 귀가 먹어 절망하던 작곡가 베토벤이 눈 먼 소녀가 치는 피아노 소리를 듣고 용기를 회복하는 이야기로 변형되어있다. 이 이야기는 독일 민담은 아니지만 베토벤에 얽힌 일화로서 국어교과서에 수록된 이야기이며 제7차 교육과정부터는 국어교과서에 더 이상 나오지 않고 있으며 이 이야기가 어디에서 나왔는지는 그 출처는 밝혀지지 않고 있다. 일반 독일사람들은 물론이고 독일 음악대학 학생들 중에도 베토벤에게 얽힌 이 이야기를 아는 사람이 없다. 어쩌면 우리만이 아는, 한국의 누군가가 만들어낸 이야기인지도 모른다. 초등학교 교과서에서 「월광곡」을 배우고 자란 학생들이 독일의 베토벤이라는 작곡가, 나아가서 독일음악에 대해 관심을 갖는 것은 너무나 당연하다.

---

14) 초등학교 5학년 1학기 국어 (읽기). 40 - 49쪽. 1990.

필자가 사는 도시에는 1950년대부터 지금까지 '하이마트 Heimat'라는 클래식 음악 감상실이 있다. 특히 1960년대와 70년대 음악에 조금이라도 관심이 있는 사람이라면 이 음악 감상실을 모르는 사람이 없을 정도로 유명했다. 고향이라는 뜻의 이 '하이마트'는 한국전쟁이후 김수억이라는 은행가가 고향 서울을 떠나 대구에 피난을 내려 와 정착하면서 1958년에 문을 열었다고 한다. 텔레비전도 디스코텍도 락카페도 노래방도 없던 당시 1960년대 젊은이들은 이곳 어두운 조명아래서 레몬을 띄운 홍차를 마시면서 비발디의 사계(四季)도 듣고 차이코프스키의 비창(悲愴)도 들었다. 클래식음악에 빠진 연인 때문에 어쩔 수없이 '하이마트'에 드나들던 어느 자연과학도는 비창(悲愴)을 나르는 창, 비창(飛創)인줄 알고 이제나저제나 창이 날아와 꽂히는 악장을 기다렸다는 에피소드도 있다. '하이마트'는 지금은 대구 옛 동성로 자리에서 이전하여 성 바오르 서점 옆에 자리하고 있으며 김수억의 미망인과 딸이 음악 감상실을 운영하고 있다. 문을 열고 들어서면 그 옛날의 베토벤의 데드마스크와 나무목판에 새겨진 "여기 진실이 있다 Hier ist die Wahrheit!"라는 글도 여전하다. 음악 감상실이란 이름마저 생소한 지금 이곳을 찾는 고객이라곤 초로가 되어버린 당시의 젊은이들이며 젊은 여주인의 말에 의하면 아직도 이곳에서 가장 인기가 있는 곡은 베토벤의 소나타라고 한다.

2) 제7차 교육과정

제7차 교육과정부터는 초등학교교과서에서 그림동화나 작자미상의 이야기들이 사라지고 현대독일작가들의 청소년문학작품이 수록되어 있다.

「곰돌이 워셔블의 여행」

유혜자(역)

옛날에 워셔블이라는 곰돌이 인형이 있었다. 그 이름은 처음 샀을 때 거기에 걸린 꼬리표에 적혀있던 것을 주인이었던 아이가 그대로 부르기 시작하면서 붙여졌다. 벌써 오래 전의 일이다. 아이는 이제 학교에 다니고 있고, 곰돌이와 놀기에는 너무 커 버렸다. 워셔블도 그 긴 세월을 아무런 흔적없이 살수는 없었다. 이곳 저곳을 헝겊으로 기웠고, 털은 그간 자주 빨고 빗어 댔기 때문에 거의 다 빠졌다. 그래서 워셔블은 소파의 한쪽 구석에 자리를 잡고 앉은 채 멍청히 앞만 바라보며 지냈다. 밤낮으로 오직 한자리에 앉아 지내는 것은 별로 흥미있는 일이 못되었다. 그래서 조금씩 몸을 흔들어 춤을 추기도 했다. 물론, 아무도 보는 이가 없을 때만 그렇게 했다. 곰돌이 인형이라는 것이 원래 행동이 약간 둔하기 때문에, 그렇게 하지 않으면 창피할 것 같아서였다. 어느 날, 여느 때처럼 워셔블이 소파의 한쪽 구석에 앉아있는데, 파리 한 마리 들어와 주의를 빙빙 돌더니 냉큼 콧잔등 위에 앉았다.

"안녕!"
파리가 말했다
"안녕!"
워셔블도 눈동자를 동그랗게 가운데로 몰아가며 인사했다.
"뭐 하니?"
파리가 물었다.
"여기 그냥 앉아있어."

워셔블이 말했다.
"글쎄 그런 것 같구나."
파리가 윙윙대며 말했다.
"그런데 무엇 하려고?"
"그냥"
파리가 가만히 생각에 잠기는 듯했다.
"그렇지만 무슨 까닭이 있을 텐데."
"없어. 그런데 그게 그렇게 중요한 거니?"
워셔블이 말했다.
"그럼, 얼마나 중요한데!"
파리가 여전히 윙윙대며 말했다.
"이 세상에서 가장 중요한 거야. 예를 들어서 나는 빙빙 돌고, 모든 것을 맛보기 위해 존재하는 거야. 너도 빙빙 돌고, 맛보는 것 할 수 있어?"
"아니."
"아니? 기가 막혀!"
파리가 가소롭다는 듯이 윙윙대며 말했다.
"자기가 왜 세상에 살고 있는지도 모르다니! 넌 바보야! 아주 형편없는 바보라고!"
파리는 워셔블의 머리 위를 몇 바퀴 돌면서 콧노래를 했다.
"바보래요, 바보래요. 아무 것도 모른대요……."
그런 다음 파리는 멀리 날아갔다.

워셔블은 곰곰이 생각해보았다.
'난 정말 바보인지도 몰라. 자신이 이 세상에서 왜 살고 있는지 다들 알 수 있다면 나도 당연히 알아야겠지, 한번 여기저기 찾아가 물어보면 해답을 구할 수 있을지 몰라.'
낡은 곰돌이 인형은 소파에서 스르르 미끄러져 내려와 바깥으로 뒤뚱뒤뚱 걸어 나갔다.

워셔블은 생각에 잠긴 채 타박타박 걸어가다가 꽃이 만발해 있는 풀밭에 도착했다. 워셔블은 풀밭에 앉아 다리쉬임을 하며 바쁘게 꽃 사이를 날아다니는 꿀벌을 쳐다보았다.

"저기 있잖아? 묻고 싶은 것이 있는데…."

워셔블이 말을 붙였다.

"시간 없어, 시간 없어!"

꿀벌이 말하며 바로 옆에 있는 꽃으로 급하게 날아갔다.

"넌 왜 이 세상에 살고 있는지 혹시 알고 있니?"

"물론이지!"

꿀벌이 말을 이었다.

"그런 것쯤이야 이미 애벌레 때부터 알고 있었는걸. 부지런히 움직이고, 꿀을 모으고, 벌집을 만들기 위해서 사는 거야."

"부지런히 움직인다고? 그거 어떻게 하는 건데?"

"부지런하다는 것은 그냥 부지런하다는 거야. 항상 무언가를 하면서 손에서 일을 놓지 않고, 절대로 게으름피우지 않는 거지. 그런 것 몰라?"

"몰라."

워셔블이 말하자, 꿀벌이 화를 내었다.

"이런 쓸데없는 이야기를 하고 있을 시간 없어! 일을 해야겠어. 그러니 어서 비켜 줘. 그렇지 않으면 너를 쏘아 버릴 테야."

낡아빠진 곰돌이 인형은 벌한테 쏘이고 싶지 않아 얼른 비켰다.

풀밭의 한가운데에 파란 호수가 있었다. 반짝이는 물살위로 멋진 털이 있는 백조가 빙글빙글 돌고 있었다.

"너, 정말 아름답구나!"

워셔블이 감탄하며 말했다.

"나도 알아."

백조가 말하며 양쪽 날개를 펼쳐 마치 볼록한 돛처럼 보이게 했다.

"그런데 너는 왜 사는 거니?"

워셔블이 물었다.
"그런 한심한 질문을 하다니! 존재의 가장 아름다운 이유는 아름다움이야. 그것 말고 뭐가 또 있겠니?"
백조가 거만하게 말했다. 그러고는 수면 위로 비치는 자신의 아름다운 자태를 바라보며 말을 이었다.
"그렇게 중요한 의미를 난 이미 통달했어. 그런데 너는?"
워셔블은 수면의 자기 모습을 바라보며 솔직하게 말했다.
"난 아냐."
"그렇다면 너야말로 살 필요가 없구나."
백조는 호수 쪽으로 몸을 날려 닳아빠진 곰돌이에게 눈길 한번 건네지 않고 헤엄쳐갔다.(중략)

하는 일없이 멍청하게 앉아서 앞만 바라보고 있는 낡은 곰돌이 인형은 파리, 꿀벌, 백조를 만나면서 그들 모두 삶의 의미를 지니고 기쁘게 그리고 당당하게 살아가고 있는 것을 알게 된다. 모두들 곰돌이에게 왜 사느냐고 묻지만 곰돌이는 자신이 왜 사는지 살아가는 이유를 모르고 그럴 때마다 곰돌이 인형은 바보라고 놀림을 받는다. 계속 이어지는 이야기에서 곰돌이는 원숭이를 만나게 되고 원숭이에게 왜 사느냐고 묻자 삶의 유일한 목적은 정당 같은 단체를 만드는 있다고 말하고, 화려한 색깔의 날개를 펼치면서 막 번데기에서 나오는 나비는 애벌레에서 번데기가 되고 번데기에서 나비가 되는, 항상 더 나은 것으로 발전하기 위해 산다는 말을 한다. 자신이 왜 사는지 모르고 있던 곰돌이는 마침내 가난한 소녀를 만나 그녀의 친구가 되면서 비로소 자신의 삶의 의미를 깨닫는다.

바로 그 순간, 한 소녀가 그 곳을 지나가고 있었다. 소녀는 맨발이었고, 부모가 가난했기 때문에 새 옷을 사 줄 수가 업어서 헝겊을 대고 기운 옷을 입고 있었다. 소녀가 눈을 커다랗게 뜨고 낡은 곰돌이를 바라보다가 물었다.
"너, 이름이 뭐니?"
"워셔블이야."
"난 곰돌이 인형을 한번도 가져 본 적이 없어. 정말 예쁘다, 난 네가 정말 좋아. 너를 내가 가지면 안될까?"
"좋아."
워셔블이 말했다. 곰돌이 인형은 비록 몸 속이 톱밥과 스펀지로 채워져 있기는 했지만, 가슴이 온통 따스해지는 것을 느꼈다. 소녀가 그를 안고 콧잔등에 입맞춤을 했다. 그 순간부터 워셔블은 다시 누군가의 친구가 되었다. 그리고 둘은 행복했다.
그러나 이것으로 이야기가 끝나지 않는다. 며칠이 지난 후, 성가신 파리가 소녀의 집안으로 날아 들어왔다. 파리는 낡은 곰돌이 인형을 보자마자, 그의 머리주위를 빙빙 돌며 콧노래를 불었다.
"너, 뭐 하러 사니? 바보래요, 바보래요. 아무 것도 모른대요."
그러나 이번만큼은 워셔블이 제대로 응수해 주었다. 찰싹! 그리고 파리는 아무 말도 하지 못했다.15)

곰돌이 워셔블을 비롯하여 파리, 꿀벌, 백조, 원숭이, 나비, 소녀가 추구하는 다양한 삶의 이야기를 통해 자신의 삶뿐만 아니라 다른 사람들의 삶도 인정해야한다는 「곰돌이 워셔블의 여행」은 『마술학교와 다른 이야기 Die Zauberschule und andere Geschichten』(1994)에 나오며 원제목은 「테디 곰과 동물들 Der Teddy und die Tiere」이다.16) 이 동화의 작가인 미하엘 엔데 Michael Ende(1929-)는 독일 남부 가르미쉬 파르텐카르헨 Garmisch

---

15) 초등학교 5학년 1학기 국어. 138-145쪽. 2005.
16) Michael Ende: *Die Zauberschule und andere Geschichten*. S. 175-187. Thienemann. 1994.

Partenkirche에서 태어나 뮌헨의 배우학원 졸업 후 배우로 활약했으며 연극 작품을 쓰기도 했다. 그는 1974년에 나온 『모모 Momo』로 안데르센 문학상과 독일청소년 문고상을 받았으며 『모모』 외에 『모모 Momo』 등 많은 작품이 한국어로 번역되었다.17)

제7차 교육과정부터는 초등학교 6학년 교과서에 이 「곰돌이 워셔블의 여행」 이외에 「수학귀신 이야기」가 나온다.

「수학귀신 이야기」

고영아(역)

로베르트는 벌써 오래 전부터 꿈이라면 지긋지긋하였다.
'꿈에서는 번번이 나만 바보처럼 당한다니까'(중략)

우리는 밤에 흔히 나쁜 꿈을 꾼 경험들을 지니고 있으며 그런 꿈에 대응하는 방법도 알게 된다. 이를테면 이건 꿈이야, 내가 이럴 리가 없어하고 스스로 위로하고 꿈에서 벗어나려고 한다. 로베르트는 엉뚱하게도 요즈음 밤마다 수학귀신이 나타나는 꿈을 꾸게 되며 이어지는 이야기에서는 수학귀신과 수학에 대한 대화가 이어진다.

로베르트는 이번 꿈에 나타난 것이 굶주린 물고기가 아니라는 것, 그리고 자기가 몹시 흔들거리는 아주 높은 탑에서 미끄럼틀을 타고 아래쪽

---

17) 한국에 번역된 미하엘 엔데의 작품으로는 『죠죠. 큰 용기를 가진 작은 사람들 Das Gauklermärchen』(1985), 『내일의 나라. 요술의 거울 Das Gauklermärchen』(1986), 『자유의 감옥 Das Gefängnis der Freiheit』(1996), 『거울 속의 거울 Der Spiegel im Spiegel』(1985), 『인생 Trödelmarkt der Träume』(1999), 『마법의 술 Der Wunschpunsch』(2001), 『마술학교 Die Zauberschule und andere Geschichten』(1995), 『끝없는 이야기 Die Endlose Geschichte』(2000)가 있다.

으로 자꾸 미끄러지는 것이 아니라는 일만으로도 기뻐할 지경이었다. 그는 이번에는 잔디밭 꿈을 꾸었다. 잔디들이 로베르트의 머리와 어깨에 닿을 만큼 하늘을 향해 높이 솟아있었다는 점이 우습기는 하였지만, 다른 꿈들보다 훨씬 나았다. 그는 주위를 살펴보다가, 자기 바로 앞에 나이가 아주 많고 키가 아주 작은 한 남자가 있는 것을 보았다. 메뚜기 정도의 크기밖에 안 되는 그 남자는 승아 위를 오르락내리락하면서 번쩍거리는 눈빛으로 로베르트를 쳐다보았다.

"대체 너는 누구니?"

로베르트가 물었다.

그 남자는 로베르트가 깜짝 놀랄 만큼 큰 소리로 외쳤다.

"나는 수학귀신이야!"

로베르트는 이런 조그만 난쟁이 따위가 감히 자기한테 덤벼들도록 내버려 둘 수는 없었다.

"말 같지 않은 소리하지마. 우선, 수학귀신이라는 건 없어."

"그래? 그런 게 없다면 넌 왜 나하고 말을 하는 거지?"

"둘째로, 나는 수학과 관계 있는 거라면 뭐든지 딱 질색이야."

"그 이유가 도대체 뭔데?"

"빵 굽는 사람 두 명이 6시간에 꽈배기빵 444개를 구울 수 있다면, 5명이 88개를 굽는 데에는 시간이 얼마나 걸리는가? 이런 식의 말도 안 되는 이야기를 수학에서는 하고 있잖아?"

로베르트는 계속해서 투덜거렸다.

"시간을 낭비하는 바보같은 짓이지. 그러니까 사라져 버려! 꺼지란 말이야!"

로베르트는 수학 귀신을 상대하지 않겠다는 것을 보여주려고 나무만큼 높이 자란 잔디에 털썩 주저앉아 버렸다. 그러자 수학귀신은 우아한 동작으로 승아에서 뛰어내리더니 로베르트 옆에 와서 앉았다.

"너는 도대체 어디서 그런 꽈배기 이야기를 들었니? 아마도 학교에서 들었겠지?"

로베르트는 반문하였다.

"보켈 박사라고 하는 형편없는 선생님이 우리 반에서 수학을 가르치는데, 그 선생님은 그렇게 뚱뚱하면서도 항상 배가 고프신 모양이야. 우리가 계산문제를 푸느라 정신이 없어 눈치 못 챌 거라는 생각이 들면, 항상 가방에서 아무도 모르게 살짝 꽈배기 빵을 꺼내서는, 우리가 계산을 하는 동안 우물우물 드신단 말이야."

"그래?"

수학 귀신은 빙그레 웃으면서 말하였다.

"너희 선생님을 헐뜯고 싶지는 않지만, 그런 계산은 사실 수학과는 아무런 상관도 없어. 훌륭한 수학자들 중에는 계산을 전혀 못하는 사람들이 대부분이라는 것, 너 아니? 그리고 그 수학자들은 계산이 시간 낭비라고 생각해. 계산은 계산기로 하면 되잖아? 너는 계산기가 없니?"

"있어. 하지만, 학교에서는 계산기를 못 쓰게 하는걸."

"그렇구나. 하긴 상관없어, 구구단을 좀 왼다고 해서 해로울 건 없겠지. 계산기의 건전지가 다 떨어지면 도움이 될 테니까. 하지만, 그건 진짜 수학하고는 아주 다른 거야."

"너, 나를 살살 달래서 네 말을 듣게 할 속셈이지? 나는 네 말 안 믿어. 너 때문에 내가 꿈속에서까지 수학문제 시달려야 한다면 소리 지를거야. 그건 아동 학대란 말이야!"

"네가 수학의 '수'자만 듣고도 그렇게 벌벌 떠는 겁쟁이인 줄 진작에 알았더라면 아예 너한테 오지도 않았을 텐데. 나는 그저 너하고 이런저런 이야기나 좀 하고 싶었을 뿐이야. 나는 밤에는 별로 할 일이 없거든. 그래서 로베르트한테 한번 가볼까? 그 애는 매번 같은 미끄럼틀에서 미끄러지는데 분명히 진저리가 났을 거야.'하고 생각했어."

"그건 맞아."

"그것 봐."

"그렇지만 네 말에 무조건 넘어가지는 않을 거야."

로베르트는 외쳤다.

"너, 그건 명심해야할 걸."

그러자 수학귀신은 높이 뛰어올랐다. 그러고는 단번에 몸이 커졌다.

"어디다 대고 함부로 말하는 거야!"

수학귀신은 무척 화가 난 듯 소리를 버럭 질렀다.

그는 풀줄기가 바닥에 납작하게 될 때까지 발을 쿵쾅거리며 풀밭을 짓밟았다. 그리고 그의 두 눈에서 번쩍번쩍 빛이 났다.

"미안해."

로베르트는 중얼거렸다. 로베르트에게서는 서서히 모든 것이 약간 으스스하게 느껴졌다.

"수학 이야기도 영화나 자전거처럼 그렇게 간단하게 할 수 있다면, 무엇 때문에 수학귀신이 필요한 거지?"

"바로 그거야. 숫자가 너무나도 간단하다는 사실, 그게 바로 숫자에서 귀신이 곡할 노릇이야. 원래는 숫자 계산에 계산기도 필요 없을 정도야. 숫자계산을 하려면 한 가지만 있으면 돼. 그건 다름 아닌 '1'이야. 1만 있으면 너는 거의 뭐든지 할 수 있어. 네가 만일 큰 숫자, 이를테면 오백만 칠백삼 더하기 이만 팔백십 같은 문제를 겁낸다면 일단 다음과 같이 시작하는 거야.

1+1
1+1+1
1+1+1+1+1
1+1+1+1+1+1 (중략)

교과서에 수록된 이 이야기는 독일 작가인 한스 마거누스 엔첸스베르거 Hans Magnus Enzensberger의 『수학귀신 Der Zahlenteufel』 이야기이다. 수학은 대부분의 학생들이 싫어하는 과목이며 로베르트도 수학을 싫어한다. 그런데 어느 날 밤 수학귀신은 매일 같은 꿈을 꾸는 일에 실증이

나있는 로베르트를 찾아와 수학에 대해 이야기를 하며 로베르트는 첫날 밤에 당장 끝이 없는 숫자와 1로 시작하는 재미있는 더하기에 대해 알게 된다. 이어지는 이야기에서 수학귀신은 12밤 동안 계속 로베르트를 찾아와 수학에 관한 이야기를 해준다. 수학귀신의 설명을 이해한 자는 계산기에 의지하고 싶다는 소원도 있지만 혼자 연습을 해도 좋다. 로베르트 뿐만 아니라 다른 사람들도 계속 수학귀신의 이야기와 설명에 귀를 기울이며 매일 밤 새롭고 상세히 묘사된 수학기적을 체험한다. 첨부된 과에서는 파스칼, 피타고라스 현상, 제곱 같은 것이 설명되어진다. 사람들은 게다가 메뉴에서 도움기능을 발견한다. 난이도는 10살부터이며 학교시절에 수학을 제대로 이해를 하지 못한 성인들도 여기서 수학에 흥미를 느낄 수 있는 새로운 기회를 얻을 수 있다. 아이들뿐만 아니라 성인들도 이 『수학귀신』을 읽고 나면 수학에 대한 불안이 사라지고 수학을 사랑하게 될 것이다.

『수학귀신』의 저자 엔첸스베르거(1929-)는 바이에른 알고이에 있는 카우프보이렌 Kaufbeuren에서 우체국직원의 아들로 태어났다. 뉘른베르크에서 유년시절을 보냈으며 1949년에서 1954년까지 에르랑엔, 프라이부르크, 함부르크, 파리 솔본느에서 문학과 철학을 공부한 그는 브렌타노 연구로 박사학위를 받은 다음 슈투트가르트 라디오방송국에서 일했으며 대학에서 강의를 하기도 했다. 엔첸스베르거의 작품은 1990년부터 한국에 번역 소개되기 시작하였으며 이『수학귀신』은 그의 대표작의 하나이다.[18]

---

[18] 『수학귀신』 외에 『어느 무정부주의자의 죽음 Der kurze Sommer der Anarchie』, 『늑대들의 변명 Verteidigung der Wölfe gegen die Lämmer』, 『로베르트, 너 어디 있었니 Wo warst du Robert?』가 번역되었다.

제7차 교육과정부터는 초등학교 국어교과서에 「백조 왕자」, 「브레멘의 음악대」, 「월광곡」, 「팔려가는 당나귀」 등 독일민담이 사라지고 독일 현대작가의 창작동화가 대신하게 된다. 제6차 교육과정까지 교과서에 수록되었던 작품들은 독문학을 전공한 사람이 아니면 독일작품과의 연관성을 생각할 수 없을 정도로 번안이 대부분이며 원전의 저자와 역자가 밝혀져 있지 않았다. 반면 제7차 교육과정부터 교과서에 수록된 독일작품은 작가 및 역자의 이름이 밝혀져 있으며 이미 단행본으로 출간된 번역본에서 발췌한 독일현대작가들의 작품이 주를 이루고 있다.

2. 중학교 국어교과서

1) 제1차 교육과정—제6차 교육과정

중학교 교과서에 수록된 독일문학작품은 「빌헬름 텔」에 불과하다. 그러나 아들의 머리 위에 올려놓은 사과를 쏘아 맞추는 용감한 텔의 이야기는 1963년 이래로 제6차 교육과정 때까지 중학교 국어교과서에 수록되어있었다. 처음부터 프리드리히 폰 쉴러 Friedrich von Schiller(1759 – 1805)라는 작가 명이 밝혀져 있으며 텍스트 마지막 주석에서 빌헬름 텔은 "도이칠란드의 극작가 쉴러가 지은 이름. 스위스사람들이 숭배하는 전설의 인물"이라고 적혀있다.19) 『빌헬름 텔 Wilhelm Tell』은 전체 5막으로 구성되어 있는데 1963년, 중학교 교과서에는 3막 1장과 3장이 발췌,

---

19) 중학교 3학년 1학기 국어교과서. 109쪽. 1963.

수록되어있으며 무려 28쪽에 이른다.

「빌헬름 텔」

프리드리히 폰 실러

3막

나오는 사람

헤르만 게슬러: 시비쯔 주 및 우우리 주의 총독
울리히 퐁 루우덴쯔: 아팅하우젠 남작(男爵)의 조카
베르너 시타우프파허: 시비쯔 주의 주민
발터 퓌르스트: ┐ 우우리 주의 주민
빌헬름 텔: ┘
뢰셀만: 목사
페에터만: 중
헤트비히: 텔 부인, 발터 퓌르스트의 딸
베르타 폰 볼네크: 명문(名門)의 딸
발터: ┐ 텔의 아들
빌헬름: ┘
프리이스하르트: ┐ 용병(傭兵)
로이트홀트: ┘
루우돌프: 총독의 말(馬) 관리자
기타

제1장

텔의 집 앞마당.

텔은 도끼로 일하고, 아내 헤트비히는 집안일을 한다. 발터와 빌헬름은 안에서 조그만 활을 만지작거리고 있다.
발터는 노래한다.

    활과 살을 손에 들고
    산을 넘고 골짝 건너
    용사는 간다.
    새벽 일찌기.

    하늘나라에서는
    독수리가 왕인 것처럼,
    산이며 골짜기를
    사수(사수)는 지배한다.
    화살이 가는 곳까지
    용사의 나라다.
    용사의 전리품(戰利品)이다.
    달리는 것도 나는 것도

발터 : (뛰어 들어오면서) 실이 끊어졌어, 고쳐 줘요 아버지
텔 : 난 싫다. 무던한 사냥군은 제 일은 제가 처리하는 거야.

    아이들 간다.(중략)

이어지는 이야기는 알트도르프Altdorf로 가려는 텔과 이를 만류하는 아내의 대화로 구성되어있다. 텔은 아내에게 일전에 우연이 절벽에서 총독과 마주친 적이 있다는 이야기를 하고 아내 헤트비히는 남편이 지금 총독이 와 있는 알트도르프로 가는 것에 대해 불안감을 감추지 못한다.

그러나 텔은 두 아들 중 발터를 데리고 알트도르프로 떠나는데 3장에서 일어날 총독과의 충돌을 암시하고 있다.

제 3 장

알토르프에 가까운 초원
무대 앞에는 나무가 서 있고, 안으로 모자가 장대 위에 걸려있다. 반베르크 산으로 조망(眺望)은 막혔으나, 그 산 너머로 빙산설령(氷山雪嶺)이 솟아 있다.

프리이스하르트: 우리는 무엇 때문에 망을 보는지. 여기까지 와서 모자에 절하는 놈은 하나도 없어. 전에는 여기도 장터처럼 변화했지만, 지금은 풀만 가득해 마치 황야(荒野)같아. 이런 허수아비가 장대 위에 세워진 뒤로부터는……

로이트홀트: 깡패나 부랑자 따위나 나타나 너덜너덜 헤어진 모자를 흔드는 꼴이라면 화딱지지. 버젓한 인간이면 필경 동네를 반쯤은 돌아 갈 거야. 모자에 절을 하느니보다는…….

프리이스하르트: 점심때 읍사무소에서 오려면 어쨌든 이 광장(廣場)을 지나지 않을 수 없어. 그래서, 나는 많이 걸려들거라고 확신하고 있어. 누구나 모자에 절을 한다고는 생각하지 못할 터이니까. 그랬더니, 그 중놈의 뢰셀만 따위가 — 막 병가(病家)에서 나왔는데 — 성병(聖餠)을 받든 채 장대 바로 앞에 서지 않겠어. 주이 쩔렁쩔렁 방울을 울리니까 모두 무릎을 꿇기에 나도 따라 한 것은 좋았으나, 진짜로 배례한 것은 그 떡이 담긴 쟁반이고, 이 모자는 아니었거든.

로이트홀트: 여보게, 나는 이상한 생각이 들어. 여기서 모자지기를 하는 것은 마치 허수아비같아. 빈 모자 앞에 파수를 서다니, 아무리 해도 무인(武人)의 수치야. 버젓한 인간이라면 바보라고 할걸. 도대체 모자에 절을 하고 받들라니, 참 아무리 해도 가가 막힐 명령일세.

프리이스하르트: 텅 빈 모자를 받는다고 무엇이 이상하지? 왜냐하면, 자넨, 텅 빈 머리에도 곧잘 절을 하고 있잖나.

농사짓는 여인 헬데가르트, 메히트힐트, 엘스베트의 세사람, 아이를 데리고 걸어와 장대 둘레에 선다.

로이트홀트: 자네는 꽤 아첨을 잘 하는 악당일세. 걸핏하면 양민을 불행한 처지에 빠뜨리려고 하거든. 나는 어떤 사람이 이 모자 옆을 지나더라도 눈을 감고 안 보는 척해 버린다.
메히트힐트: 자 총독님이 걸려 계시다. 너희들 절을 해라.
엘스베트: 총독님이 가시고 모자를 남기셨다면 고맙지. 총독이 가면 이 나라가 더 어지러워지지는 않을 테니까.
프리히스하르트: (그들을 쫓으면서) 야, 비켜라. 짓궂은 계집들. 누가 너희를 불렀어. 애 아범들을 보내라. 치근치근하게 명령에 거역하려면.

여자들 간다.
텔, 횔을 메고 아들의 손을 잡고 등장. 모자를 못보고, 그 옆을 지나서 무대 앞으로 나온다.(중략)

슈비츠와 우리 주(州)의 총독 게슬러는 장대에 모자를 달아놓고 행인들에게 예를 강요한다. 텔과 아들은 그들이 살고있는 빙하 밑이 눈사태 때문에 위험하지만 그래도 폭정이 있는 넓고 아름다운 곳보다는 마음이 편하다는 이야기를 나누면서 지나가다 모자를 보지 못한다. 텔은 게슬러의 부하들에게 잡히게 되고 마침 이를 목격하게 된 슈비츠 주민인 시타우프파허와 마침 그곳에 와있던 텔의 장인은 텔의 인간됨됨이를 보증하면서 게슬러의 병사들이 텔을 끌고 가려는 것을 만류한다.

총독 게슬러, 말을 타고 매(鷹)를 한 손에 들고 등장. 마구간 지기 루우돌프, 다음에 베르타공주와 루우덴쯔, 무장한 부하의 무리들 따르고, 무대일면을 창으로 둘러싼다.

루우돌프: 비켜라, 비켜라. 총독님의 행차다.
게슬러: 저 놈들을 해쳐라. 무슨 까닭으로 많이 모여 있느냐? 누가 도와 달라고 했느냐?

모두 조용해진다.

게슬러: 자 누구냐? 듣지 않고는 안 되겠다.(프리이스하르트를 향해서) 너, 앞으로 나와. 넌 누구냐? 왜 이 남자를 붙들었느냐?(매를 부하에게 준다.)
프리이스트하르트: 여보셔요, 총독님. 소인은 부하의 말석(末席)으로. 이 모자를 지키려고 뽑혀온 것입니다. 그런데, 이 놈이 모자에 경례를 거절하기에, 현행범(現行犯)으로 붙잡은 것입니다. 명령하신 바에 따라 이 놈을 구속하려 했더니, 백성들이 폭력으로 빼앗으려고 합니다.
게슬러: (사이를 두고) 얘, 텔, 너는 그렇게 황제를 업신여기고 또 황제를 대신하는 나를 모욕함으로써, 드디어 공순여부를 시험하려고 걸어놓은 이 모자에 경례를 거절했느냐? 네 흉칙스러운 계획을 이미 나는 알고 있다.
텔: 총독님, 제발 용서하십시오. 경솔해서 한 짓이지, 총독님을 모욕한다거나 그런 것이 아닙니다. 경솔하지 않았다면 덤비는 텔이라고 이름짓지는 않았을 겁니다. 제발 용서해주십시오. 앞으로는 다시 않겠읍니다.
게슬러: (잠시 침묵한 뒤에) 얘, 텔, 너는 활의 명인(名人)이었지. 어떤 사냥꾼에게도 지지 않는댔지.
발터: 그건 정말이야. 우리 아버지는 말이야, 총독님, 백걸음(白步) 떨어져서 나무에서 사과를 쏘아 떨어뜨려요.
게슬러: 이건 네 아들이냐, 텔?
텔: 예, 그럽니다.

게슬러: 또 애들이 있느냐?
텔: 예, 두 아이가 있습니다.
게슬러: 그래 어느 편이 더 귀여우냐?
텔: 총독님, 어느 편도 다 귀여운 아이입니다.
게슬러: 그럼 텔, 너는 백 걸음이나 떨어져있는 나무에서 사과를 쏘아 떨어뜨린다니, 네 솜씨를 좀 보여 다오. 자, 활을 들어라. 마침 거기 가지고 있지. 자, 준비를 해라. 이 애의 머리에서 사과를 쏘아 떨어드리는 거야. 그러나, 다짐해두지만, 잘 겨누어서 첫 화살로 사과를 쏘아 맞혀라. 그 화살이 빗나가면 네 목숨은 없는 걸로 생각하라.

모두 놀란 모습을 나타낸다.

텔: 총독님, 무슨 얼토당토않은 일을 강요하십니까? 내 아들 머리 위에서 쏘아 떨어뜨리라니. 아니, 아니, 총독님, 그건 당신의 생각이 아니겠지요. 신령님도 지켜 주십시오. 어버이 되는 자에게 당신께서 그런 요구를 하실 리가 없어요.
게슬러: 어버이 되는 네가 아들 머리의 사과를 쏘는 거야. 내가 원한다. 명령이다.
텔: 이 내 화살을 당겨서 내 아들의 머리를 겨냥하라는 겁니까? 차라리 죽는 편이 편합니다.
게슬러: 자, 쏘겠느냐, 그렇잖으면 자식과 함께 죽겠느냐?
텔: 나더러 내 아들을 죽이라고 하시다니. 당신은 아이를 가지지 않았소? 어버이 마음이 얼마나 아픈지 아시지를 못하시겠지.
게슬러: 뭐라고? 텔, 별안간 이치를 따지게 되었구나. 소문으로 들었지만, 본디 너는 변태(變態)이기 때문에, 기묘(奇妙)한 짓을 좋아한다는 이야기다. 그러니까. 나도 이번에 너를 위하여 특별한 모험을 고른 거다. 다른 사람들이면 결심조차 할 수 없겠으나, 너니까 한 번 눈을 딱 감고 해 보아라.

베르타: 여보셔요. 불쌍한 사람들을 상대로 농담은 그만 두셔요. 이 사람들이 파랗게 질려서 떨고 있는 것을 아시지 않아요. 이 사람들은 당신 입에서 나오는 농담에 아직 익숙해지지 못했거든요.

게슬러: 누가 내가 농담을 한다고 하니?(머리 위에 늘어져있는 사과나무가지를 잡는다.) 자, 사과는 여기 있다. 어서 길을 터라. 관례(慣例)대로 거리를 잡아라. 여든 걸음으로 정해주지. 그것보다 많아도 적어도 안 된다. 백 걸음 밖에 서도 맞힌다는 것이 이 사람의 자랑이다. 자, 명수, 쏘아 보아라. 빗나가면 안 된다.

루우돌프: 어이구, 이건 정말이구나. 얘, 꼬마, 큰일이다. 꿇어앉아 총독님께 목숨을 살려달라고 빌어라.(중략)

총독 게슬러는 모자에 예를 하지 않은 텔의 활 솜씨를 시험하기 위해 아들의 머리 위에 사과를 올려놓고 쏘라는 명령을 내린다. 텔은 무서운 고통과 싸우고 아버지의 솜씨를 믿는 아들 발터는 나무 밑에서 아버지에게 빨리 활을 쏘라고 재촉한다. 텔은 결국 게슬러의 명령대로 아들의 머리 위에 올려놓은 사과를 쏘아 맞추기는 했지만 화살 통에 남아있는 두 번째 화살 때문에 체포되고 만다.

　　　　모두 그를 데리고 가려한다.

게슬러: 이놈, 텔.
텔: (되돌아온다.) 예, 무슨 일이라도……
게슬러: 너는 화살을 또 하나 몸에 꽂고 있다. 내가 확실히 보고 있다. 자, 그건 무슨 뜻이냐?
텔: (당황한다.) 총독님, 이건 말하자면 궁술(弓術)의 습관 같은 거지요.
게슬러: 아니야, 텔, 그 대답은 곧이 들리지 않는 걸. 무슨 다른 생각이 있었겠지. 사실을 깨끗하고 정직하게 말하는 것이 좋아. 텔, 어찌 되었든지 목숨

은 용서한다. 무엇대문에 두 화살이냐?
텔: 좋습니다. 총독님, 제 목숨을 건져 주시는 바에야 사실을 모조리 말씀드리지요. (그 화살을 허리띠에서 뽑고, 무서운 눈초리로 총독을 쏘아본다.) 만일 귀여운 애에게 맞기라도 하면…… 당신을 이 둘째 화살로 쏠 작정이었지요. 당신이라면 사실 빗나가지는 않았겠지요.
게슬러: 좋다, 텔. 나는 목숨은 용서한다고 했다. 기사의 한 마디라면 그건 지켜주지. 그러나, 검은 마음을 알았으니, 부하에게 너를 체포하게 하여, 달빛도 햇빛도 들지 않는 곳에 넣어 두지 않고선, 네 화살에는 안심할 수 없다. 얘들아, 잡아서 포승(捕繩)을 쳐라.

텔은 포박당한다.

시티우프파허: 저, 총독님, 확실히 신의 덕택으로 구원된 사람에게 잘도 그런 보복(報復)을 하시는 군요
게슬러: 다시 신의 덕으로 살 수 있나 두고 보자. 누가 이 놈을 저 배로 데려가라. 나도 뒤따라 곧 간다. 곧 나 자신이 큐니스하트로 가겠다.
목사: 여보셔요. 그건 안됩니다. 황제라도 안 됩니다. 그건 아 나라의 특권에 위반됩니다.
게슬러: 그런 것이 어디 있어. 황제가 비준(批准)하셨나? 비준하실 리가 없다. 그런 은혜는 공순(恭順)해야만 비로소 받을 수 있는 것이다. 그런데, 너희들은 황제의 법률을 어기고, 건방지기 짝이 없는 배반을 꽤했다. 나는 너희들을 모두 잘 알고 잇다. 모조리 잘 알아차리고 있다. 지금은 너희들 가운데서 이 놈만 끌고 가지만, 그러나 너희들은 모두 공범(共犯)인 것이다. 약은 놈은 잠자코 순종하는 것이 좋다.

총독 퇴장. 베르타, 루우덴쯔, 마구간지기, 부하들이 따라 들어간다. 프리이스트하르트, 로이트홀트의 두 사람이 남는다.

발터 퓌르스트: (심한 고민에서) 이젠 끝장이다. 총독은 나도 내 일가도 모조리
　　　죽일 것이다.
시티우프파허: 인제 다 그만이다. 당신이 묶이면 우리가 모조리 묶이는 것과
　　　마찬가지야.
농민들: (텔을 둘러싼다.) 텔, 참 안되었지만… 그러나, 직책이니 할 수 없네.
텔: 그럼, 떠나겠어요.
발터 텔: (몹시 괴로워하며 아버지를 부둥켜안는다.) 아, 아버지, 아버지!
텔: (손을 들어 하늘을 가리킨다.) 저 위에 네 아버지는 계시다. 그 분을 불러
　　야 한다.
시타우프파허: 텔, 자네 부인에게 전할 이야기는 없나?
텔: (정에 넘쳐서 아들을 가슴에 안는다.) 이 애가 무사했는데, 하느님이 나를
　　구해 두실 걸세. (빨리 헤어져 보초병을 따라간다.)

　　　막이 내린다.[20]

　3막 특히, 3막 3장은 총독 게슬러의 폭정이 절정에 도달했음을 보여주고 이는 백성들의 분노를 유발하게 된다. 교과서에서는 나오지 않지만 이어지는 4막에서 호송도중 텔은 탈출하여 게슬러를 살해하게 되는데 텔은 긴 독백을 통하여 사랑하는 가족을 보호하기 위해 게슬러를 살해하지 않을 수 없는 살해동기를 말한다. 그리고 마지막 5막에서는 민중과 귀족들이 힘을 합쳐 봉기하여 스위스는 자유를 찾게 되고 텔은 민중의 영웅이 되어 집으로 돌아오는 것으로 이 드라마는 끝을 맺는다.
　1984년 국어교과서에 수록된 『빌헬름 텔』은 3막 중 1장, 2장 없이 바로 3막 3장으로 시작된다. "알트도르프에 근처의 초원. 전경에는 나무들. 안쪽으로 장대에 꽂은 모자. 전망은 반베르크 산이 한계를 이루고, 그 위

---

20) 중학교 3학년 1학기 국어. 81 - 108쪽. 1963.

로 눈 덮인 산들이 솟아있다. 프히리하르트와 로이트홀트가 파수를 보고 있다."로 시작되어 "텔: (어린애를 왈칵 부둥켜안으면서). 이 아이는 조금도 다치지 않았어. 하느님은 나를 도와주실 것이다."21)라는 문장으로 끝을 맺는다. 그전에 국어교과서에 수록된 『빌헬름 텔』에는 역자가 밝혀져 있지 않았지만 제 4차 교육과정 때부터는 역자가 강두식 임을 밝혔다. 이후부터 중학교 2학년 1학기 국어교과서에 수록된 「빌헬름 텔」은 1984년 강두식 번역을 그대로 제6차 교육과정까지 사용했다. 다만 텍스트 뒤에 희곡의 구성과 관련하여 학습내용이 첨가되었을 뿐이다. 교과서지침서에서는 이 드라마의 저자가 누구이며 이 작품이 속하는 문학사조까지 상세하게 적혀있다. 국어교과서 '드라마' 부분에서 다루고 있으며 단원의 길잡이라는 소제목아래 드라마의 구조, 갈등, 5막에 대하여 설명하고 있어 「빌헬름 텔」은 중학교 국어교과서에서 드라마라는 문학장르를 위해 선택된 작품임을 알 수 있다.

쉴러의 『빌헬름 텔』이 중학교 교과서에 처음 수록된 것은 1960년대이지만 빌헬름 텔을 소재로 한 번안작품이 나온 것은 1907년이다. 1907년 당시 상해 임시정부 대통령이던 박은식은 <대한매일신문>에 정치소설 『瑞士建國誌』를 국한문 혼용으로 발표했다. 박은식은 중국에서 상해 임시정부 일을 보면서 한문으로 된 『瑞士建國誌』를 읽고 우리민족을 위해 정치적인 의도에서 이를 국한문혼용으로 번역한 것이다. 그해 10월 이 『瑞士建國誌』는 다시 김병현에 의하여 순수한 우리말로 번역되어 '대한황성박문서관'에서 출판되었다. 『서사건국지』는 『빌헬름 텔』을 소재로 한 중국번안 소설이지만 한국에 처음으로 번안 소개된 독일문학 작품이

---

21) 중학교 2학년 1학기 국어. 125쪽 - 145쪽. 1984년.

다. 우리말로 된 번역된 『서사건국지』의 일부를 소개하고자 한다.

『서사건국지』

제칠회
과일을 쏘게 하는 척하며 죽이려 하고 노를 젓게 하여 천심이 호한을 구하다.

각설, 예사륵이 당(黨)을 열어 심문할 때가 되자, 일이만 태자 아로패가 당 안에 있다가 성내어 유림척로를 향하여 묻기를
「네가 나의 모자를 내다 건 것을 잘 알고 던져 몸으로 시험하니, 참으로 네가 죽어도 그릇됨이 없으니 죽어도 다른 말 말라.」
허거늘, 유림척로 부자 두 사람이 웃으며 태연하면서 죽음을 두려워하는 기색이 조금도 없고 다만 목을 밀어 기다리니, 예사륵이 좌우를 향해 묻기를
「저 반역자들이 오려의 유림척로가 아닌가?」
무리가 답하자, 예사륵은 크게 기뻐하여서
「됐어, 됐어. 과히 성낼 필요가 없다. 내 이제 한 묘한 방법을 얻었다.」
하고 유림척로를 향하여 묻기를,
「네가 오늘 죽음에 이미 이른 것을 알고 있는가? 내 들은 즉 네가 평소에 활을 잘 쏜다고 하니 내가 이제 살 수 있는 방법을 낼 테니 네 뜻이 어떠냐?」
유림척로가 묻되,
「어떤 살길이 있느냐?」
예사륵이 말하기를
「내가 너의 아들을 저 보리수에 매달고 사과 한 개를 그 머리에 놓게 하고, 너는 수십 리 멀리 떨어져서 그 과일을 쏘게 할 것이니, 만일 맞히면 속죄하여 너를 집에 돌아가게 할 것이고, 그렇지 못하면 너의 아들은

반드시 너에게 죽어 부자가 같은 날 황천에 떨어질 것이니, 네가 만일 이해 수단이 있다면 어찌 감히 대답하지 않을 수가 있겠는가. 선택의 방법이 이에 있으니 너는 생각해 보라.」
하니, 유림척로가 이 말을 듣고 머리를 숙여 생각하기를,
(내가 비록 명사수(名射手)이나 다만 오늘의 활쏘기는 그렇지 않다. 과일이 내 아들의 머리 위에 있으니 만약 조금만 실수하면 내가 내 아들을 죽임이요, 아들이 죽으면 나 또한 죽을 터이니 무엇이 좋겠는가.)
이리저리 생각하다가 갑자기 한 계책이 떠올랐다.
(화살 하나를 더 얻어 두었다가 만약 한번 쏘아 과일이 맞으면 곧 살 수 있으나 말할 필요가 없지만, 혹시 그렇지 못하여 잘못 아들이 맞으면 내가 다시 더 한 살을 쏘아 예사특을 죽여 그놈의 개 같은 목숨을 거두리라. 그를 쏘아 죽여도 내가 죽을 것이요, 그를 쏘아 죽이지 못하여도 내가 죽을 터이라.)
하고, 정해진 바대로 예사특을 향하여
「사과를 쏘는 일은 감히 명에 따른 것이어니와 네가 화살 하나를 더 주어서 내 수단을 보라.」
하니, 예사특이 좌우에 명령하여 활과 살을 내어놓고
「유림척로의 가쇄(加鎖)를 풀라.」
하니, 즉각에 그 부자를 법정(法場)밖으로 풀어 내어 화록타를 보리수 아래에 묶게 하고 과일을 그 머리 위에 놓고, 유림척로에게 명하여 화살을 쏘게 하였다. 이 소문이 일시에 퍼져 구경꾼이 남녀노소 없이 모여들어 이들 부자 두 사람의 형상과 활 솜씨를 구경하니, 설사 정명도(程明道)가 있고 동자(童子)가 이 세상에 있다 할지라도 또한 눈을 잠깐 열 지경이었다.
이때 천지가 참담해지고 초목이 꾸짖고 백성이 눈물을 흘리는데, 다만 유림척로 부자만은 밝은 웃음을 머금어 말하기를
「여러분들은 어찌 상심하십니까? 눈물로 우리의 성명(性命)을 얻을 수 있으며 우리의 자유를 얻을 수 있겠습니까? 대장부는 죽음을 보기를 돌아 가듯 하니, 우리가 죽음을 두려워 하면 어찌 이 일을 하였으리오. 다만

여러분께 원하고자하는 것은 발분하여 구국하며, 다 같이 협력하여 저 잔인한 병정들을 모두 몰아내야 합니다.」
하니, 감시하는 병정이 꾸짖어 가로되
「네놈들이 헛되이 군정군정 뭘 지껄여. 다시 한 걸음 늦었다가는 다리를 부러뜨려버리겠다.」
하는지라, 특별히 그 가운데서도 혹 천천히 걷는 자와 불인이개자(不忍離開者)는 병정의 칼등과 몽둥이를 맞았다.
이때에 활 쏘는 시기가 이미 되어 예사륵이 대상에서 호령을 하자, 화록타를 잡아 앉히니, 한 마음 나쁜 병사가 가느다란 목소리로 말하기를
「곧 종을 치는 시간이 되면 너는 지옥에 떨어져서 염라대왕을 보겠구나, 너의 아비가 이같이 잔인하여 아비로서 자식을 쏘아 죽이니, 나 보기에도 다만 가련할 따름이니라.」
하고, 곧 과일을 잡아 머리 위에 놓고 가거늘, 화록타가 분에 떨자 머리 위에 얹어 두었던 과일이 떨어졌다.
곧 크게 소리질러,
「나는 비록 죽어나 반드시 천당에 갈 것이오, 너희들 금수만도 못한 놈들은 삼천지옥에 떨어지리라.」
이때 여기에 모인 일이만 인들이 다 놀라 입을 모아 서로 말하기를,
「다행이 저 소년이 잡혀서 죽게되었으니 망정이지 그렇지 못했다면 우리들 일이만 인이 저들의 짓밟힘을 받았을 것이다.」
드디어 다른 사과를 잡아 머리에 놓았을 때, 유림척로는 화살을 머리에 겨누고 벽력같은 소리를 지르며 화록타의 머리 위를 향하여 쏘았다.
마침 한 물건이 땅에 떨어지는 지라, 한 서사 인이 있어 통곡하기를
「우리의 지사가 죽었으니, 다음부터는 그 뜻을 일을 사람이 업는데 이렇듯 살아 무얼 할꼬.」
하고, 통곡하며 죽으려하더니, 울음이 끝나자마자 사람들이 박수갈채를 하는 소리가 우뢰 같았다. 어떤 사람은 꿋꿋이 서서 꼼짝하지도 않았다. 모든 사람이 이때에 유림척로의 이 같은 절정을 이루는 솜씨가 있음을

비로소 알게 되자, 여러 사람들은 모두 다

「하늘이 준 기회다.」

하나, 대장부는 비록 죽어도 부질없이 안전함을 구하지 않는 마음과 뜻을 품었는지라, 어찌 구구하게 삶과 죽음을 견주리오.

이때 구경하던 자들이 점점 흩어지는 지라, 예사륵이 수염을 쓰다듬으며 눈을 떠 위엄의 태도를 지으면서 유림척로를 향하여 가로되

「내가 너를 보매 일개의 농삿군에 지나지 않는 지라, 하루아침에 너를 자바 죽임이 무고한 것 같아 그래서 그 같은 어려운 과제를 빌어 너의 부자의 자살을 기다렸더니, 어찌 너의 그 번개같은 눈과 구름을 가르는 솜씨가 그 같음을 알았겠느냐. 내가 만약 너를 풀어놓아 주면 장차 네가 날로 익혀서 다소의 호한을 모으겠구나. 우리 일이만 인이 어찌 이 강인함을 넘으리오.」

하고, 땀을 흘리며 놀란 꼴이 되니 사방을 살펴보아도 주장(主張)이 전혀 없었다. 유림척로가 그들의 어리벙벙한 꼴을 보니 도리어 가련하고 가소로운지라, 당황하지 않고 이르기를,

「대장부가 능히 꽃다운 이름을 백세에 남기지 못할지면 그 더러운 냄새를 만면에 남김이리라. 네가 일개의 간웅(奸雄)인줄 믿었더니 담색(膽色)이 전혀 없고 수단이 또한 전연 없구나. 네가 오늘 그 같은 소소한 일에 놀라 정신을 못 차리니, 무슨 조조(曹操)가되며 무슨 왕망(王莽)이 되겠는가. 내가 너에게 사과를 쏘라는 것에 응할 때, 먼저 너에게 화살을 둘을 달라 한 것이 어찌 까닭이 없겠느냐. 네가 나의 사과를 쏨을 빌어 내 아들을 죽이고자하니, 다행이 맞아 사과를 맞히면 내 아들이 상하지 않을 것이오, 불행이라면 부자가 함께 죽을 것이니 네놈의 독한 마음보를 어찌 몰랐으리오. 까닭에 내가 한 화살을 더 청해서 먼 저 한 화살로 맞혔으면 그만이겠지만 만약에 못 맞혀 내 아들이 상하게 되면, 내가 나머지 살 하나를 다시 쏘아 너의 개 같은 목숨을 앗아 버리려 하였을 것이니, 오늘이 곧 너에게는 위험한 것이었다.」

예사륵이 이런 이야기를 듣고는 다시 놀래어 상을 치며 꾸짖되

「너 같은 서사의 천종(賤種)이 마음을 그릇 먹고 옛 땅을 회복하고자 하여 우리 일이만의 당당한 대국을 멸시하니, 너 같은 무리들을 빨리 잡아 풀 베듯 없애 버리지 않는다면 , 장자 어지러워져서 우리 일이만이 물러서게 되겠구나.」
하고, 말하는 가운데 분노가 치밀어 곧 명령을 내린다.
「유림부자를 잡아 다시 묶어라.」
하는데, 큰 호통을 치는 바람에 삽시간에 부자 두 사람을 묶어 감옥에 가두었다.
예사륵이 고개를 끄덕이며 생각하기를,
(내가 오늘 저들 부자를 잡아 즉시 죽여버리면 저들의 무리가 일어날까 두렵고, 만약 빨리 해치지 않으면 또 무슨 무궁한 화근이 생길까 두렵도다.)
이리 저리 생각하는데, 홀연 한 계책이 떠올랐다. 유림척로 부자를 잡아 극나우다(克拿虞多)지방으로 풀어 보낸 뒤에 조용히 저들을 잡아 없애 버리려는 것이었다. 낮에 풀어 보내면 화가 있을까 저어해서, 오늘 저녁에 달이 어둡고 깊어 사람이 없는 밤을 타 배에 태워 보내 버림이 어찌 좋은 계책이 아니리오.
이렇게 계책을 세우고는 법장을 물러난 다음 앉아서 밤을 기다리더니, 시간이 물같이 흘러 어느덧 새가 깃을 찾고 해가 서산에 지기 시작했다.
예사륵이 기구를 수습하고 병정들을 소집하여 한 큰배를 삯 내니, 병정들이 감옥으로 몰려가 유림척로의 부자를 끄집어내어 서둘러 배에 싣고, 예사륵이 다시 이르러 곧 떠나게 하니 어둔한 소리가 물소리와 서로 어우러지더라.
생각 외로 날씨가 맑다가 갑자기 구름이 몰리고 천둥이 치고 번개가 번쩍이어 물결이 성난 호랑이처럼 울부짖으니, 배가 물밑에서 허우적거리는 것 같고 선창에는 바닷물이 치밀어 들어오니, 이때 예사륵이 배에 앉았다가 노해서 몸을 떠는 꼴이 넋 나간 듯 하였다. 당황하여 병정을 향해 소리쳤다.

「누가 능히 나를 구하면 마땅히 중한 상을 내리겠노라.」
하나 수십 명의 군사가 눈이 희멀겋게 되어 하늘만 쳐다보고 속수무책으로 죽음만 기다리는 판이라, 어찌 감히 사람을 구하겠다고 이르겠는가.
이럴 때 갑자기 한 사람이 있어 말하기를,
「대인은 걱정 마소서. 오늘 저녁 풀려난 죄인이 어려서부터 활쏘기에 능하고 또 배부리기에 묘한 솜씨를 지니고 있으니, 그를 풀어내어 그에게 가부간(可否間)의 응답을 물어 그가 만일 고개를 끄덕여 허락하면 우리가 가히 이 험난함을 벗어 날수 있습니다.」
예사륵이 문득 사람에게 명하여 그를 데리고 올라 오라 하면서 가련한 모습을 지으니, 이때에는 오직 유림척로가 응하지 않을까 두려워하였다. 이는 속담에 <낮추면 반드시 구함이 있다.>함과 같은 것이다.
예사륵이 입을 열어 말하기를
「네가 만약에 나의 배를 저어 저 쪽 편에 올라 모든 사람의 생명을 구하면, 너희부자도 또한 고깃배에 장사지냄이 되지 않을 것이요, 내가 곧 너의 부자를 사면하여 다시 수감하지 않겠노라.」
(중략) [22]

이 『서사건국지』가 독일 고전주의 작가인 쉴러의 『빌헬름 텔』이라는 언급은 전혀 없지만 한눈에 보아도 쉴러의 『빌헬름 텔』을 번안한 것임을 알 수 있다. 텔을 유림척노로, 텔의 아들 발터를 회록타, 게슬러를 예사륵이라는 이름으로 표기를 했다. 이 『서사건국지』는 쉴러의 『빌헬름 텔』을 소재로 한 10장의 구성된 회장체 소설이며 스위스의 구국영웅 유림척로의 일대기를 적은 역사 전기소설의 형식을 갖춘 정치소설이다. 한국에서 역사전기물이 출간되던 1900년대는 일본이 내정간섭과 군사행동의

---

22) 張志淵/申采浩/朴殷植 저: 애국부인전/乙支文德/瑞士建國誌. 143－150쪽. 春秋文庫. 1975.

자유를 억압하면서 우리민족에 대한 만행이 실질적으로 자행되던 시기다. 바로 이러한 시기에 작가들은 사회적 리얼리티를 추구하는 한 방법으로 역사전기문학을 택하여 바로 이를 통해 민족의식을 불러일으키고자 했다. 박은식의 이 『서사건국지』는 당시 출간 된지 얼마 되지 않아 조선총독부에 의해 금서로 지정되었다. 정치소설이라는 부제 하에 한일합방직전 한국인들에게 민족의식을 고취시키기 위하여 수용된 이 텔의 이야기는 1935년 「윌리암 텔」이라는 제목으로 아동잡지 <아이동무>에 실리면서 동화로서 우리들에게 읽혀지기 시작했다.

스위스가 어떻게 오스트리아의 압제에서 벗어나 독립하는 가하는 이야기에서 특히 용감한 텔의 이야기는 어느 민족이든 어떤 상황에서든 억압당하고 있는 사람들에게 용기를 불어넣었다. 쉴러의 작품으로는 이 『빌헬름 텔』 외에 『강도떼 Die Räuber』 『오를레앙의 처녀 Die Jungfrau von Orleans』, 『메시나의 신부 Die Braut von Messina』, 『데메트리우스 Demetrius』 등 많은 드라마작품뿐만 아니라 그 외 미학서도 한국어로 번역되어있다.

1950년 후반부터 1960년대에 이르기까지 중학교 국어교과서에는 문학작품은 아니지만 독일경제와 관련된 「독일의 인상」과 「독일의 부흥」이라는 글이 두 편 수록되었다.

「독일의 인상」

프랑크푸르트 공항(空港)에 내려 12년 만에 다시 독일 땅을 디뎠다. 최신식 건축으로 된 이 프랑크푸르트 공항은, 현재 서 독일의 공중 수송의 중심지로서, 전 세계의 항공회사가 모두 이곳에 지점을 내고 있다. 도오

쿄오를 출발할 때, 다름스타트시 부근에 계신 헨제 교수님께 전보로 도착 시간을 알려 드렸더니, 교수부인이 비행장까지 나와주시었다. 노교수(老敎授)께서 오늘 동양 학회에 출석하실 것을 중지하고, 나를 기다린다고 하시기에, 무리로 시간을 내어서 헨제 교수를 찾아뵙기로 하였다. 여행 중 이틀 밤과 그 전날 밤을 자지 못한 나는 피로가 극도로 달하였었다. 가까스로 몸을 움직여서, 기차를 타고 버스를 갈아타고 하여, 다름스타트 시외의 트라이사라는 작은 마을에 도착하였다.

프랑크푸르트 시는 칠 할(七割), 다름스타트 시는 팔 할(八割)이 파괴되었는데, 그 후에 복구가 많이 되어, 시가지에 면(面)한 건물들은 거의 재건되었거나 또는 손질을 한 것이 눈에 뜨인다. 오후 일곱 시가 지나서, 나는 선생님 댁의 저택에 이르렀다. 12년 전 벨기에서 작별한 후 세상도 많이 변하였고, 또 선생님의 신상(身上)에나 나 자신에도 많은 변천이 있었다. 문을 열고, "어떻게 되어 이렇게 예고도 없이 갑자기 오느냐?"고 물으시는 노 교수의 손을 쥔 나는 다만 감개무량할 따름이었다. 얼굴에는 별로 달라지신 곳이 없으나, 열 두 해라는 짧지 않은 시간이 자취 없이 지나지는 않아서, 백발이 많아지신 것을 속일 수가 없었다.

나는 간단하게 차린 식탁을 앞에 놓고, 지나간 열두 해 동안, 선생님이 지내신 이야기를 듣고, 또 될 수 있는 대로 많이, 내가 경험한 바를 이야기하였다. 우리가 주고받은 받은 내용은, 선생님께서 벨기에 시대에 부리던, 나도 잘 아는 식모의 그 후의 이야기로 비롯하여, 전후 독일의 동양학계 학자들의 소식, 미국학계에 관한 독일 학자의 비판, 또는 제삼차 전쟁에 대한 견해 등, 여러 가지 문제에 걸친 것이어서, 헨제 선생님과 같이 지낸 하루 저녁으로, 나는 독일사람들의 전후의 생활태도에 대하여, 이 정도의 지식을 얻을 수 있었다.

"마르틴 루테르의 말에 '이 세계가 내일로 종언(終焉)이 된다 하더라도, 나는 오늘은 오늘대로 한 그루의 나무를 심겠다.'는 말이 있지 않은가? 우리의 노쇠한 이 유럽에는 해결지을 수 있기도 하고, 또 해결지을 수 없기도 한 수다한 문제가 있네. 내일 다시 전쟁이 나서, 다시 모든 것을 파괴하고 멸망시킬는지는 모르지마는, 우리는 오늘은 오늘대로 우리의 할 일을 하지 않겠나? 무거운 짐을 지고 다니는 말은, 그것이 날 때부터의 직업이니, 짐을 지기 싫든 말든 그 무거운 짐을 지고 다녀야 된다는 속담과 같이, 나는 나의 직업이 학문이니, 죽을 때까지 이것을 해나가야 될 것이 아니겠나? 그래 이번에 또 이 책을 써서 내고, 이것이 나의 마지막 저서라고 생각하였는데, 자꾸 새 것이 발견되고 보니, 또 한 책만을 더 써야겠네."
하면서 선생님은 새로 쓰실 책의 내용에 대하여 설명하시기에 바빴다.

밤 열 두 시가 지나서, 나는 눈에 익은 침상을 놓고, 그 위에서 잠들려고 애를 썼다. 서가(書架) 위에는 우리 가족의 사진이 놓여있고, 벽에는 내가 10여 년 전 어느 때인가 졸필(拙筆)로 쓴 : "이심전심(以心傳心)"이라는 넉자가 걸려있다. 물론 내가 글씨를 잘 쓴다고 쓴 것도 아니고, 또 잘 썼다고 걸어 놓으신 것도 아니다. 그 의미가 좋다고 써 달라고 하시기에 써 드렸더니, 그것이 벨기에서 이곳까지 옮겨진 것이었다.

이튿날 아침 일찍 일어나서 '흑(黑)빵'에 버터를 발라서 조반을 먹었다. 이 흑빵 맛은 독일 빵의 특별한 맛으로, 수년 전에 미국에 갔을 때도, 이 빵 생각이 간절하였었다. 10여 년 전의 그 맛이다. 독일 코오피는 게숫물 맛이라고 외국인들이 흉을 보는 것이지만, 이것도 옛 맛이 나서 반가웠다. 나는 아침 식사를 마치고 선생님께 하직하였다. 짧은 재회(再會)였으나, 무한히 반가웠다. 언제 또다시 만나 뵙게 될지…….

헨제 선생님 저택이 있는 부근 일대는 교외(郊外)이니만큼 조용하기 짝이 없다. 양편에는 아직 집이 다 들어서지 못하여, 지금 지하층만 지어놓고, 건축을 중지한 집이 몇 채 보인다. 돈이 생기면 다시 지을 작정으로 우선 지하층만 지어 놓은 것이다. 인제 한 3년 후에 오면 완전한 집이 될 것이라고 한다. 이것은 후에도 본 것이나, 독일에는 소위, '판잣집'이라는 것이 없다. 그들은 무엇이든지 임시로 만들어 쓴다는 것을 모르는 국민이다. 4. 5층 집이 폭격에 맞아서 그냥 손대지 않은 집이 얼마든지 보인다. 그러나 그것을 일부라도 수리한다면, 그것은 임시수리가 아니고, 완전무결한 수리를 한다. 돈 없는 집 주인은 지하층과 일층만 수리하여, 우선 주택을 삼고, 상점도 낸다. 그러나 일부 수리한 부분은 새로 건축한 집과 조금도 다름이 없는 것이다. 그런 점에서도 독일 사람의 꾸준한 태도를 짐작할 수가 있다.[23]

1959년 교과서에 나오는 이「독일의 인상」이라는 글에는 "나"라는 지은이가 독일에 가서 12년 전에 헤어진 스승을 방문하면서 그 동안 변한 독일에 대한 인상을 적고 있다. 지은이가 은사를 만나는 과정에서 받은 독일의 인상이라는 이 글에는 특히 전쟁에서 파괴된 집을 짓는 독일인의 생활태도가 강하게 부각되어있다. 우리들이 독일사람 하면 먼저 부지런하고 절약하는 사람, 정확한 사람이라는 생각을 하는 것은 바로 이 글을 통해서가 아닌가 하는 생각을 하게 된다. 초등학교교과서에 수록된 민담도 아니건만 이 글의 지은이는 교과서에 나와 있지 않다. 우리들에게 독일, 독일인의 정신을 알려주는 이 글을 쓴 사람은 도대체 누구일까?

이 글이 처음 교과서에 실린 것이 1959년이며 12년에 헤어졌던 스승이라고 했으니 지은이가 독일을 떠나 한국으로 온 것은 1947년경이다. 1940년대 후반에 독일 내지는 벨기에에 유학했던 한국인이라면 1934년 뮌헨에서 학위를 마치고 바로 벨기에로 갔으며 1948년 해방 후 귀국하여 국립박물관 관장을 역임한 김재원 박사를 떠올리게 된다. 이를 뒷받침할 수 있는 이미륵의 서신 한 장을 소개하고자 한다.

1936년 이미륵은 벨기에 안트베르펜 Antwerpen에서 독일계 벨기에 교수의 조교로 있던 김재원 박사를 만나고 돌아온 다음 친구 암젤 Amsel (Dr. Anselm Schaller)에게 다음과 같은 서신을 보냈다.

---

23) 중학교 2학년 1학기 국어. 69-74쪽. 1959.

친애하는 암젤

모든 일이 잘 되기를 기원하면서 작은 크리스마스 선물을 보내네. 이 작은 책자에는 나에게 아주 많은 것을 말해준 몇 개의 그림이 실려있네. 자네의 가슴에도 뭔가 와 닿을 걸세. 일곱번 째 그림은 순수한 음의 완성으로 여겨지네. 첨부된 그림은 지난번 안트베르펜 여행 때 어느 미술가의 집에서 발견한 탁본 복사다. 나는 그곳에서 최근 남한에서 파낸 많은 동굴의 사진을 수없이 많이 보았다네. 초기불교시대와 관련지어볼 때 이 불상은 엄청 진지하고 조심스럽게 파낸 것 같네. 이 불상의 선이 자네에게 아마 말해주겠지! 약 한 달 전에 나는 독일계 벨기에인의 조교를 했으며 지금은 귀국 길에 오르고 있는 동향인을 만나기 위해 그곳 안트베르펜에 간 적이 있었다. 벨기에 고고학자이며 미술사가인 그는 나에게 아름다운 것을 많이 보여주었으며 새로운 가치를 받아 드리게끔 했다네. 나는 그에게 아주 고마워했었네.

나는 (자일러 가족과 더불어) 이번 겨울을 슈타른베르크제에서 보내려고 하네. 뮌헨에 있는 집은 팔려버렸고 그린델펑에 지을 새집은 다음 해 1937년에 완성되네. 슈타른베르크제에서는 모두 숲 속 작은 통나무집에서 살게 될 걸세. 크리스마스를, 숲 속의 겨울을 기다리면서.

1936년 크리스마스
이미륵

부모님께 안부 전해주게. 유감스럽게도 자네 부모님의 새 주소를 나는 모르고 있네.[24]

이 편지에 이미륵이 아는 독일계 벨기에인의 조교를 했다는 동양인의 이름은 언급되어있지 않다. 그러나 「독일인의 인상」에서 분명 지은이는

---

24) 정규화(편): Mirok Li: *Der andere Dialekt*. S. 97. 성신여대출판부 1984. 이 책에는 이미륵의 에세이, 편지, 논문, 독일친구의 글 등이 독일어원문 그대로 수록되어있다.

"12년 전에 벨기에서 작별한" 교수를 독일에서 만나고 있으며 그 스승은 동양학과 관련이 있는 사람으로 나와 있다. 그렇다면 「독일의 인상」이라는 글을 쓴 사람은 1948년에 독일에서 귀국한 전 국립박물관관장을 지낸 김재원 박사일 가능성이 아주 높다.

「독일의 인상」이라는 글이 1963년 이후 교과서에서 사라지면서 1966년 중학교 2학년 1학기 국어교과서, 나라를 사랑하는 마음이라는 장에 2. 「독일의 부흥」이라는 글이 63-71쪽에 이르기까지 수록되어 1973년까지 중학교 국어교과서에서 읽을 수가 있었다. 한문으로 된 텍스트와 한문을 제거한 텍스트 두 종류가 있다.

「독일의 부흥」

1965년, 대한민국의 박정희 대통령은 '국가와 혁명, 나'라는 책 속에서, 제2차 세계 대전으로 말미암은 폐허와 완전항복으로부터의 독일의 부흥을 '라인 강변의 기적'이라고 불렀다. 그리고 "이 기적은 그 성질로 보아 전형적으로 독일적인 것으로서 혁명을 거치지 않고 일어난 것이며, 커다란 인내와 수백만 독일 사람들의 노력으로 이루어진 최고의 예술이다."라고 말하였다. '독일', 정확하게 말해서 '독일연방공화국'에서 1945년 이래 일어난 일을 이보다 더 정확하게 표현할 수는 없을 것이다. 이 말은 결국, 세계 여러 나라가 그렇게까지도 놀란 독일의 부흥이 결코 기적이 아니라는 것을 뜻한다.

제2차 세계 대전 직후 독일은 제대로 쓸만한 돌멩이 하나도 남아 있지 않았을 정도로 폐허가 되어있었다. 겨우 쓸 수 있는 공장과 기계가 약간 남아있었으나, 그나마도 점령군이 모두 뜯어 갔었다.

이같이 점령군이, 복구할 수 없을 정도로 파괴하고 빼앗아 갔으나, 독일의 본질적인 자산만은 빼앗을 수 없었다. 이 자산은 재화로 된 것이 아니었다.

　이 자산이란 근면, 끈기, 수공적, 기술적 역량과 문화였다. 이런 것을 자본으로 하여 독일 사람들은 새 출발을 했던 것이다.

　당시엔 돈은 이미 가치가 없었으며, 교환 수단은 담배와 초콜릿이었다. 이 같이, 어떤 물건을 사려고 하는 사람은 다른 물건을 주고 그것을 교환해야 했기 때문에, 마치 원시사회와 다름없는 교환 경제였다.

　1945년 당시의 폐허와 현재의 부흥상을 비교한다면 기적처럼 보일지도 모른다. 그러나, 이런 관찰은 타당하지 않다. 왜냐하면, 독일의 공업은 제2차 세계대전까지는 미국, 영국, 일본과 함께 세계에서 가장 두드러져 있었고, 독일 사람은 학문을 비롯하여 기술, 발명부분에 있어서 선구적인 구실을 했을 뿐만 아니라, 그 전통이 독일사람들의 머릿속에 고스란히 남아있었기 때문이다. 그러므로, 현재 독일의 부흥은 결코 우연한 것이 아니며, 이런 자산을 활용한데 지나지 않는다.

　흔히 독일 사람을 이론가이며 사색가라고 하지만, 그들은 어떠한 역경에서도 자기를 적응시켜, 거기서 최선의 것을 창조해 내는 능력을 가지고 있다. 전후의 부흥은 국민들이 모두 실질적으로 일을 하지 않았던들 도저히 불가능했을 것이다.

　독일에서는 언제나 지식이 있는 공인을 비롯하여 전문 기술인에 이르기까지의 넓은 계층이 있다. 이 계층의 사람들은 대전 후에는 어떠한 일이건 마다하지 않고 해냈다. 그리고, 실상은 공장생산이 거의 불가능했기 때문에, 생활필수품을 옛날과 같이 수공업으로 만들어 내지 않을 수 없었다.

　처음 몇 년의 어려운 기간에는 학자나 정신 노동자들까지도 몸소 나아가 실지 노동을 했었다. 이리하여, 온 국민은 폐허를 정리하고 재건의 기초를 닦았던 것이다. 그런데, 1945년부터 1950년까지가 가장 어려운 시기였다. 그 상황은 마치 6·25 사변 이후의 한국과 비슷했다.

　생활필수품은 배급제였고, 그 밖의 필요한 물자는 할당제였다. 모든 필요를 만족시킬 만큼 충분한 물자가 없었으므로, 각자는 생활필수품의 배급량으로 때워 나갔다. 한편, 더 필요한 사람은 자기가 직접 만들어 내거나 물물 교환으로 마련할 수밖에 없었다. 이 시기는 국민들에게 있어서는 또 하나의 고난과 수련의 시기였다.

이런 고난 속에서 국민들은 현실에의 적응, 극복, 그리고 냉정한 현실 판단, 이러한 과정을 겪음으로써 어떤 계기가 마련되면, 몇 년 뒤에는 다시 지난날의 세계굴지의 공업국가, 수출국가의 대열로 올라설 수 있다는 자신을 가지게 되었다.

이 계기는 1948년에 드디어 왔다. 돈 가치가 떨어졌으므로 현존하는 물자의 가치 체계에 알맞은 새로운 돈이 발행되었다. 이와 함께 독일연방 정부의 경제상이었던 에르하르트 박사의 정책에 의하여 물자의 할당제가 강화되었다. 이때엔 논쟁이 많았다. 더구나 반대가 컸던 것은 할당제의 강화가 생활물자의 결핍을 가져옴으로써 물가의 앙등을 자극할 것이라는 이유에서였다. 그러나, 실제는 그 반대 현상이 일어났다. 즉, 생산에의 길을 터놓게 되었으며, 급속히 증가한 생산은 격증하는 수요를 차차 충족시키게 되었다. 그리고, 많은 물자가 시장으로 쏟아져 나오게 됨으로써 물가는 떨어지고 화폐가치는 안정되었다. 한편, 누구나가 집을 짓고, 수리하고, 정돈하고, 옷을 지어 입고, 제대로 음식을 취해야 했기 때문에, 수공업, 공업, 농업을 크게 일으키지 않으면 안되었다. 한편, 미국의 크나큰 원조도 들지 않을 수 없다. 10억 달러에 이르는 원조를 함으로써 공업의 부흥을 근본적으로 도왔던 것이다.

이리하여, 큰 규모의 사업들이 매우 활발해졌다. 따라서, 새로운 현대적인 기계와 방법으로 훌륭한 물건이 생산되어 세계시장에까지 진출함으로써 다른 공업국가들과 같이 경쟁에 참여할 수가 있게 되었다.

이리하여, 독일 연방 공화국은 몇 해 가지 않아서 세계에서 손꼽을 수 있는 수출국가의 하나가 되었다. 여러 나라에서 주문이 쇄도하였는데, 이는 다만 값이 싸서뿐만 아니라 품질이 좋기 때문이었다. 따라서, 세계의 저개발국가에 경제원조도 하게 된 것이다.

에르하르트 정책은 대담했으며 적절했다. 이는 독일사람의 성격인 근면성, 착실성, 그리고 능력을 과학적으로 검토하여 이룩한 것이었다.

에르하르트 박사는, 이로부터 10년 뒤에는 물자의 생산, 노동, 수익만을 생각할 것이 아니라, 생활의 정신적인 복리까지 생각해야한다고 했다.

한편 독일 연방공화국은, 지난날의 전쟁 상대국이었으며 지금의 점령국가인 여러 나라에서까지 존경을 받는 훌륭한 정치가인 아데나워 박사가 없었던들 결코 급속히 약진한 복지 국가로 될 수는 없었을 것이다. 그는 지난날의 적을 친구로 만드는데 성공했으며, 연방공화국은 미합중국, 대영제국, 프랑스의 맹방으로서 나토, 그 밖의 관계 기구의 일원이 되었다.

그런데, 독일은 에르하르트 박사의 정책이 시행될 무렵에 의회 민주주의의 체제를 갖춘 국가로서 탄생하였다. 지난날의 바이마르 공화국의 단점을 지양하여 새로운 독일의 민주주의가 곧 자리를 잡게 되어, 두 개의 큰 정당과 하나의 작은 정당으로서 안정과 지속성을 찾게되었다. 이리하여, 오늘날의 이 자유로운 입헌국가는 그 속에서 자유롭고 법질서에 따라 살 수 있는 정치적인 기틀이 잡혔다.

이 의회는 연방 공화국을 복지 국가로 만들었기 때문에, 모든 국민은 많은 보수와 연금을 받게 되어, 만년에도 걱정없이 생활할 수 있게 되었다. 전반적인 생활 수준이 얼마나 높은 가는, 인구 10명에 1명의 비율로 자동차를 가지고 있다는 것을 보더라도 알 수 있다.

학문과 예술도 다시 옛날과 같이 개화하고 문화생활이 풍부해짐에 따라 새로운 극장과 음악당이 수많이 생겼고, 새로운 고등교육기관, 기술학교, 의과대학 및 인문계 대학들이 옛날 학교와 함께 세워졌다.

이같이 부흥하긴 했으나, 독일 사람이 오직 한 가지 해결하지 못하고 있는 문제가 있다. 이것은 한국의 실정과 같이 국토통일, 즉 양단된 국토의 재통일문제다. 독일의 많은 부분, 즉 중부독일은 소련의 명령에 복종하는 공산 독재자의 수중에 들어가 있다. 자칭 DDR (독일민주주의공화국)라고 부르는 이 지역은 공산주의적 계획경제 때문에 경제적으로나 정치적으로 독일연방공화국에 훨씬 뒤지고 있으며, 생활수준에 있어서도 비교가 안 될 만큼 낮다.

독일은 한국과 마찬가지로 양단 된 국가일 뿐만 아니라, 동쪽의 넓고

기름진 땅을 잃었다. 즉, 원주민지역과 이민지역의 4분의 1은 폴란드의 지배를 받고 있으며, 아직도 강화조약의 체결이 되어있지 않는 데도 폴란드의 영토로 인정되어있다. 그러므로, '라인강의 기적'이라고 하는 독일의 부흥도 딴은 연방공화국에서만 한정되어 있을 뿐이다. 따라서, 한국과 같이 아직도 조국통일을 하지 못 하고 있는 것이 무엇보다도 더 큰 비극인 것이다. (이 글은 1965년에 쓴 것임)[25]

독일이 2차 대전에서 패한 다음 어떻게 다시 부흥하게 되었는지를 말해주는 「독일의 부흥」이라는 글의 저자는 오르겐 게르스텐마이어 Eugen Gerstenmeier이며 1906년, 8월 25일 키르헨하임 Kirchenheim에서 출생했다. 신학자이자 철학자이며 정치가(CDU)인 그는 1964년 한국을 방문했으며 「독일의 부흥」이라는 글은 1965년에 집필된 것이며 1966년부터 교과서에 수록되었다.

당시 박정희 대통령은 『국가와 혁명과 나』(1965)라는 저서에서 독일의 부흥을 '라인강의 기적'이라 하면서 한국에서도 '한강의 기적'을 이루기를 염원하였다. 그러나 '라인강의 기적'은 기적이라기보다 온 국민이 힘을 합쳐 이루어낸 하나의 '예술'이었다. 게르스텐마이어는 이 말을 서두로 하여 독일이 전후 폐허에서 어떻게 부흥하게 되었는지를 상세하게 설명하고 있다. 이 글은 한국전쟁에서 모든 것을 잃어버린 한국의 경제성장을 위하여, 한국의 경제부흥을 위하여 희망과 용기를 불어넣어 주는 글이었다.

---

25) 중학교 2학년 1학기 국어. 63-71쪽. 1966.

2) 제7차 교육과정

중학교 1학년 2학기 국어에 수록된 헤세의 나비이야기를 읽어보자.

「나비」

　내가 나비를 잡기 시작하기는 여덟 살인가, 아홉 살 때의 일이다. 처음엔 별로 열심히 할 것도 없이, 다른 애들이 다 하니까 나도 해보는 정도였다. 그런데 열 살쯤 된 두 번째 여름에는 나는 완전히 이 유희에 취미가 생겨서, 이 때문에 다른 일을 전혀 돌보지 않게 되었다. 그래서 주위의 사람들은 나에게 그것을 못하도록 말리지 않으면 안되겠다고 까지 걱정을 하게되었다. 나비를 잡는데 열중하면 학교의 수업시간도, 점심도 잊어버리고 탑시계가 우는 것도 귀에 들어오지 않았다. 학교를 쉬는 날은 빵한 쪽을 주머니에 넣고는, 아침 일찍부터 밤늦게까지, 끼니때도 돌아오지 않고 뛰어다니곤 하였다.
　지금도 아름다운 나비를 보면, 이따금 그때의 열정이 몸에 스미는 듯 느껴진다. 그럴 때면, 나는 잠시 어린아이만이 느낄 수 있는, 뭐라고 표현할 수 없는 황홀한 심정에 사로잡힌다. 소년시절에 처음으로 노랑나비를 찾아내었던 그때의 기분 그대로를 느낄 수 있을 것이다. 또, 그럴 때면 홀연히 어린 날의 무수한 순간들이 떠오른다. 풀 향기가 코를 찌르는 메마른 들판의 찌는 듯이 무더운 낮과, 정원 속의 서늘한 아침과, 신비스러운 숲 속의 저녁때, 나는 마치 보물을 찾아 헤매는 사람처럼 표충망을 들고 나비를 노리는 것이었다. 그리하여 아리따운 나비를 발견하면-특별히 진귀한 것이 아니라도 좋다. 햇볕아래 졸고있는, 꽃 위에 앉아서 빛깔이 고운 날개를 호흡과 함께 드러내고 있는 것을 보면-그것을 잡는 기쁨에 숨이 막힐 지경이 되어 가만가만 다가섰다. 반짝이는 반점의 하나하나, 날개 속에 드러난 맥줄의 하나하나, 가는 촉각의 갈색 잔털의 하나 하나가 눈에 뚜렷이 보이면, 그 긴장과 환희란 이루 다 말할 수가 없었다. 그

때의 그 미묘한 기쁨과 거센 욕망의 교차는 그 뒤엔 자주 느낄 수 없었다.
부모님께서는 훌륭한 도구는 하나도 마련해 주시지 않아서, 나는 내가 잡은 나비들을 헌 종이 상자에 간추려 두는 수밖에 없었다. 병마개에서 뽑은 동그란 코르크를 밑바닥에 발라 붙이고, 그 위에 핀을 꽂는 것이었다.(중략)

소년은 부모님이 도구를 마련해줄 수 없는 형편이어서 초라한 상자 속에 나비를 보관하는 반면에 이웃에 사는 에밀은 수집물은 그리 대단치 않지만 모든 것을 정확하게 깨끗하게 정리하는 놀라운 솜씨를 가지고 있었다. 소년은 이 에밀에게 자신이 수집한 희귀한 푸른 날개의 나비를 보여주었지만 에밀은 푸른 날개의 나비를 감정하고 난 뒤에 귀하기는 하지만 보관 상태가 좋지 않다는 등 여러 가지 결점을 늘어놓는다. 소년은 그 일 이후로는 마음이 상해 절대로 자신의 수집물을 에밀에게 보여주지 않은 채 몇 년이 지나게되고 우연히 에밀이 희귀한 나비를 수집했다는 소문을 듣고 그 나비가 보고싶어 견디다 못해 에밀을 찾아간다.

에밀이 이상한 나비를 가졌다는 소문을 듣고 부터 나의 흥분은 절정에 이르러, 그것을 꼭 한번 보고 싶어 견딜 수가 없었다. 나는 식사 뒤 틈을 얻어 곧 뜰을 건너서 이웃집 4층으로 올라갔다. 이 4층에 교원의 아들 에밀 소년은 작으나마 제방을 하나 가지고 있었다. 그것이 내게는 얼마나 부러웠는지 모른다. 방으로 가는 도중에 나는 아무와도 만나지 않았다. 문을 두드려보았지만 아무런 대답이 없었다. 에밀이 없는 모양이었다. 문의 손잡이를 돌려보니 문은 잠겨있지 않았다.
어쨌든, 실물을 한번 보리라는 생각에 나는 안으로 발을 들여다놓았다. 그리고 에밀이 나비를 간직한 두 개의 커다란 상자를 집어들었다. 어느 상자에도 점박이는 들어있지 않았다. 그런데 문득 날개판 위에 올려져 있을 지도 모른다는 생각이 들어 찾아보니, 과연 생각한 바 그대로였다. 갈색비로드 날개가 길쭉한 종이쪽지 위에 펼쳐진 채 걸려 있었다. 나는 그 앞에 허리를 굽히고서, 털이 돋친 적갈색의 촉각과, 그지없이 아름다운 빛깔을 띤 날개의 선과, 밑 날개 안쪽 선이 있는 양털 같은 털 바로 곁에서 들여다 볼 수 있었다. 그러나 그 유명한 무늬만은 보이지 않았다. 종이쪽에서 가려져서 보이지 않았다.

　가슴을 두근거리면서 나는 유혹에 끌려 종이쪽을 떼어내고, 꽂혀 있는 핀을 뽑았다. 그러자 네 개의 커다란 무늬가 그림에서보다도 훨씬 아름답게, 훨씬 찬란하게 나의 눈앞에 드러났다. 이것을 본 나는, 이 보배를 손에 넣고 싶은 견딜 수 없는 욕망에 그만 난생 처음으로 도둑질을 했다. 나비는 벌써 말라 있어서 손을 대는 정도로는 형체가 일그러지지 않았다. 나는 그것을 손바닥 위에 받쳐들고 에밀의 방을 나왔다. 그 때 나는, 어떤 커다란 만족감 외에 아무 생각도 없었다.

　나는 나비를 오른손에 감추고 층계를 내려왔다. 이 때였다. 아래편에서 위로 올라오는 발소리가 났다. 순간, 나의 양심이 눈이 떠졌다. 나는 문득, 내가 도둑질을 했다는 것과 비겁한 놈이라는 것을 깨달았다. 그와 동시에 들키면 어쩌나 하는 무서운 불안에 사로잡혀, 나는 본능적으로 나비를 감춘 손을 그대로 양복저고리 주머니 속으로, 해서는 안 되는 일을 했다는 부끄러운 생각에 가슴이 서늘했다. 나는 이내 올라온 하녀와 어물어물 엇갈려서 가슴을 두근거리고 이마에 땀을 흘리며, 침착성을 잃고 벌벌 떨며 현관에 우뚝 섰다.

　이 나비를 가져서는 안 된다. 될 수만 있으면 그전대로 돌려놓아야겠다. 나는 이런 생각으로 마음이 괴로웠다. 그리고 혹시 사람의 눈에 뜨이지나 않을까 조마조마해하면서 날쌔게 발을 돌려 층계를 뛰어올라, 일분 후에는 다시 에밀의 방 가운데 자신이 서 있는 것을 알게 되었다. 나는 주머니에서 손을 뽑아 나비를 책상 위에다 꺼내 놓았다. 나는 그것을 보기 전에 벌써 어떤 불행한 일이 생겼다는 것쯤은 미리 짐작했었다. 그저 울고 싶은 생각뿐이었다. 아니나다를까, 점박이는 보기 싫게 망가져서 앞

날개 하나와 촉각 한 개가 떨어져 버렸다. 떨어진 날개를 조심스레 주머니 속에서 끄집어 내려하니까, 그나마 산산이 바스러져서 이제는 이어 붙일 수조차 없게 되었다. 도둑질을 했다는 사실보다도, 그 아름답고 찬란한 나비를 내 손으로 망그러뜨렸다는 사실이 나로서는 더 괴로운 일이었다. 날개의 갈색 분이 온통 나의 손끝에 묻는 것을 보았다. 그리고 또, 날개의 바스러진 조각들이 책상 위에 이리저리 흩어진 것을 보았다. 그것을 완전히 원형으로 돌려놓을 수 만 있다면, 나는 그 대신 내가 가진 어떤 물건이나 어떤 즐거움도 기꺼이 버릴 수 있었을 것이다.

그지없이 슬픈 기분으로 집에 돌아와, 나는 하루종일 좁은 뜰 안에 주저앉아있었다.[26]

이 글은 국어 1-2, 단원 6, 문학과 독자, 보충과 심화라는 단원의 길잡이에 수록되어있으며 헤르만 헤세 Hermann Hesse(1877-1962)의 『나비 Schmetterlinge』(1979)라는 책에 나오는 이야기다. 『나비』는 나비와 관계되는 여러 가지 체험과 추억, 관찰, 시 가운데서 가장 매혹적인 것들만을 따로 모은 것들로 19편의 다양한 글들이 실려있으며 아름다운 나비그림도 실려있다. 중학교 국어 교과서에 수록된 이 나비이야기는 헤세가 1911년에 쓴 「공작나방 Das Nachtpfauenauge」 중에서 일부분을 발췌한 것이다. 헤세는 어느 날 방문해온 친구 하인리히 모어와 함께 서재에서 유년시절과 유년시절의 추억에 대한 이야기를 하다가 아들 때문에 1년 전부터 다시 나비채집에 관심을 두게 되었다면서 친구를 자신의 지하실로 안내하여 보관해둔 나비 수집물을 보여준다. 그러나 친구 하인리히는 나비에 대해 별다른 관심을 보이지 않으면서 그 동안 잊고있던 나비에 얽

---

[26] 중학교 1학년 2학기 국어. 238-242쪽. 2004. 이 나비이야기는 1980년대에는 실업계 고등학교 국어 2. 222-232쪽에 실려 있었다.

힌 아픈 기억을 이야기한다. 교과서에 실린 부분은 바로 친구 하인리히가 들려주는 나비에 대한, 유년시절에 대한 아픈 추억이야기다. 교과서에서 미완성으로 끝났지만 친구의 소중한 나비를 망가트린 소년의 이야기는 다음과 같이 이어진다.

마침내 황혼 무렵에 나는 어머니에게 모든 것을 이야기하려는 용기를 얻었다. 어머니가 얼마나 놀라고 슬퍼하실지 나는 잘 알고 있었다, 그러나 저 벌을 참는 것보다는 이미 이 고백이 나에게는 더 값어치가 있다고 느낄 것이다.
"에밀에게 가야 해" 하고 어머니는 분명하게 말씀하셨다. "에밀에게 말해야만해, 네가 할 수 있는 일은 그것뿐이야. 그 일이 있기 전에 나는 너를 용서 할 수 없다. 에밀에게 그 대신에 너의 수집품 가운데서 뭔가 찾을 수 있도록 해야할 것이다. 그리고 용서해달라고 해야 한다."
상대가 모범생이 아니었더라면 그 일은 훨씬 쉬웠을 것이다. 나는 에밀이 나를 이해하지 못하고 전혀 믿으려하지 않으리라는 것을 미리 잘 알고있었다. 저녁이 되고 거의 밤이 되었으나 나는 건너 갈 수가 없었다. 그때 어머니가 아래 복도에서 나를 발견하고는 나지막하게 말했다. "오늘 중으로 해야 한다. 즉시 가거라!"
그러자 나는 건너가서 아래층에서 에밀이 있는지 물어보았다, 에밀이 와서는 곧장 누가 공작 나방을 망쳤다고, 어느 나쁜 녀석이 그랬는지 아니면 새나 고양이가 그랬는지 모르겠노라고 이야기했다. 나는 같이 올라가서 보여달라고 부탁했다. 우리들은 윗 층으로 올라갔으며 문을 열고 촛불을 켰다, 나는 망가진 나방이 누워있는 것을 보았다. 에밀이 판대기 위에 나비를 다시 원상 복귀하려는 작업을 한 것을 보았다, 망가진 날개는 조심스럽게 다시 펴져 있었으며 축축한 압지에 놓여있었다. 그러나 나비는 원상복귀가 될 수 없었다, 더듬이도 없었다.
내가 그랬노라고 말했으며 설명을 하려고 애썼다.

그러자 에밀은 화를 내어 소리를 지르는 대신에 이 사이로 나직하게 휘파람을 불었으며 말없이 한동안 나를 쳐다보고는 말했다. "그래 그래, 바로 너로구나."

나는 그에게 나의 모든 것을 주겠노라 제안했다, 그러나 그가 쌀쌀하게 아직도 나를 경멸하듯 쳐다보고 있자 내가 수집한 나비를 전부 다 주겠노라 제안했다. 그러나 그는 말했다.

"고마워, 나는 너의 채집물을 알고 있어. 네가 나비를 어떻게 다루는지는 오늘 다시 확인도 할 수 있었어."

이 순간 그의 목덜미를 행해 달려들고 싶었다. 그럴 수는 없었다, 나는 악당이었고 악당으로 남아있었다, 에밀은 마치 세계질서처럼 경멸하는 듯 정의감에 차서 내 앞에 서있었다. 그는 한 번도 나를 욕하지 않았으며 바라보기만 하면서 나를 경멸했다.

그때 나는 처음으로 한번 망가진 것은 다시 어떻게 할 수가 없다는 것을 알았다. 나는 집으로 왔으며 어머니가 아무 말도 물어보지도 않고 키스를 해주고는 조용히 내버려두는 것이 기뻤다. 자러가야 했다, 이미 늦었다. 그러나 그전에 나는 식당에서 커다란 갈색 통을 가지고 와서 침대 위에 놓고는 어둠 속에서 그것을 열었다. 그리고 나비를 한 마리 한 마리 꺼내 손가락으로 눌러 조각조각 나게 했다.[27]

친구의 소중한 것을 도적질을 했다는 사실보다도 그 아름답고 고운 나비를 자기 손으로 망가트렸다는 사실이 더 소년을 괴롭힌다. 친구의 나비를 망가트린 일을 용서받기 위해 자신이 수집한 모든 나비를 주겠다고 하지만 친구는 이를 거절하고 여전히 그를 경멸한다. 친구에게 용서받지 못한 사실, 친구에게 경멸당한데 대한 분노는 결국 자신이 애지중지하던 나비를 하나씩 망가트린다. 스스로 억제할 수 없을 만큼 강렬했던 나비에 대한 열정과 기쁨은 이로서 끝이 나고 만다. 20세기 독일 작가

---

[27] Hermann Hesse: *Schmetterlinge*. S. 52–55. Insel. 1979.

중에서 헤세만큼 나비에 관심을 쏟은 사람은 드물다. 짧은 생애와 아름다운 무상에 대한 표상인 나비를 우리는 헤세의 많은 작품에서 만날 수 있다. 헤세 스스로 "나는 나비나 그 밖의 덧없는 아름다움에 대해 늘 어떤 관계를 지녀왔다. 반면에 지속적이고 확고한, 이를테면 견고한 것과의 결합에서는 늘 실패했다."[28]라고 1926년 1월에 쓴 어느 편지에서 고백하고 있다.

제7차 교육과정부터 중학교 국어교과서에는 「나비」 외에 「책상은 책상이다」라는 또 다른 현대작품이 수록되어있다.

「책상은 책상이다」

페터 빅셀 지음
이용숙 옮김

한 늙은 남자가 있었다. 그는 이제 더 이상 한 마디 말도 하지 않으려고한다. 또 그는 미소를 짓지도, 화를 내지도 않는다. 그는 그저 지친 표정만 짓고 있을 뿐이다. 그는 어느 조그만 도시에 살고 있다. 그의 집은 그 도시의 끝에 있다. 그의 외모는 다른 사람들과 별로 다르지 않다. 그런데 한 가지 특이한 점은 그가 회색 옷을 즐겨 입는다는 것이다. 그는 항상 회색 모자를 쓰고, 회색바지에 회색재킷을 입고 다닌다. 겨울이 되면 긴 회색 외투를 걸친다. 그는 주름살이 많고, 흰 셔츠의 목둘레가 헐렁해 보일 정도로 말랐다.

그의 방은 건물의 꼭대기 층에 있다. 그는 예전에 결혼을 했었고 자식들이 있었을지도 모른다. 혹은 다른 도시에서 살다가 이사를 왔을지도 모른다. 물론, 그에게도 어린 시절이 있었을 것이다. 아마 그는 어린 시절에

---

28) 홍경호(역): 『나비』. 142쪽. 범우사. 1999. 재인용.

도 지금처럼 옷을 입었을 것이다. 그 당시 사진들을 보면 아이들도 어른의 옷을 입고 있었기 때문이다. 그의 방에는 의자가 두 개, 자그마한 책상, 침대, 옷장이 하나씩 있고, 바닥에는 양탄자가 깔려 있다. 책상 위에는 자명종 시계가 놓여있고, 그 옆에는 오래된 신문들과 사진첩이 놓여 있다. 그리고 벽에는 거울이 걸려있으며, 사진도 하나 걸려있다.

그는 아침과 오후에 한 번씩 산책을 한다. 산책을 하는 동안 이웃 사람들과 몇 마디 이야기를 주고받곤 한다. 그는 오후 산책이 끝나고 저녁이 되면 집으로 돌아와 항상 책상 앞에 앉는다.

이와 같은 그의 생활은 언제나 변함없이 반복되었다. 일요일도 마찬가지였다. 그리고 그가 책상 앞에 앉아있으면 째깍거리는 자명종 시계의 소리가 들렸다. 시계는 언제나 그렇게 째깍거리기만 했다.

그러던 어느 날, 이 늙은 남자에게 특별한 날이 찾아왔다. 그 날은 햇빛이 비치고 너무 덥지도 너무 춥지도 않은 좋은 날씨였다. 그 날도 변함없이 그는 산책을 나갔다. 늘 그랬듯이 새들은 지저귀고, 사람들은 그를 친절하게 대해 주었다. 아이들은 여기저기서 뛰어 놀고 있었다. 그런데 그 모든 것들이 갑자기 그의 마음에 들었다.

그는 빙그레 미소를 지으면서 이렇게 생각했다.

'인제 모든 것이 달라질 거야.'(중략)

날마다 꼭 같이 반복되는 삶에 지겨움을 느낀 한 늙은 남자는 어느 날 산책을 하다가 기분이 좋아져서 자신의 인생을 바꾸기로 작정하고 집으로 돌아온다. 그러나 방안에는 모든 것이 그대로였다, 의자 두 개, 책상 하나, 침대하나……. 그는 책상에 앉았지만 아무 것도 변하지 않았음을 깨닫게 되고 조금 전까지의 모든 기쁨이 한순간에 사라져버린다. 그는 자신의 삶을 바꾸기 위하여, 뭔가 달라지기 위해 고민하던 중 왜 반드시 책상을 책상이라고 부르고 의자를 의자라고 불러야하는지 하는 생각을 하게 되고 자신의 방안에 있는 모든 사물을 다르게 부르기로 작정한다.

그 날 이후, 그는 아침에 눈을 뜨면 한참 동안 사진 속에서 누운 채로 의자를 무엇이라 부를지 생각하였다. 그러다가 그는 의자를 '시계'라고 부르기로 했다. 그러니까 그는 아침에 '사진' 속에서 일어나 옷을 입고, '시계 위에 앉아 양팔을 책상 위에 괴었다. 그런데 가만히 생각해 보니 의자는 시계라고 부르는데 '책상을' '책상'이라고 불러서는 안 될 것 같았다. 그래서 그는 책상을 '양탄자'라고 불렀다.

그러니까 그는 아침에 '사진' 속에서 일어나 옷을 입고, '양탄자'에 놓인 시계 위에 앉아있게 된 것이다. 곧 그는 방안에 있는 다른 물건들을 무엇이라 불러야 할지 곰곰이 생각하기 시작하였다. 그 결과 다음과 같이 부르기로 했다.

침대는 사진이라고 불렀다.
책상은 양탄자라고 불렀다.
의자는 시계라고 불렀다.
신문은 침대라고 불렀다.
거울은 의자라고 불렀다.
시계는 사진첩이라고 불렀다.
옷장은 신문이라고 불렀다.
양탄자는 옷장이라고 불렀다.
사진은 책상이라고 불렀다.
그리고 사진첩은 거울이라고 불렀다.

그래서 이렇게 되었다.
"아침에 이 나이 많은 남자는 한참 동안 사진 속에 누워있었다. 아홉 시가 되자 사진첩이 울렸다. 그 남자는 일어나서, 발이 시리지 않도록 옷장 위에 올라섰다. 그는 자기 옷들을 신문에서 꺼내 입고 벽에 걸린 의자를 들여다보고, 양탄자 앞 시계 위에 앉아 자기 어머니의 책상이 나올 때까지 거울을 뒤적였다."(중략)

남자는 이 일에 재미가 들어 온종일 새 단어를 암기하지만 그렇게 모든 사물의 이름을 바꾸어 부르게 되면서 차츰 원래의 이름을 잊어버리게 되고 이제 그는 꿈도 새로운 말로 꾸게 되었다. 외로움을 견디기 위해, 자신의 삶을 바꾸기 위해 사물에 새로운 이름을 주는 일에 기쁨을 느끼면서 살지만 결국 마지막에는 철저한 고독 속에 갇히고 마는 늙은 남자 이야기가 이어진다.

> 그래서 그는 다른 사람들의 이야기를 들으면 도저히 웃음을 참을 수 없을 지경이었다.
> 누군가가
> "내일 선생님도 축구 보러 가실 건가요?"
> 하고 말하면, 그는 큰 소리로 웃을 수밖에 없었다.
> "벌써 두 달 째 비가 내리고 있군요."라든가, "제 삼촌이 미국에 계세요."라는 말도 우습기는 마찬가지였다. 왜냐하면 그는 이 모든 말들을 이해 할 수 없기 때문이다.
> 그러나 이 이야기는 우스운 이야기가 아니다. 이 이야기는 슬프게 시작해서 슬프게 끝이 난다. 회색외투를 입은 그 나이 많은 남자는 사람들과 더 이상 말을 할 수 없게 된 것이다. 그건 그리 심각한 문제가 아니었다. 그보다 더 심각한 문제는 사람들이 그를 더 이상 이해할 수 없게 된 것이다.
> 그래서 그는 그 때부터 말을 하지 않았다. 그는 침묵했고, 자기 자신하고만 이야기했고, 더 이상 사람들과는 인사조차도 하지 않게 되었다.[29]

중학교 2학년 국어교과서에 수록되어있는 「책상은 책상이다 Ein Tisch ist ein Tisch」라는 이 이야기는 페터 빅셀 Peter Bichsel(1935-)의 『아이들

---

29) 중학교 2학년 1학기 국어. 41-45쪽. 2005.

을 위한 이야기 Kindergeschichten』(1969)에서 나온다. 빅셀은 1935년 3월 24일 스위스 루체른에서 태어나 올텐에서 성장했으며 1955년부터 13년 간 초등학교 교사로 재직하였다. 1964년, 작품집『불룸 부인과 우유배달부 Eigentlich möchte Frau Blum den Milchmann kennenlernen』를 출판하였으며 1965년에는 '47그룹상'을 받았으며 1969년에 나온『아이들을 위한 이야기』가 커다란 반향을 불러 일으켜 세계적인 명성을 얻게 되었다. 빅셀의『아이들을 위한 이야기』에서 나오는 등장인물들은 모두 이상한 사람들이다. 그들은 모두 사회와의 화해를 거부하고 이 사회가 사용하는 언어마저 거부한다. 「책상은 책상이다」에서 남자는 왜 책상을 책상이라고 불러야 하는가? 라는 의문을 제시하면서 자신의 방안에 있는 모든 사물을 다르게 부른다. 결국 다른 사람들은 그가 무슨 말을 하는지 전혀 이해할 수 없게 되면서 사회에서 고립되고 만다. 그러나 그의 행동이 우스꽝스럽고 그의 시도가 슬픈 좌절로 끝나지만 아무런 의미가 없는 것은 아니다. 빅셀의 이야기는 우리로 하여금 일상생활에서 너무나 당연하게 받아드리는 것을 다시 한 번 생각하게 해준다. 「책상은 책상이다」가 수록된『아이들은 위한 이야기』외에도 빅셀의 많은 작품들이 한국어로 번역되어있다.30)

---

30) 1980년대 이후 한국어로 번역된 페터 빅셀의 작품: 『부잔트 Busant, Von Trinkern, Polizisten und der schönen Magelone』(1987), 『불룸부인과 우유배달부 Eigentlich möchte Frau Blum den Milchmann kennenlernen』(2001), 『어느 어긋난 시대의 어긋난 이야기 Eine Geschichte zur falschen Zeit』(1986), 『사계 Die Jahreszeiten』(1996), 『슬픈 사람들을 위한 이야기』(1992).

3. 고등학교 국어교과서

「우리를 슬프게 하는 것들」이라는 수필은 고등학교 국어교과서에 나오는 유일한 독일작품이다. 제1차 교육과정부터 인문계 고등학교뿐만 아니라 실업계 고등학교 국어교과서에도 나온 「우리를 슬프게 하는 것들」을 읽어보자.

「우리를 슬프게 하는 것들」

울음 우는 아이들은 우리를 슬프게 한다. 정원(庭園) 한 편 구석에서 발견된 작은 새의 시체(屍體)에 초추(初秋)의 양광(陽光)이 떨어져 있을 때, 대체로 가을은 우리를 슬프게 한다. 그래서, 가을날 비는 처량(凄凉)히 내리고, 그리운 이의 인적은 끊어져 거의 일 주일(一週日)이나 혼자 있게 될 때, 아무도 살지 않은 궁성(宮城). 그래서 벽에는 흙뭉치가 떨어지고 일창비(一窓扉)의 삭은 나무 위에는 거의 판독(判讀)하기 어려운 문자를 볼 때, 몇 해고 몇 해고 지난 후에, 문득 돌아가신 아버지의 편지가 발견될 때, 그곳에 씌었으되, "나의 사랑하는 아들이여, 너의 소행(所行)이 내게 얼마나 많은 불면(不眠)의 밤을 가져오게 했는가…" 대체 나의 소행이란 무엇이었던가? 혹 하나의 허언(虛言), 혹은 하나의 치희(稚戲), 이제는 벌써 그 많은 죄상(罪狀)을 기억(記憶) 속에 찾을 바 없되, 그러나 아버지는 그 때문에 애를 태우신 것이다. 동물원에 잡힌 범의 불안(不安) 초조(焦燥)가 또한 우리를 슬프게 한다. 철책 가를 그는 언제 보아도 왔다 갔다 한다. 그의 빛나는 눈, 그의 무서운 분노(憤怒), 그의 괴로운 부르짖음, 그의 앞발의 한(限)없는 절망(絶望), 그의 미친듯한 순환(循環), 이것이 우리를 말할 수 없이 슬프게 한다. 횔델린의 시장(詩章). 아이헨도르프의 가곡(歌曲). 고구(故舊)를 만날 때. 학창시대(學窓時代)의 동무 집을 심방(尋訪)하였을 때. 그리하여 그가 이제는 우러러 볼만한 사람의 고관(高官)대작(大爵)이요, 혹은 돈이 많은 공장주(工場主)의 몸으로서 우리가 몽롱(朦朧)하고 우울(憂鬱)한 언어를 조종하는 일 시인(一詩人)밖에 못되었다는 이유에서, 우리에게 손을 주기는 하나, 그러나 더러 우리를 알아보지 않으려는 듯한 태도를 취하는 것같이 보일 때. 포수(砲手)의 총부리 앞에 죽어 가는 사슴의 눈초리. 자스민의 향기. 이것은 항상 나에게 창 앞에 한 개의 노수(老樹)가 선 내 고향을 생각하게 한다. 공원에서 흘러나오는 고요한 음악, 그것은 꿈같이 아름다운 여름밤에, 모래자갈을 고요히 밟고 지나가는 사람 사람의 발자국소리가 들리고, 한 곡절(曲節)의 쾌활한 소성(笑聲)은 귀를 간질이는데, 그러나, 당신은 벌써 근 열흘이나 침울(沈鬱)한 병실(病室)에 누워 있는 몸이 되었을 때, 달아나는 기차가 우리를 슬프게 한다. 그것은 황혼이 밤이 되려하는 즈음에, 불을 밝힌 창들이 유령(幽靈)의 무리같이 시끄럽게 지나가고, 어떤 어여쁜 여자의 얼굴이 창가에서 은은히 웃고 있을 때. 찬란(燦爛)하고도 은성(殷盛)한 가면무도회(假面舞蹈會)에서 돌아 왔을 때. 대의원(大委員) 제씨(諸氏)의 강연집(講演集)을 읽을 때. 부드러운 아침공기가 가늘고 소리 없는 비를 희롱할 때. 공동묘지를 지나갈 때. 그리하여, 문득 "여기 십 오(十五)의 약년(弱年)으로 세상을 떠난 글라라는 누워있음"이라 쓴 묘표(墓標)를 읽을 때. 아! 그는 어렸을 적의 단짝 동무의 한사람. 날이면 날마다 항상 언제나 어두운 도회의 집의 흥미(興味)없는 등걸만 보고 사는 시꺼먼 냇물, 첫길인 어느 촌 주막(酒幕)에서의 외로운 일야(一夜), 시내물의 졸졸대는 소리, 곁방 문이 열리고 속살거리는 음성이 들리며, 낡아빠진 헌 시계가 새벽한시를 둔탁(鈍濁)하게 칠 때, 그때 당신은 난데없는 애수(哀愁)를 느낄 것이다. 날아간 한 마리의 창로(蒼鷺). 추수후의 텅 빈 밭과 밭.

부인의 이취(泥醉). 어렸을 적에 산 일이 있던 조그만 지방에 많은 세월을 경과(經過)한 후에 다시 들렸을 때, 아무도 이제는 벌써 당신을 아는 이 없고, 일찍이 놀던 자리에는 붉고 거만한 옥사(屋舍)들이 늘어서 있으며, 당신의 본가(本家)이던 집 속에는 알 수 없는 사람의 얼굴이 보이는데,

왕자(王子)같이 놀랍던 아까시아 수풀은 베어지고 말았다. 이 모든 것은 우리의 마음을 슬프게 한다. 그러나 우리를 슬프게 하는 것들이 어찌 이 뿐이랴! 오뉴월의 장의(葬儀) 행렬(行列), 가난한 노파(老婆)의 눈물, 거만 (倨慢)한 인간, 바이올렛 빛과 흑색(黑色)과 회색(灰色)의 빛갈들, 둔(鈍)한 종소리, 동라(銅鑼) 바이오린의 지현(G鉉), 가을 밭에 보이는 연기, 산길에 흩어진 비둘기의 털, 자동차에 앉은 출세(出世)한 부녀자의 좁은 어깨, 흘러 다니는 가극단(歌劇團)의 여 배우(女俳優)들, 세 번째 줄에서 떨어진 광대, 지붕 위에 떨어지는 비 소리, 휴가(休暇)의 마지막 날, 사무실에서 처녀의 가는 손가락이 때문은 서류(書類)속에 움직이고 있는 것을 보게될 때, 만월(滿月)의 개 짖는 소리, 크누오트 함준의 이 삼절(二三節), 어린아이의 배고픈 모양, 철창(鐵窓)안에 보이는 죄수의 창백(蒼白)한 얼굴, 무성(茂盛)한 나무 위에 떨어지는 백설(白雪)— 이 모든 것이 우리의 마음을 슬프게 한다.31)

1953년에 교과서에 처음으로 수록된 이 수필은 한문을 제거했을 뿐 전혀 문장을 수정하거나 첨가하지 않고 1980년까지 교과서에 자리를 잡고 있었다. 그래서 50년대부터 70년대 말까지 한국에서 고등학교를 나온 사람이며 모두 이 수필을 기억하고 있다. 그리고 이 글의 저자가 안톤 슈낙 Anton Schnak이라는 것까지 기억하며 수필구절을 줄줄 외우는 사람도 많다. 그러나 이 안톤 슈낙이라는 작가는 독일 전통문학사에는 찾아보기가 힘들며 독일에서는 거의 알려지지 않은 작가다.

「우리를 슬프세 하는 것늘 Was traurig macht」의 저자 안톤 슈낙(1892~1973)은 독일 프랑켄 지방의 리넥 Rieneck에서 태어나 신문기자로 다름슈타트 Darmstadt, 마인츠 Mainz와 프랑크푸르트에서 일했다. 두 차례

---

31) 고등 국어(2). 105 – 106쪽. 1953.

의 세계대전에 참전하였으며 2차 대전 때는 미군의 포로가 되었다가 석방되었으며 1973년, 81살로 사망할 때까지 프랑켄의 칼 Kahl이라는 마을에서 살았다. 안톤 슈낙은 생전에 그의 글이 한국 국어교과서에 수록되었던, 우리의 동시대인이었다.

칼이라는 마을은 프랑크푸르트에서 25킬로 떨어진 프랑켄의 작은 마을이며 슈낙이 살다 죽은 칼의 집에는 한때 간호사로 독일에 갔다가 독일인과 결혼한 최정자가 그 집에 살고 있었다고 한다. 슈낙은 독일전체에는 별로 알려지지 않은 반면에 향토작가로 그의 고향 프랑켄에서는 상당히 알려진 작가이며 생가가 있는 리넥의 숲의 일부는 그의 이름 따서 '슈낙의 숲'이라고 불려진다. 슈낙은 8권의 시집과 2권의 소설을 남겼으며 「우리를 슬프게 하는 것들」은 산문집 『로빈손의 낚시바늘 Die Angel des Robinson』에 실려있다.

「우리를 슬프게 하는 것들」이 맨 처음 우리들에게 소개된 것은 교과서에 실리기 전, 『생활인의 철학』(1949)이라는 김진섭의 수필집을 통해서다. 역자 김진섭(1926- ?)은 일본에서 독문학을 공부한 독문학자이며 수필가이다. 위 수필을 독일어원전과 비교해보면 "날이면 날마다 항상 언제나 어두운 도회의 집의 흥미 없는 등걸만 보고 사는 시꺼먼 냇물"과 "첫길인 어느 촌 주막에서의 외로운 일야" 사이에 한 단락이 빠져있다. 이 수필이 맨 처음 실린 김진섭의 수필집 『생활인의 철학』에는 다음과 같이 번역되어있다.

> 많은 敎師들에 對한 追憶. 數學敎科書. 오랫동안 愛人으로부터 便紙가 아니올 때. 그는 病이나 아닐까? 或은 그 便紙는 다른 男子의 손에 잘못 가서 그는 지금 憧憬과 愛情에 넘치는 모든 言句를 웃으면서 읽고

있나 않는가? 或은 愛人의 心腸이 化石한 것은 아닐까? 혹은 그는 이러한 봄밤을 다른 어떤 男子와의 散步에 供하여 享樂하고 있는 것은 아닐까?32)

위 단락에서 마지막 줄에 나오는 "어떤 男子⋯⋯"는 사실상 원문에 충실하게 번역하자면 "어쩌면 군도가 덜거덕거리고 금단추가 번쩍이는 어느 금발의 장교 Vielleicht mit einem blonden Offizier spazieren lassen, dessen Däbel klirrt und dessen Knöpfe blitzen"33)라는 설명이 덧붙여진다. 교과서에 수록된 김진섭의 「우리를 슬프게 하는 것들」은 위 단락이 누락된 채 20년 넘게 그대로 1980년 고등학교 국어 교과서에까지 수록되었다.34) 김진섭의 수필집에는 나와 있는 위 단락이 교과서편집과정에서 빠졌다는 사실을 두고 다양한 추측을 가능하게 한다. '수학교과서'라는 단어 때문이거나 다른 남자와 산책을 할지도 모른다는 문장 때문일 수도 있으리라는.

「우리를 슬프게 하는 것들」은 그 후 4차 교육과정(1982년)부터 교과서에서 사라졌다가 다시 제7차 교육과정(1998년 -)부터 고등학교 교과서에 실리기 시작하였으며 원문과 비교할 때 삭제된 부분은 없다. 제7차 교육과정부터 다시 수록된 「우리를 슬프게 하는 것들」의 일부 읽어보기로 하자.

    울고 있는 아이의 모습은 우리를 슬프게 한다.
    정원(庭園)의 한 모퉁이에서 발견된 작은 새의 시체 위에 초가을의 따

---

32) 김진섭: 생활인의 철학. 8쪽. 宣文社. 1949년.
33) Anton Schnack: *Angel des Robinson*. S. 148.
34) 인문계고등학교 국어 2. 258쪽 - 261쪽. 1980.

사로운 햇빛이 떨어져 있을 때. 대체로 가을은 우리를 슬프게 한다. 게다가 가을비는 쓸쓸히 내리는데 사랑하는 이의 발길은 끊어져 거의 한 주일이나 혼자 있게 될 때.

아무도 살지 않은 고궁. 그 고궁의 벽에는 흙덩이가 떨어지고 창문의 삭은 나무 위에는 "아이세여, 내 너를 사랑하노라……"는 거의 알아보기 어려운 글귀가 쓰여 있음을 볼 때.

숱한 세월이 흐른 후에 문득 발견된 돌아가신 아버지의 편지. 편지에는 이런 사연이 쓰여 있었다.「사랑하는 아들아, 네 소행들로 인해 나는 얼마나 많은 밤을 잠 못 이루며 지새웠는지 모른다……」 대체 나의 소행이란 무엇이었던가. 하나의 치기(稚氣)어린 장난, 아니면 거짓말, 아니면 연애 사건이었을까. 이제는 그 숱한 허물도 기억에서 사라지고 없는데, 그때 아버지는 그로 인해 가슴을 태우셨던 것이다.

동물원의 우리 안에 갇혀 초조하게 서성이는 한 마리 범의 모습 또한 우리를 슬프게 한다. 언제 보아도 철책 가를 왔다 갔다 하는 그 동물의 번쩍이는 눈, 무서운 분노, 괴로움에 찬 포효, 앞발에 서린 끝없는 절망감, 미친 듯한 순환, 이 모든 것은 우리를 슬프게 한다.

횔덜린의 시, 아이헨도르프의 가곡.

옛 친구를 만났을 때. 학창시절의 친구를 만났을 때. 그것도 이제는 그가 존경받을 만한 고관대작, 혹은 부유한 기업주의 몸이 되어, 몽롱하고 우울한 언어를 조종하는 한낱 시인밖에 될 수 없었던 우리를 보고 손을 내밀기는 하되, 이미 알아보려 하지 않는 듯한 태도를 취할 때.

사냥꾼의 총부리 앞에 죽어 가는 한 마리 사슴의 눈초리. 재스민의 향기. 이 향기는 항상 나에게, 창 앞에 한 그루 노목(老木)이 섰던 나의 고향을 생각나게 한다.

공원에서 흘러오는 은은한 음악소리. 꿈같이 아름다운 여름밤, 누구인가 모래자갈을 밟고 지나가는 발소리가 들리고 한 가닥 즐거운 웃음소리가 귀를 간지럽히는데, 당신은 거의 열흘이 다 되도록, 우울한 병실에 누워있는 몸이 되었을 때.

달리는 기차 또한 우리를 슬프게 한다. 어스름 황혼이 밤으로 접어드는데, 유령의 무리처럼 요란스럽게 지나가는 불 밝힌 차창에서 미소를 띤 어여쁜 여인의 모습이 보일 때.

화려하고 성대한 가면무도회에서 돌아왔을 때. 대의원 제씨(諸氏)의 강연집을 읽을 때. 부드러운 아침 공기가 가늘고 소리 없는 비를 희롱할 때. 사랑하는 이가 배우와 인사를 할 때.

공동묘지를 지나 갈 때. 그리하여 문득 "여기 열다섯의 어린 나이로 세상을 떠난 소녀 클라라 잠들다"라는 묘비를 읽을 때. 아, 그녀는 어린 시절 나의 단짝 친구였지.

하구한 날을 도회의 집과 메마른 등걸만 바라보며 흐르는 시커먼 냇물, 숱한 선생님에 대한 추억. 수학 교과서.

오랫동안 사랑하는 이의 편지가 오지 않을 때. 그녀는 병석에 있는 것이 아닐까? 아니면 그녀의 편지가 다른 사나이의 손에 잘못 들어가, 애정과 동정에 넘치는 웃음으로 읽혀지는 것은 아닐까? 아니면 그녀의 마음이 돌처럼 차게 굳어버린 게 아닐까? 아니면 이런 봄날 밤, 그녀는 어느 다른 사나이와 산책을 즐기는 것은 아닐까?

초행의 어느 낯선 시골주막에서의 하룻밤, 시냇물이 졸졸 흐르는 소리. 곁 방문이 열리고 소곤거리는 음성과 함께 낡아빠진 헌 시계가 새벽 한 시를 둔탁하게 치는 소리가 들릴 때. 그때 당신은 불멸의 애수를 느끼게 되리라.(중략)[35]

제7차 교육과정부터 다시 고등학교 국어교과서에 수록된 이 「우리를 슬프게 하는 것들」은 한문이 섞인 어려운 텍스트가 아니라 우리 청소년들이 읽을 수 있는 쉬운 우리말로 번역되어있다. 이 수필은 1974년, 차경아 번역으로 문예출판사에서 처음 단행본으로 번역되었으며 그 후 1993

---

35) 고등학교 국어(하). 212-214쪽. 2005.

년, 1996년에 재판되었다. 교과서에 수록된 글은 1996년에 나온 차경아(역)의 「우리를 슬프게 하는 것」의 발췌문이다. 슈낙의 산문집에는 「우리를 슬프게 하는 것」을 비롯하여 「밤의 해후 Begegnugen am Abend」 등 주옥같은 산문이 실려있지만 가장 많이 읽혀지는 것은 여전히 「우리를 슬프게 하는 것들」이다.

이상 제1차 교육과정에서 현재 6차 교육과정에 이르기까지 국어교과서에 수록되었던 작품들, 그리고 현재 제7차 교육과정에 수록되어있는 독일작품들을 살펴보았다. 가장 큰 변화는 제7차 교육과정부터 초등학교 국어교과서에 수록되었던 독일민담이 사라지고 현대 독일 동화작가 엔데와 엔첸스베르거의 창작동화가 수록되어있다는 사실이다. 그리고 중학교 국어교과서에서도 6차 교육과정까지 수록되어있던 독일 고전주의 작가인 쉴러의 『빌헬름 텔』이 사라지고 현대작가인 헤세와 빅셀의 작품이 수록되어있다. 그러나 고등학교 국어교과서에서는 한동안 사라졌던 슈낙의 「우리를 슬프게 하는 것들」이 제7차 교육과정에서 다시 수록되어 눈길을 끌고 있다. 지난 50년 동안 우리는 국어교과서에 수록된 독일문학작품, 독일에 관련된 글을 통해 알게 모르게 독일의 영향을 받아왔으며 지금도 영향을 받고 있음을 부인할 수 없을 것이다.

제2장 한국에서 베스트셀러가 된 독일문학

1920년대부터 시작하여 지금까지 수없이 많은 독일작품들이 한국어로 번역 출판되었다.1) 그렇지만 일반 독자들에게 알려진 작품은 그 중에서 얼마 되지 않는다. 이 장에서는 한국어로 번역된 독일문학작품 중에서 70년대와 80년대 우리나라 일반 독자에게 가장 많이 알려진 몇 작품을 소개하고자 한다.

헤르만 헤세 Hermann Hesse(1877-1962)는 우리나라에서 가장 인기 있는 외국작가, 독일작가의 한사람이다. 1926년. 양건석에 의해 잡지 ≪불교≫ 26호에 처음으로 『싯달타 Siddhartha』의 일부가 한국어로 번역되면서부터 지금까지 헤세의 거의 모든 작품이 번역되었다. 그러나 한국독자들의 관심은 헤세의 작품 중에서 자연, 청춘의 행복과 고통, 사랑과 방황 등을 다룬 초기작품에 집중되었으며 이런 초기작품들은 연령에 상관없이 많은 한국사람들을 매혹시켰다. 우리들이 즐겨 읽는 헤세의 작품은

---

1) 김선희(편): 한국어로 번역된 독일현대문학. 괴테인스티튜트. 2002. 이충섭: 한국 독어독문학 관계 번역문헌 정보. 1906-1990. 한국문화사. 1990. 참조바람.

『싯달타』를 비롯하여,『수레바퀴 밑에서 Unter dem Rad』,『페터 카멘진트 Peter Camenzind』『데미안 Demian』등 대부분 유년시절의 추억을 담은 글들이다. 그중『데미안』은 가장 선호하는 독일작품이다.

『데미안』

헤세의『데미안』(1917)은 한국에서『젊은 베르테르의 슬픔』다음으로 많이 번역된 작품으로 1990년까지 통계를 보면 무려 68종에 이른다. 1990년 이후에 번역된 것만도 23종에 이르며 가장 최근에 번역된 것은 2004년 <한국 갈릴레이>라는 출판사에서 나온 김영희(역)의『데미안』이다. 역자도 다양하고 출판사도 다양하며 독문학을 전공한 전공자의 번역도 있고 비전공자의 번역도 있으며 독일텍스트를 보고 번역한 것도 있고 이미 번역된 것을 손질한 것도 없지 않다. 이토록 이 책이 여러 차례 번역되고 리바이벌 되는 것은 그 책의 독자가 그만큼 많다는 뜻이다.

『데미안』은 「두 개의 세계」,「카인」,「도둑」,「베아트리체」,「새는 알에서 나오려고 싸운다」,「야콥의 싸움」,「종말의 시작」으로 구성되어있으며 그 중에서 가장 많이 인용되고 애독되는 부분은 「두 개의 세계」이다.

나는 내가 바로 열 살 때, 우리들의 고장에 있는 라틴어학교에 다니던 때의 경험으로부터 내 이야기를 시작하겠다.
그러니까 그 시절의 가지가지가 나를 향해서 풍겨오고 마음속에서 슬픔과 기분 좋은 전율을 가지고 나를 흔들어 움직여 놓는다. 어두운 골목길과 밝은 골목길, 집들과 그리고 탑시계(塔時計)의 소리와 사람들의 얼굴, 아늑하고 따뜻한 쾌감에 넘친 방, 비밀과 유령에 대한 깊은 공포에 찬 방들, 따뜻한 아랫목, 토끼, 하녀, 가정, 약, 말린 과일들의 향기도 풍겨온다. 그곳에 두 개의 세계가 교착하여 있고 두 개의 극에서 낮과 밤이 오고 있었다.

먼저 한 세계에는 아버지의 집이었다. 더구나 그것은 좁은 영역이었다. 실제 그것은 나의 양친만이 용납되어 있을 뿐이었다. 이 세계의 대부분은 나에게 있어서는 정이 깊이 든 곳이었다. 그것은 즉, 아버지와 어머니, 자비와 엄격, 모범과 교훈같은 등속의 것이었다. 화창한 빛과 명랑, 그리고 청결이 이 세계의 것이었다. 이곳은 부드럽고 정다운 이야기와 깨끗이 씻긴 손, 말끔한 옷, 좋은 예절이 깃들여 살고 있었다. 이곳에서는 아침의 찬미가 불리우고, 크리스마스의 축복이 있었다. 이 세계에는 미래에 통하는 곧은 선과 길이 있었으며. 의무와 죄과, 양심의 목소리와 참회, 용서와 선의, 애정과 존경, 성서의 문구와 지혜도 있었다. 밝고 맑고, 아름다운 질서가 있는 생활을 하기 위해서는 끝까지 이 세계에 머물러 있어야만 했다.

그런데 또 하나의 세계가 우리들 자신의 집 한가운데서 벌써 시작되어 있었다. 그것은 아주 다른 것이었으며 틀린, 다른 냄새가 나며 다른 이야기를 하며, 다른 약속을 하고, 또 다른 요구를 하고 있었다. 이제 이 세계에는 하녀와 젊은 일꾼이 있었으며, 유령의 이야기와 추문이 있었다. 거기에는 어이도 없는 죽여대는 일, 무섭고 수수께끼 같은 일들, 다시 말하면 도살장과 형무소, 주정군, 욕지거리하는 여자, 송아지를 낳는 암소. 쓰러진 말, 강도, 살인, 자살과 같은 일들이 어수선하게 차고 넘쳤다. 이 모든 아름답고도 무서운, 거칠고 참혹한 일들이 바로 이웃골목에서도, 이웃집에서도 일어났다. 경관과 불량배들이 몰려다녔으며 주정군은 자기 여편네를 때리고, 좁은 계집애들이 패를 지어 저녁때 공장에서 몰려나오고, 또는 노파는 사람들에게 마술을 걸어 병을 낳게 하고 도적들은 산 속에 살고 있고, 불지른 방화자가 관헌에 체포되었다─ (중략)[2]

---

2) 김요섭(역): 『데미안』. 4쪽. 문예출판사. 1967.

고등학교나 대학교 일 학년 때 누구나 한 번씩 사로잡히는 책이 바로 이 『데미안』이라는 책이다. "젊음과 인식욕, 지식욕과 심볼, 어린 시절 성에의 기피에 대한 섬세한 대변자, 관념 속에서의 도피, 자아예찬……. 데미안은 확실히 우리자신의 분신이다."3)라고 주장할 정도로 데미안 청소년들에게 인기있는 작품이며 최근 우리나라에서는 청소년 필독서가 되어있을 정도이다.

우리 모두 어린 시절 어두운 세계와 밝은 세계, 두 개의 세계에 대한 대한 체험을 지니고 있기에 이 『데미안』을 읽고서 싱글레어의 두 세계에 대한 갈등을 쉽게 이해한다. 그러나 『데미안』을 읽을수록 점점 어렵다고 생각을 하게 되며 데미안은 누구이며 그리고 에바부인은 누구인가라는 의문을 제기하게 된다. 싱글레어가 어려움에 처할 때마다 혜성처럼 나타나서 도와주는 데미안을 싱글레어는 야전병원 침상에서 마지막으로 다시 한 번 만나면서 소설은 끝난다. 데미안과 싱글레어 두 사람은 모두 당연한 것처럼 전쟁에 참여하고 있는데 이를 어떻게 받아드려야 할 것인지? 전쟁을 세계질서를 바로 잡기 위해 불가피한 것으로 받아드린 당시의 유럽사상을 이해하지 않고는 이 작품을 이해하기가 어려움에도 『데미안』이 1960년대 세계를 휩쓴 베스트셀러가 된 것은 "완전한 오해 ein grundsätzliches Mißverständnis"4)라는 주장도 있다. 특히 『데미안』의 마지막 「종말의 시작」은 많은 의문을 제기한다.

"어린 싱글레어, 들어봐, 나는 떠나지 않으면 안돼. 자네는 아마 언젠

---

3) 전혜린: 문예춘추. 1쪽. 1965.
4) Walter Jahnke: *Hermann Hesse Demian Ein erlesener Roman*. S. 148. Paderborn. München 1984.

가 나를 다시 필요로 하겠지. 크로머나 또는 그 밖의 일에 대해서. 그때에 자네가 나를 부른다고 하더라도 나는 아마 말을 타고 가든지 기차를 타고 갈 수는 없을 거야. 그럴 때에는 자기 자신의 내부에 귀를 기울려야 되네. 그러면 내가 자네 내부에 있음을 알아차리게 될 거야. 알겠어? 그리고 조금만 더! 에바부인이 말했어. 만일 자네가 언젠가 좋지 않을 처지에 있을 때 그녀가 나에게 주어보낸 입맞춤을 자네에게 주도록 한 일일세.- 눈을 감게나, 싱글레어."

　나는 순순히 눈을 감았다. 없어지지도 않고 쉴새없이 조금씩 피가 나와있던 내 입술 위에 데미안은 가볍게 입을 맞추는 것을 느꼈다. 그리고 나는 잠이 들었다. 다음날 아침 눈을 떴다. 붕대를 감지 않으면 안되었다. 이윽고 완전히 잠을 깨자 나는 급히 이웃잠자리로 몸을 돌렸다. 그곳에는 내가 한번도 본적이 없는 낯선 사람이 누워있었다.

　붕대를 감은 데가 아팠다. 그리고 그 이후에는 내 신변에 발생한 모든 일이 고통스럽기만 했다. 그러나 나는 종종 열쇠를 꺼내어 완전히 나 자신의 내면세계로-어두운 거울 속에서 운명의 상이 잠자고 있는 그곳으로 내려가기만 하면, 나는 다만 그 어두운 거울에 몸을 굽히기만 하면 되었다. 그러면 이젠 완전히 데미안과 같은, 내 친구이며 지도자인 데미안 같은 나 자신의 모습을 바라 볼 수가 있다는 것이다. (『데미안』. 265쪽)

데미안과 싱글레어는 전쟁에서 부상을 당하여 야전병원에서 다시 만나게 되며 데미안은 싱글레어에게 에바부인의 키스를 전하고 싱글레어는 어두운 세계와 밝은 세계를 이해하는 젊은 청년으로 우뚝 서게 된다. 이튿날 아침 싱글레어가 눈을 떴을 때 데미안이 누워있던 자리에 다른 환자가 누워있는 것을 보고 데미안의 죽음을 연상하게 된다. 그렇다면 과연 싱글레어는 이 전쟁에서 살아남는 것인지?라는 질문을 제기하는 청소년들이 많다. 헤세의 많은 작품들이 그러하듯이 자아실현이 죽음으로 끝이 난다면 과연 헤세의 작품이 우리나라에서 청소년필독도서에 적합한가라는 의문을 제기하지 않을 수 없다.

그렇다면 당시 독일 전몰학생들의 배낭에서도 발견되었다는 이 데미안의 매력은 어디에 있는 것일까? 이 책이 청소년이 이해하기에는 난해한 책임에도 인기가 있는 것은 바로 싱글레어의 인도자인 신비스러운 데미안이라는 존재이며 유럽적인 것, 낯선 것에 대한 매력일 것이다.[5] 열살 소년 에밀 싱글레어의 성장이야기이지만 『데미안』은 헤세의 초기 서정적 세계로부터 인간내면의 변화를 보여주는 작품으로 평가받고 있다.

『청춘은 아름다워라』

헤세의 작품 중에서 『데미안』만큼은 아니지만 1960년대와 1970년대 인기 있었던 작품은 『청춘은 아름다워라 Schön ist die Jugend』(1916년)라는 산문이다. 이 산문은 1955년 신동집에 의하여 처음으로 한국어로 번역, 출간되었으며 1960년대, 1970년대 대학생들 사이에 원어강독교재로 많이 다루어졌다.

> 마토이스 아저씨까지도 그 나름대로 나와 다시 만나게 된 것을 적이 기뻐하였다. 젊은 사람이 몇 해 동안을 타향에서 생활하다가 어느 날 신사가 되어 고향으로 돌아온다면 아무리 점잔을 빼는 친척이라 할지라도 반가운 얼굴로 맞으며 손을 내밀고 악수를 해주는 법이다. 만약 나의 일생에 있어서 한번 더 그런 여름날과 같은 행복하고 즐거운 시절이 있다면 나는 기꺼이 그것을 받아들일 것이다.

---

5) 박광자: 헤세의 데미안과 한국청소년. 헤세연구 13집. 2005. 22쪽 참조.

하지만 아마도 그런 일은 없을 것이다. 만약 나에게 괴로운 일이 닥쳐 온다면 지난날의 나의 즐거운 추억이, 닥쳐올 새로운 행복한 날에 대한 불안스러운 기대보다는 훨씬 위안이 될 것이다.

이러한 이유와 아울러 나도 나의 청춘 시절에 대해서 작별의 인사를 해야 할 때가 왔기 때문에 나는 그 여름날의 경험 가운데서 아직도 기억에 남아 있는 것들을 써놓고자 한다.

그것은 나의 마지막 여름휴가 때의 일이었다. 아직도 그리 오랜 과거의 일은 아니지만 그 여름날은 벌써 나의 추억 속에서 승화되어 마치 잃어버린 낙원처럼 빛나며 나를 바라보고 있다.

소지품을 넣은 조그마한 갈색 트렁크는 아직도 새것이어서 훌륭한 자물쇠와 반들반들한 가죽 손잡이가 달려있었다. 그 속에는 깨끗한 두 벌의 양복과, 제법 여러 벌의 내의와 한 켤레의 새 구두와, 두 세 권의 책과 사진과 또 한 자루의 권총이 들어있었다. 이밖에도 나는 바이올린케이스와 또 지저분한 물건을 가득 담은 배낭, 두 개의 모자와 단장과 양산, 또 가벼운 망또와 한 켤레의 품질 좋은 고무구두를 갖고 있었는데 이 모든 물건들은 아직 새것이고 품질이 좋은 물건이었다.

(중략)

나는 헬레네에게 경애의 표시로 무엇을 선사하고 싶었으므로 결국은 많은 장미꽃 가운데서 두 송이를 꺾어 한 송이는 헬레네에게, 한 송이는 안나에게 주었다. 이것은 휴가 기간 중 가장 아름답게 지낼 수 있었던 마지막 날이었다. 다음날 나는 그렇게 친하지도 않은 지인으로 부터 크루츠 양이 머지않아 약혼을 할 것이라는 말을 전해 들었다. 그는 이러한 이야기를 다른 여러 가지 소식을 전해주는 가운데 말했으나 나는 내 표정이 변하지 않도록, 그리고 나의 속마음이 드러나지 않도록 주의했다. 그 말이 단순히 뜬소문에 불과할지라도 또 내가 헬레네에 대해서 거의 희망을 가지고 있지 않았다 할지라도 나는 그녀를 잃어버렸다는 사실이 뚜렷이 느껴졌기 때문이었다.

어지러운 마음을 안고 집으로 돌아오자 나는 내방으로 들어가 버렸다.

지금은 그때의 실연의 쓰라림을 예사로 웃기도 하고 또 그에 대한 농담을 견디어 낼 수도 있지만 그 당시에는 나의 소망과 희망이 그 처녀로부터 상실되지 않으면 안 된다는 것이 몹시 나를 괴롭게 했다. 저 헬레네를 지금 다시 마음속에 그려보면 그것은 실로 아름답고 품위 있는 모습이다. 그리고 나의 추억 속에 남아있는 그녀의 모습은 몇 날 밤을 나로 하여금 잠을 못 이루게 하기에 충분하였다.
사정은 어떻든 간에 청춘 시절의 일이라 결코 오래 계속되지는 않았으나, 그러나 나는 며칠동안을 우울 속에 지냈으며 수풀 속의 조용한 길을 걷던가, 오랫동안 멍하니 집안에 누워 있던가, 혹은 밤이면 창문을 닫고 홀로 즉흥적으로 바이올린을 켜던가 했다.6)

「청춘은 아름다워라」는 1907년 처음 발표되었으며 책으로 간행된 것은 1916년이다. 책제목은 「즐거울 때의 생명은 아름다워/ 청춘은 아름다워/ 청춘은 가면 다시는 오지 않는다.」라는 민요에서 딴 것으로 유년시절, 부모님, 고향을 아주 충실하게 그리고 있으며 청춘의 찬가임과 동시에 아름다운 것의 덧없음을 느끼게 하는 슬픈 이야기이기도하다. 유년기를 벗어나면서 고향을 떠나 도시로 가 공부를 마치고 일자리를 얻은 다음 다시 고향을 찾아와서 그 동안 만나지 못했던 어린 시절의 소녀와의 재회 등 고향과 더불어 유년시절의 추억은 20세기 독일문학작품에 흔히 등장하는 소재이며 헤세의 「청춘은 아름다워라」는 작품은 바로 유년시절에 대한 추억을 대표하는 글이라 볼 수 있다.
헤세는 이런 그의 초기작품으로 인해 '비현실적인 작가', '목가적인 작가'라는 평을 받았으나 1945년 전쟁이 끝난 다음 연이어 괴테상과 노벨문학상(1946)을 받자 사람들은 헤세를 '인도주의자', '평화 애호가'로 평

---

6) 이병찬(역): 『청춘은 아름다워라』. 36-37쪽. 신원문화사. 1994.

가하기 시작했다. 그러나 1962년 헤세가 사망한 뒤에도 일부 독일 독문학자들 사이에는 헤세 작품의 문학적인 질에 대한 날카로운 비판이 있었다. 1980년대, 우리나라 독문학계에서도 헤세보다는 이를테면, 프란츠 카프카 Franz Kafka, 로베르트 무질 Robert Musil, 베르톨트 브레히트 Bertolt Brecht의 작품을 연구대상으로 삼았다. 그러나 1990년대 후반부터 다시 헤세 연구가 더욱 활성화되고 있으며 뿐만 아니라 최근 10년 동안에는 헤세의 작품중에서 소설 외에도 시집과 산문 등이 많이 번역되었다. 그러나 우리나라 사람들이 즐겨있는 헤세 작품은 여전히 초기의 서정적인 작품이며 인간의 발전에 관계되는 일종의 교양소설들이다. 노벨 수상작인 『유리알 유희 Das Glasperlspiel』 같은 후기 작품은 독자층을 가지지 못하고 있으며 이러한 경향은 일본의 경우 마찬가지이다.[7]

『독일인의 사랑』

유년시절의 추억을 다룬 독일소설로는 『독일인의 사랑 Deutsche Liebe』을 빼놓을 수 없을 것이다. 이 소설은 이 덕형에 의해 1957년 '한일 출판사', 1958년 '팝문각', 1967년 '문예출판사'에서 『사랑의 회상』, 『독일인의 사랑』, 『사랑의 추억』이라는 제목으로 번역되었으며 2002년에 이르기까지 무려 30번이나 번역되었다.

어린 시절에는 누구나 신비와 비밀을 지니고 있지만, 그 비밀과 신비를 과연 누가 말하고 설명 할 수 있을까? 우리들은 모두 이 어린 시절이라는 경이로운 정글을 지내왔고, 그 행복의 환상 속에서 눈을 떠 본 적이

---

7) 최석희: 최근 일본에서의 헤세수용. 헤세연구 8집. 2002. 5 – 21쪽 참조.

있다. 그때 인생이라는 신비스러운 현실이 파도와 같이 밀려와 우리의 영혼을 휩쓸고 말았다. 그때 우리는 자신이 어디에 있는지, 또 자신이 누구인지 몰랐으며, 온 세상은 우리의 것이었고 우리는 곧 전 세계의 것이었다. 시간도 끝도 없고 휴식도 고통도 없는 영원한 생명이었다. 우리의 마음속은 봄 하늘처럼 맑고 오랑캐꽃 향기처럼 신선했고, 주일아침처럼 고요하고 위대하였다.

그런데 무엇이 어린 시절 천국 같은 평화를 어지럽히는 것일까? 어째서 이 철모르고 천진난만한 존재가 마지막을 고하게 되는 것일까? 이 유일하고 완전한 축복의 나라로부터 우리를 추방시키고 어두운 생활 속에서 외롭게 지내도록 하는 것이 대체 무엇일까? 그렇게 만든 것이 죄라고 단호하게 말하지는 말자. 어린아이가 죄 같은 것을 범할 수 있단 말인가? 그런 대답을 하느니 차라리 모른다고 하고 점잖게 참는 편이 낫다.

(중략)

어린 시절에 느끼는 그늘진 마음의 구름은 오래 머물러 있지는 않는다. 잠시 따뜻한 눈물같은 비가 내리고 나면 곧 사라져버린다. 나는 곧 그 성에 다시 갈 수 있었는데, 후작부인은 내게 손을 내밀어 키스하도록 허락하였다. 그리고 그 분은 어린 공자와 공녀들을 데리고 왔다. 나는 그들과 오랫동안 사귄 친구처럼 즐겁게 놀았다.

내가 학교에서 돌아와—그때 나는 벌써 학교에 다니고 있었다—그 성에 놀러 갈 수 있었던 시절은 참 행복한 나날들이었다. 그곳에는 가지고 싶은 것은 무엇이든지 다 있었다. 말하자면 어머니가 상점의 진열장 속을 가리키면서, '저건 가난한 사람들이 일주일동안 꼬박 번 돈을 다 내놓아야 살 수 있다'고 하시던 그런 장난감도 있었다.

(중략)

"그런데 왜 나 같은 걸 사랑하는 거니?"
그녀는 이 순간에 선뜻 결단을 내리기를 망설이는 듯 나직이 묻는 것이었다.

"왜냐고? 마리아! 어린아이에게 왜 태어났느냐고 물어봐. 들에 핀 꽃에서 왜 피어났느냐고 물어봐. 나는 그대를 사랑하지 않을 수 없기 때문에 사랑하고 있는 거야. 이 대답이 부족하다면 이곳에 있는 그대가 좋아하는 책더러 대신 대답하게 해 줘."

'가장 선한 것이 우리가 가장 많이 사랑하는 것이어야 한다. 우리의 사랑 속에서 유용, 무용, 이득 또는 손해, 소득 또는 상실, 명예 또는 치욕, 칭찬 또는 비난, 그 외에 이런 류의 것들이 고려되어서는 안 된다. 진실로 가장 고귀하고 가장 선한 것은 오로지 고귀하고 선 한 것이라는 이유만으로도 가장 많이 사랑하는 것이 되어야 한다.

인간은 이 사실에 따라 안으로나 밖으로나 자기 삶을 규제해야한다……'

마리아! 그대는 내가 이 세상에서 알고있는 가장 선한 피조물이기에 나는 그대를 사랑하게 되었고 나에게 귀중한 존재가 된 거야, 또 우리는 서로 사랑하고 있고. 그대 마음속에 품고있는 말을 그대로 말하도록 해 줘. 그대가 나의 것이라고 말 해줘. 그대의 가장 깊은 것에 있는 감정을 부정하지 말아 줘.

하나님은 그대에게 고통스러운 삶을 주셨지만 하나님은 나에게 그대를 주셔서 그 괴로움을 함께 나누게 하셨어. 그대의 고통은 곧 나의 고통인 거야. 우리는 함께 그 고통을 짊어지고 가지 않으면 안 된다. 마치 배가 무거운 돛을 짊어지고 가듯. 하지만 그 돛은 인생의 폭풍을 뚫고 그 배를 안전한 항구로 실어다 주는 거야.[8]

어린 시절 성에서 만난 아름다운 후작부인, 죽음으로 인해 작별하지 않을 수 없는 소녀 마리아에 이르기까지 젊은 날의 아름다운 사랑이야기

---

[8] 오영훈(역):『독일인의 사랑』. 178쪽. 북스토리. 2002.

를 다룬 이 『독일인의 사랑』이 지금도 한국에서 번역되고 읽혀지고 있는 사실은 세상이 아무리 변해도 우리를 감동시키는 것은 유년시절의 아름다운 사랑, 특히 동화같은 사랑, 독일인의 그 관념적인 사랑때문일 것이다. 『독일인의 사랑』의 저자 프리드리히 막스 뮐러 Friedrich Max Müller (1823-1900)는 헤세처럼 노벨 문학상을 받은 작가도 아니며 독일에서는 독문학계 뿐만 아니라 일반 독자들에게도 거의 알려지지 않은 인물이다. 막스 뮐러는 바로 「아름다운 물방아 간의 처녀 Die schöne Müllerin」, 「겨울나그네 Die Winterreise」의 노랫말을 쓴 독일 낭만주의 시대 유명한 작사가인 빌헬름 뮐러 Wilhelm Müller의 아들이다. 막스 뮐러는 라이프치히 대학에서 동양학, 비교언어학을 공부했으며 1850년에 옥스퍼드 대학에서 교수가 된 사람으로 이 『독일인의 사랑』은 막스 뮐러가 남긴 유일한 소설이다.

『젊은 베르테르의 슬픔』

요한 볼프강 폰 괴테 Johann Wolfgang von Goethe(1749-1842)의 『젊은 베르테르의 슬픔 Die Leiden des jungen Werthers』(1775)은 당시 26살이었던 를 세계적인 작가로, 독일문학을 세계문학의 반열에 올려놓은 작품이다. 『젊은 베르테르의 슬픔』은 당시 독일에서 출간된 지 얼마 되지 않아 판금 된 작품으로 마지막에 베르테르가 권총 자살하는 것이 금서의 가장 결정적인 이유였다. 생명을 존엄시하는 서구 기독교사회에서 소설 속이긴 하지만 자살은 기독교사상에 어긋나는 것이기 때문이다. 시민계층의 미혼 남자가 약혼자가 있는 여인을 사랑하는 이룰 수 없는 사랑이야기를 다룬 이 책이 당시 베스트셀러가 된 것은 바로 사회적 통념을 깨고 소설을 통해서나마 이룰 수 없는 사랑을 그렸기 때문이다. 나폴레옹은 전쟁 때 이 소설을 가지고 다니면서 열 번도 넘게 읽었다고 하며 당시 소설 속의 베르테르가 입었던 노란 조끼와 푸른색 바지가 젊은이들 사이에 단연 인기였다고 한다. 괴테의『젊은 베르테르의 슬픔』은 독일문학 사조 상에서 볼 때 독일에서 약 20년 가까이 지속되었으며 주로 젊은 작가들이 이끌던 '질풍과 노도'에 속하며 문학 장르로 볼 때는 서간체 소설이다.

『젊은 베르테르의 슬픔』마지막, 베르테르가 자살하기 전에 롯데에게 남긴 글을 읽어보기로 하자.

주위는 온통 고요하다. 내 마음도 아주 조용하다. 이런 훈훈한 기분과 기운을 베풀어주시다니, 하나님이여 나는 감사합니다.
나는 창가로 갑니다. 나의 다시없는 롯테여! 그리고 내다봅니다. 휘몰아치며 지나가는 구름 사이로 아직도 영원한 하늘의 한 두 개의 별들을 바라봅니다! 그렇다, 너희들은 떨어지는 일이 없다! 영원한 이가 너희들을 그 품에 품어 주고있는 것이다. 그리고 나도. 대웅성좌의 수레채의 별들이 보이는 군요. 모든 성좌중에서 제가 제일 좋아하는 별입니다. 밤에 당신과 헤어져서 당신의 문을 나서면 언제나 그 별은 건너 쪽의 하늘에 걸려있었습니다. 얼마나 취한 기분으로 나는 자주 그 별을 바라보았는지 모릅니다! 자주 나는 두 손을 치켜들고 그것을 나의 현재의 행복에 대한 표시로, 거룩한 표적으로 삼았는지 모릅니다! 그리고 지금도 여전히, 오오, 롯테여, 당신을 생각게 하지 않는 것이라곤 하나도 없었습니다! 나는 당신에게 둘러싸여 있지 않습니까! 나는 어린아이처럼, 만족을 모르고서 보잘 것 없는 것일지라도 거룩한 당신이 손을 댔던 것은 남김없이 내 것으로 만들어 오지 않았던가요!

사랑하는 실루엣이여! 나는 이것을 당신에게 남겨놓고 가겠습니다. 롯테, 제발 이것은 소중하게 여겨주십시오. 밖에 나갈 때나 밖에서 돌아왔을 때에 나는 그것에 천 번은 입을 맞추고 천 번은 눈으로 인사를 했습니다. 저의 시체를 보살피는 일을 당신의 아버님께 간단한 편지로 부탁드려 놓았습니다. 묘지에는 두 그루의 보리수가 있습니다. 그곳에 저를 묻어주기 바랍니다. 아버지께서는 그분의 친구를 위해서 이런 부탁을 들어주실 수 있는 분이고 또 들어주실 것입니다. 당신도 부탁드려주십시오. 그렇다고 저는 신앙심이 깊은 기독교신자에게 그들의 시체를 한사람의 불행한 사람 곁에 눕혀달라고 강요하지는 않겠습니다. 아아, 나는 당신들의 손으로 길바닥이나 외로운 골짜기에 묻어 주길 바랬고 사제(司祭)나 레비인(人)들이 성호를 그면서 묘석 앞을 지나가고, 사마리아사람이 한 방울의 눈물을 뿌려주면 좋겠다고 생각했습니다.

자아, 롯테여! 나는 자기가 죽음의 도취를 마실 차갑고 무서운 잔을 잡기를 겁내지 않겠습니다! 당신이 손수 내어준 잔입니다. 나는 주저하지 않겠습니다. 모든 것이, 모든 것이! 나의 인생의 모든 소원과 희망이 이루어졌습니다! 죽음의 철문을 두들기는데도 이렇게 냉정하고 무감각합니다.

될 수만 있다면 당신을 위해서 죽을 수 있는 행복을 가졌으면 싶습니다! 롯테여! 당신을 위하여 몸을 바칠 수만 있다면! 당신생활의 안정을, 그리고 기쁨을 당신을 위해 마련해 줄 수 있다면 나는 용감하게 기꺼이 죽겠습니다. 하지만 아아! 가까운 사람을 위하여 자신의 피를 흘리고, 자기의 죽음으로써 친구들을 위해 새로운 백배의 생명을 북돋아 주는 일은 소수의 고귀한 사람만이 할 수 있었던 일입니다.

이 옷을 입은 채로 롯테여, 나는 묻히고 싶습니다. 당신이 만져서 정(淨)하게 된 옷입니다. 그것도 당신의 아버님께 부탁했습니다. 나의 영혼은 벌써 관 위를 떠돌고 있습니다. 나의 주머니 속을 뒤지지 않도록 해주십시오. 리봉이— 아아, 아이들한테 천 번이라도 키스를 해주세요. 그리고 그들의 불쌍한 동무의 운명을 이야기해주십시오. 귀여운 아이들이지요! 나를 가운데 놓고 모여들던 그 아이들! 나는 얼마나 당신과 맺어져 있었던가요! 최초의 그 순간부터 나는 당신을 놓을 수가 없었습니다.— 이 리

봉은 한데 묻어주십시오, 저의 생일날에 당신은 그것을 내게 선물로 주셨지요! 그런 물건들을 나는 얼마나 탐을 내어 구했는지 모릅니다!- 아아, 이것이 나를 이런 데로 끌고 올 줄은 몰랐습니다! 진정하십시오! 부탁입니다! 진정해 주십시오!

탄환은 재어 놓았습니다.-열두 시를 치고있군요!-그럼 됐습니다.-롯테-롯테여 안녕히! 안녕히 계십시오!

어떤 이웃 사람 하나가 화약의 섬광(閃光)을 보았고 총소리를 들었다. 그러나 모든 것이 조용하게 되었기에 그 이상 마음에 두지 않았다.

아침 여섯 시경에 하인이 등불을 들고 방으로 들어갔다. 그는 바닥에 쓰러져있고 그 곁에 권총이 떨어져있으며 피가 흐르고 있었다. 큰소리를 지르며 주인의 몸을 붙잡았다. 아무런 대답도 없이 단지 목구멍을 골골거리고 있을 뿐이었다. 하인은 급히 의사를 부르러 갔고 알베르트한테도 달려갔다. 롯테는 초인종이 울리는 소리를 듣자 온 몸에 오싹 소름이 끼쳤다. 남편을 불러 깨우고 둘이서 일어나서 나왔다. 하인은 통곡을 하면서 더듬거리는 목소리로 사건을 전했다. 롯테는 정신을 잃고 알베르트 앞에 쓰러졌다.

의사가 불쌍한 베르테르한테 왔을 때는 바닥에 쓰러진 채였고 살아날 가망이 없었다. 맥박은 치고 있었으나 벌써 수족은 모두 마비되어있었다. 오른쪽 눈에서 머리를 쏘았던 것이다. 뇌수가 터져 나와 있었다. 소용은 없었지만 팔의 정맥에다 방혈을 시켰다. 피가 솟아 나왔다. 그는 여전히 숨을 쉬고 있었다.

의자의 등받이에 묻은 피로 보아, 아마 책상을 대하고 앉은 채로 자살을 결행한 것 같았다. 그리고 바닥에 떨어져서 몸부림치면서 사방을 뒹굴어 다닌 듯 했다. 창문 쪽을 향하여 맥이 풀린 채, 번듯이 누워 있었다. 목구두를 신었고 푸른 연미복에다 노란 조끼를 입은 단정한 옷차림이었다.

집안사람들이, 이웃사람들이, 온 시내가 발칵 뒤집혔다. 알베르트가 들어왔다. 베르테르는 침대 위에 눕혀놓았다. 이마에 붕대를 감았고 얼굴은 이미 죽은 사람 같았으며 수족은 전혀 움직이지 않았다. 폐만이 아직도 무시무시하게, 때로는 약하고 때로는 강하게 골골 소리를 내고 있었다. 임종이 가까운 듯했다. <에밀리아 갈롯티>가 책상 위에 펼쳐진 채로 놓여있었다. 알베르트의 당황, 롯테의 비탄에 대해서는 말을 않기로 하겠다.
    노주무관은 소식을 듣고 말을 타고 달려왔다. 그는 뜨거운 눈물을 흘리면서 죽어 가는 사람에 입을 맞추었다. 손위의 아이들도 아버지의 뒤를 이어 걸어서 왔다. 그들은 참을 수 없는 쓰라린 정을 나타내고 침대 곁에 엎드려서 베르테르의 손에다 혹은 입에다 입을 맞추었다. 베르테르가 가장 사랑하던 장남은 아무리해도 베르테르의 입술에서 떨어지지를 않아 결국 베르테르가 숨을 거둔 후에 여러 사람이 그 애를 억지로 떼어놓을 정도였다. 정오 열두 시에 그는 죽었다. 주무관이 있어서 조치를 취해주었기 때문에 소동도 없이 처리가 되었다. 저녁 열한 시 경 주무관은 죽은 사람이 스스로 선택한 장소에 매장하도록 했다. 유해를 뒤따른 것은 그 노인과 사내아이들이었다. 알베르트는 갈 수가 없었다. 롯테의 생명이 걱정이 되었던 것이다. 일군들이 유해를 운반했다. 성직자는 한 사람도 동행하지 않았다.9)

  많은 사람들은 베르테르가 롯테에게 보내는 마지막 편지에서 베르테르의 자살을 당연하게 롯데와 연관이 있는 것으로 받아드리지만 베르테르가 맞게된 비극적 종말은 사회적 상황과도 관련이 없지 않다. 하인리히 하이네 Heinrich Heine는 베르테르의 자살을 실연보다는 '독일적 시민의 상황'에서 비롯된 것으로, 봉건적 사회에 대한 저항으로 해석하였다. 당시 귀족사회에 대한 비판을 부각시켜주는 장면을 읽어보자.

---

9) 강두식(역):『젊은 베르테르의 슬픔』. 세계문학전집 30권. 567 - 570쪽. 을유문화사. 1974(17판).

3월 15일

　이곳에서 나를 쫓아버릴 만한 불쾌한 꼴을 나는 당했다. 나는 이를 갈고 있다! 제기랄! 매울 수 없는 불쾌감이다. 이것도 저네들만이 책임이 있다. 자네들이 나를 채찍질하고 몰아내고 괴롭혀서, 내 마음도 어울리지 않는 자리를 차지하도록 했던 것이다. 이젠 나도 끝장이 났다! 자네들도 끝장이구나! 내 과격한 사상이 모든 일을 망치고 만다고 자네가 두 번 다시 말을 하지 않도록, 사랑하는 친구! 여기에 한 가지 사실을 피로하겠네. 연대기 필자들이 쓰는 것과 같은 명명백백한 이야기겠네.
　C백작이 나를 사랑하고 나를 특히 두둔해 주고있다는 것은 주지의 사실일게고, 여태까지 골백번은 더 자네한테 이야기했다. 그런데 어제 나는 그 백작 댁의 식사에 초대를 받아갔었다. 그런데 마침 이날 저녁에 상류계급의 신사숙녀 여러분들이 백작 댁에 모이게되어 있었던 것이다. 헌데 그런 일은 나는 생각도 안 했고 우리같은 아랫사람은 그 속에 끼어 들 수 없다는 것도 전혀 머리에 떠오르지 않았었다. 하여간, 나는 백작 댁에서 식사를 했다. 그리고 식사가 끝나자 우리들은 큰 홀 안을 오락가락하면서 백작과 이야기를 하기도 했고, 마침 그곳에 왔던 B대령과도 이야기를 했다. 그러고 있는 동안에 모임의 시간이 다가왔던 것일세. 나는, 제기랄, 아무런 생각도 못했었다.
　그러자 지나치게 점잖을 빼는 S부인이 남편과. 잘 부화한 거위 새끼같은 딸— 납작한 가슴파기에 값비싼 콜세트를 한 따님을 거느리고서 나타났던 것이다. 그리고 지나가면서 대대로 물려받은 거만스러운 귀족의 눈짓을 했고 코를 벌렁댔다. 나는 이런 족속들에게 진심으로 반감을 품고 있었기 때문에 물러날 작정을 하고, 백작이 천덕스러운 잔소리에서 풀려날 때만을 기다리고 있었다. 그때 마침 내가 아는 그 B양이 들어섰다. 그 사람을 만나면 언제나 얼마간은 가슴이 후련해지므로 나는 그대로 있기로 작정을 하고 그 여자의 의자 뒤로 가서 섰었다. 그리고 잠시 이야기를 하고 있는 동안, 말투가 전보다 솔직하지 못하고 어쩐지 난처한 듯한 꼴인 것을 비로소 눈치챘다. 그것은 의외의 일이었다. 이 사람도 다른 무리와 다를 것이 없구나! 생각하니 화가 치밀어 뛰쳐나오려고 했다. 하지만 그대로 주춤하고 있었다. 그것은 그 여자의 혐의를 풀어주고 싶었고 믿을 수가 없었기 때문이었으며, 그 여자한테 그래도 좋은 말을 들어볼까 했었는데 — 어쨌든 그러는 동안에 손님들이 잔뜩 모여들었다. 프란츠 1세의 대관식 때부터 내려온 의상을 온 몸에 걸친 F남작, 직책상 귀족칭호로 여기서는 불리고있는 궁중고문관 R 그의 귀머거리 부인 등등. 게다가 시대에 뒤떨어진 의상의 째진 곳을 신 유행의 천으로 때운 옷차림이 허술한 J도 빼놓을 수가 없을 것이다. 이런 친구들이 무더기로 몰려왔었다. 나는 내가 알고 있는 한 두 사람과 이야기를 나누었다. 하지만 모두가 아주 이상하게 입이 무거웠다. 나는 생각에 잠긴 채 — B양에게만 정신을 팔고 있었다. 그러자 내가 눈치채지 못한 사이에 홀 한구석에서 여자들이 귀에다 소곤거렸으며, 그것이 남자들한테 전해지고 S부인은 백작에게 이야기했으며 (이 모든 것은 후에 B양이 내게 들려준 것이다.) 마지막으로 백작이 나한테로 성큼성큼 오더니 나를 창가로 데리고 갔다.

"알고 있겠지만 우리들 족속의 관습은 이상해서, 자네가 여기 있는 것이 어쩐지 모두 불만인 듯하군 나는 결코 그런 것이……"

나는 이야기를 가로막았다.

"각하, 대단히 죄송하게 되었습니다. 진작부터 그것을 생각해야 되었을 것입니다. 그러나 각하께서는 저의 이런 실수를 용서해주실 것으로 압니다. 벌써 아까부터 물러가려고 했습니다. 어쩌다가 귀신이 들려서요." 하고 나는 허리를 굽히면서 미소를 짓고 덧붙여 말했다.

백작은 모든 것을 이야기하려는 듯한 그런 감정을 담아서 나의 양손을 잡았다. 나는 그 지체 높은 모임에서 살짝 빠져 나와 그곳을 떠나 경마차를 집어타고 M이란 곳으로 달렸다. 그리고 그곳 언덕 위에서 해가 지는 것을 바라보며 내가 좋아하는 호메로스를 펼치고 오딧세우스가 훌륭한 돼지치기의 대접을 받는 희귀한 구절을 읽었다. 그것은 모조리 훌륭했다.

저녁때 나는 식사를 하려고 돌아왔다. 아직도 객실에는 몇 사람 남아 있었다. 그리고 한 구석에는 탁상보를 뒤집어 놓고 주사위를 던지고들 있데. 그러자 성실한 아데린이 들어섰다. 나를 바라보고 있더니, 가까이 다가와서 나직이 내게 말을 걸었다네.

"불쾌한 꼴을 당했다면서?"
"내가?"라고 나는 말했네.
"백작이 자네를 모임에서 내쫓았다고 하던데."
"모임 따위는 질색일세! 밖으로 빠져 나올 수 있어 다행이었네."
"잘했네." 하고 그는 말했네.
"별로 대수롭게 여기지 않고 있어서 잘 됐네. 하지만 화가 나는군. 벌써 어디를 가도 자자하니 말일세."

그 이야기를 듣자 비로소 나는 이번 사건이 벨이 꼴리기 시작했다. 식사를 하러와서 나를 바라보는 놈들은 모두가 그 때문에 나를 쳐다보는구나 하고 생각하자 온몸의 좋지 않은 피가 들끓었다.

그런데 더구나 오늘은 가는 곳마다에서 딱하게들 여기고, 나를 질투하는 인간들은 더욱 신이 나서, 좀 머리가 좋다고 우쭐해 가지고 모두 사정을 무시해가면서 오만 불손하게 굴면 결국 꼴이 어떻게 되는지 알 것이라는 등 가지각색의 험담들을 늘어놓는 것이 귀에 들리니—내 심장을 비수로써 단숨에 찔러버리고 싶어진다. 자주 독립해야 된다고 아무리 말들을 하지만, 비열한 작자들이 자기들의 유리해진 입장을 이용해서 이러니 저러니 소문을 퍼뜨리는 경우, 그것을 견디어낼 수 있는 사람이 있다면 만나보고 싶다. 그들의 떠들어대는 이야기가 근거가 없는 것이라면, 허긴 쉽사리 들은 체 만체 해둘 수도 있을 것이다. (『젊은 베르테르의 슬픔』 517-519쪽)

이 편지는 베르테르가 3월 24일 궁정에 사직원을 내기 바로 직전인 3월 15일에 쓴 것이다. 그러나 베르테르의 귀족사회에 대한 비판이 아무리 혹독하더라도 베르테르의 자살은 귀족사회로부터 받은 수모 때문이 아니라 베르테르의 주관적인 현실 인식이라고 보는 쪽이 우세하다. 베르테르는 현실에 대한 비판적인 의식을 가지고 있지만 현실에 적응하지 못하는 자아 중심적인 청년이며 "그의 죽음은 일차적으로는 감상의 세계에서 벗어나지 못한 채 현실에 적응하는 청년이 도달하게 된 비극적 결과."10)라는 것이다.

한국에서 나온 베르테르의 첫 번역은 김영보(1900-1962)의 『웰텔의 悲歎』이다. 김영보의 『웰텔의 悲歎』은 1923년 1월 15일 ≪時事評論≫에 연재되기 시작하였으며 69장으로 구성되어있다. 마지막 장면을 읽어보자.

『웰텔의 悲歎』

六十九 (午後十一時)

이제야밤은寥寂하고, 나의마음도, 極히고요하다. 나는 삼가 하늘에向하여, 나의 最後에잇서서이갓흔 勇氣와굿센精神을주시옴을謝禮하노라. 아-차-롯娘이여, 그대의 窈窕한影像은, 지금나의눈압헤잇도다, 내가그대의四邊에잇슴을, 나는보노라 이지음에이르러, 무엇을다시 呶呶하리요, 오직한마디, 그대에게請할 것은, OO寺東편모퉁이에, 二株의「라임」나무가잇스니, 그곳에나의屍體를, 뭇어쥬실지이다, 부데부데나의 所願을, 容許하야주소서. 善良한基督敎徒들은, 惑저들의死體가, 내겻헤잇슴을不滿히생각할지는모르겟스나, 만약저들로써, 異存을提出하는者잇슬지면, 나를大道의겻에뭇어주소서 그리하야나는, 墓邊을지나는 사람들의, 가엽시녁이는情을, 밧고자하노라. 나의魂魄은깃거히, 永久히그近側을彷徨하리로다.

나는願하노니, 챠-롯娘이여, 나를뭇을 째, 나의지금입고잇는衣服그대로葬事지내주소서. 엇제써냐하면, 이것은平素에내가, 그대의面前에서항

---

10) 박광자: 괴테의 소설. 26쪽. 충북대학교출판부. 2004.

상입든것인까닭이도라. 그리고또, 아무나나의주머니를열게하지말지어다, 그속에는, 내가처음으로, 그대가小兒들의게싸히여잇슴을보앗슬째, 그대가달고잇든赤色의수을이, 드러잇슴으로써이라. 생각하근데, 그사랑스러운小兒들은, 지금도아마그대의周圍에서 놀고잇슬리로다, 願큰대나를爲하여 千百의 接吻을 저들의게주소서. 아-챠-롯娘이여, 처음으로 그대와만난후로부터, 나는얼마나그대를思慕하얏는가. 그째로부터나의마음은, 한시도그대를써나지아니하얏도다.

拳銃은 알을먹엿도다, 時計는十二時를報하는도다. 챠-롯娘이여, 나의 精神은確實하도다, 나의 마음은, 決코힛갈니지안앗노라, 아-그러면-

翌朝六時頃, 웰텔의家僕은, 촛불을들고, 그방에드러간즉, 그主人이피투성이가되며, 잣바저잇슴을보앗다. 家僕은즉시, 알벨트의곳으로달녀갓다. 챠-롯娘은, 突然히그門을두다리는소래가나믈듯고, 恐懼의念은, 곳그心頭에번적엿다. 彼女는 알벨트를쌔인후, 갓치이러낫다, 家僕은, 눔물로이 두려운變怪事를告하얏다. 챠-롯郎은깜작놀나氣絶하며, 그남편의足下에 업듸여넘어젓다. 알벨트는, 곳衣服을밧구워입고,수래를몰아그집으로갓다. 그러나여러가지의救護는, 아무효흠도없섯다. 그책상우회에는 『에미리아, 가롯테』의 책한권이, 피잇는대로빗겨잇슬뿐.
알벨트의悲歎과 챠-롯娘의可憐한境遇는 記者의붓대놀님을기다릴것업시, 讀者의想像에一任하는便이可할듯하다. 葬禮는嚴格히, 質朴하게行하얏다. 그靈柩에는, 老執事가그小兒들을다리고싸라갓다. 보는사람마다, 이可惜한靑年의, 可憐한最後를슯호하지아는者이업섯다한다. (終)[11]

원문에 충실한 번역은 아니며 일본번역판을 보고 소설의 큰 흐름만을 옮겨놓은 번안이다.[12] 단적인 예를 들자면 『웰텔의 悲歎』에서 베르테르

---

11) 자료를 제공해주신 김영보의 자제분 대구가톨릭대학과 국어국문학과 김동소 교수에게 이 자리를 빌어 감사드린다.
12) 일본에서는 이미 1904년 『젊은 베르테르의 슬픔』이 완역되었다. 일본에서 베르

가 귀족사회를 비판하는 3월 15일자 일기는 빠져있으며 2월 12일 편지다
음 궁정에 사직원을 내었다는 3월 24일로 바로 넘어가 버린다.『젊은 베
르테르의 슬픔』을 번안한 소암 김영보는 20대 초기 몇 년 동안 예술협회
에 관여할 당시에만 창작 생활을 했고 1922년 조선도서주식회사에서 희
곡집『황야에서』를 출간한 뒤 1925년 일본으로 건너가면서 언론인으로
전신했기에 문단에 널리 알려진 인물은 아니다. 그러나 1945년에서 1955
년까지 대구 영남일보사 사장을 지냈으며 우리의 희곡사나 연극사에서
짧은 기간 동안 연극에 종사하면서 희곡작품을 남긴 작가이며 작품에서
가부장적인 봉건질서의 개혁을 추구한 인물로 평가받고 있다.13)

『젊은 베르테르의 슬픔』은 1920년대부터 시작하여 2000년까지 154차
례 번역되었으며 번역자 수 만해도 50여명에 이르며 가장 최근의 번역은
김현경(역)으로 2004년 출판사 '한국 갈리레이'에서 출판되었다. 번역자
는 대부분 독문학자이지만 어떤 출판사는 기존의 번역을 약간 손질해서
옮기면서 존재하지 않는 역자의 이름을 넣어 출판한 경우도 있다. 한국
에서『젊은 베르테르의 슬픔』의 인기는 한국 대기업 하나가 롯데라는 이
름을 가진 것에서도 감히 추측할 수 있을 것이다. 베르테르의 슬픈 사랑
의 이야기로부터 감동을 받았던 한국의 첫 독자세대는 1930년, 1940년대
에 고등교육을 받았던 사람들이다. 이들은 당시 전통적인 유교사회에 성
장했으며 결혼은 부모들에 의해 결정되었으며 자유연애가 허락되지 않
던 시대사람들이었다. 바로 자유로운 사랑에 대한 동경이 당시의 젊은이
들을 그렇듯 매료시켰다고 본다.14)

    테르의 수용은 *Deutsche Sprache und Literatur in Japan. Ein geschichtlicher Rückblick.*
    Ikubundo. 1990. S. 17 참조바람.
13) 권순종(편): 김영보희곡집. 204쪽. 중문. 1999.

1939년 『렌의 애가』라는 서간체소설이 우리나라에서 출간되었다. 『렌의 애가』는 『젊은 베르테르의 슬픔』과는 반대로 미혼여성 렌이 기혼자인 시몬이라는 남성을 대상으로 쓴 일기체 내지는 서간체소설이다.

시몬!

이렇게 밤이 깊었는데, 나는 홀로 작은 책상에 마주앉아 이 밤을 세웁니다. 눈을 들어 하늘을 쳐다보면 작고 큰 별들이 떨어졌다 모였다, 그 찬란한 빛들이 무궁한 저편 세상에 찬란히 어른거립니다. 세상은 어둡습니다. 우리가 살고 있는 땅위는 무한한 암흑 속에 꼭 파묻혔습니다.
이처럼 어두운 허공 중에서 마치 저는 당신의 이야기 소리를 들으려는 듯이 조용히 꿇어앉았습니다.
......
시몬!
당신이 좀더 제게 가까이 계셨다면! 그리고 숭엄한 종소리를 함께 들으셨다면! 그러나 시몬! 당신은 너무 제게서 멀리멀리 계십니다. 제 창문은 너무 당신이 알지 못하는 곳에 세워져있어요.
두 번째 종이 울립니다. 빈 벌판에 유랑의 나그네가 되어가던 캬츄사의 애처로운 심정도 이 새벽종이 다시금 알려주는 애련한 소식이 아닐 수 없습니다.
시몬!
당신이 걸어주고 가신 수정 십자가를 만져봅니다.
검은 구름이 가까운 하늘에 돌고 있습니다.
이제 창문을 닫습니다.

---

14) Tax, Sun-Mi: Herzenssprache und Seelenliebe?-eine intertextuelle Untersuchung der Werther-Rezeption in Korea. : 번역연구 제 8집. 한독문학번역연구소. 2000. 66-87쪽 참조.

오늘밤 당신을 연상함으로 어두운 밤 시간을 행복으로 지냈습니다. 날이 오래지 않아 밝아 올 테니 아름다운 수면으로 이 밤을 작별하소서.
(중략) 15)

『렌의 애가』는 1939년 안국동의 '일월서점'에서 39페이지의 얇은 책으로 처음 출간되었으며 초판 발간 닷새만에 매진되었고 그 후 다시 1956년에 '중앙출판공사'에서 단행본으로 나왔다. 렌 Wren은 아프리카의 새 이름이고 시몬은 베드로의 이름이며 그 당시 젊은 여성들은 모윤숙이 쓴 이 책을 읽고 베개가 젖도록 울었다고 한다. 이는 당시, 봉건적 사상이 농후한 시기에 미혼여성이 아내가 있는 남자를 사모하는 글을 '나'라는 일인칭 소설체로 쓴 전례가 없는 소설이기 때문이다. 봉건적인 한국사회에 길들여진 렌이 '부술 수 없는 울타리'를 넘지 못하고 결국 죽음을 택하고 마는 이 『렌의 애가』는 서한문학이지만 '시몬이라는 한 남성에게 보내는 글이 아니며 인간과 인간이 주고받는 편지일 뿐, 한 개인과 개인과의 편지는 결코 아니다.'라고 모윤숙은 이 책 후기에서 말했다.

당시 세간에서는 렌과 시몬을 두고 모윤숙과 어느 유명작가의 이야기라는 말이 있었기 때문이다. 『렌의 애가』는 바로 한국판 『젊은 베르테르의 슬픔』이라고 볼 수 있으며 괴테의 『젊은 베르테르의 슬픔』이 한국문학에 미친 영향이라고 볼 수 있다.

『황태자의 첫사랑』

『황태자의 첫사랑』이라는 제목으로 우리들에게 알려진 『옛 하이델베

---

15) 모윤숙:『렌의 애가』. 5쪽. 마당문고. 1984.

르크 이야기 Geschichte von Alt-Heidelberg』는 빌헬름 마이어-푀르스트 Wilhelm Meyer-Förster(1862-1934)의 소설『칼 하인리히 Karl Heinrich』(1899)를 작가 자신이 각색한 5막 극으로 독일뿐만 아니라 미국에서까지 성공하여 오페레타로, 영화로 제작되면서 인기를 누렸다. 1901년 베를린에서『하이델베르크의 대학생 황태자 The Student Prince in Heildelberg』라는 제목으로 이 작품의 초연이 대성공을 거두자 1925년 하이델베르크 시(市)가 저자를 하이델베르크 명예시민으로 모실 정도로 이 작품은 하이델베르크를 세계적으로 알린 작품이다. 22개 언어로 번역되었으며, 미군 사령관 윌리엄 베데린덴 Wiliam Beiderinden도 이 연극을 보고 하이델베르크에 대한 사랑이 불타올라 제2차 세계대전 당시 이 도시가 파괴되는 것을 막았다는 일화가 전해진다.16) 이 작품은 1974년이래 수없이 많이 개작되어 지금까지 독일 하이델베르크 성 축제에서 공연되고 있다. 1903년에 나온 극본『옛 하이델베르크 이야기』를 읽어보자.

첫 막

카알스부르크에 있는 영주의 방으로 들어가는 전실. 아주 오래된 영주들의 성에서만 볼 수 있는, 벽 휘장을 고블랭식으로 장식한 컴컴한 방. 여러 그룹의 기사들이 속삭이는 톤으로 대화를 나누고 있다. 전체 장면이 컴컴하고 무거운 분위기를 준다.

첫 장면

메싱: (신경질적으로) 오늘은 이야기가 길어지는 군- 안에 누가 있는가?

---

16) 곽병휴: 하일델베르크 낭만적인 고성의 도시. 살림지식총서 106. 2004. 20쪽 참조.

폰 브라이텐베르크: 폰 하우트 총리야.

메싱: 도대체, 오늘 저녁은 무슨 일인가? 아무 것도 아니라고, 전혀 아니라고. 늘 그렇치- 난 몹시 피곤해.

폰 브라이텐베르크: (뚱하게) 그래, 그렇지.(시선을 들어 쳐다본다.)
　　　　　　　　　총리님이 나오셔.

두 번째 장면

총리, 가운데를 지나 등장한다.

메싱: 총리님- (몸을 굽힌다.)

폰 브라이텐베르크: 총리님- (몸을 굽힌다.)

총리: (답례를 한다. 하인 글란츠에게 눈짓을 한다.) 잠깐, 영주님께서 자네를 보자 하시네. 황태자가 영주의 방을 떠나면 황태자에게 내가 잠깐 뵙자고 한다고 전해주게. 위에 있겠네.

글란츠: 총리님, 그렇게 하겠습니다.

총리: 알겠는가?

글란츠: 잘 알겠습니다, 총리님.

총리: (차갑게 기사들에게 인사를 한다.) 기사 여러분, 난 그만 가겠소. (가려고 한다.)

메싱: 총리님.-황태자께서는 어제 오전에 대학입학자격시험에 멋지게 합격하셨다고 하던데. - 축하인사를 전하고 싶습니다.

폰 브라이텐베르크: 저 역시 마찬가지입니다. -

총리: 그래, 그건 아주- 좋은 성적이었지- 물론이지.

메싱: 들은 바로는 '수마 쿰 라우데'라고?

총리: 물론이지, 아주 좋은- 에- 아주 합당한- 그렇지.

메싱: 황태자는 이제 하이델베르크에 있는 대학에 가시게 되겠지요-.

총리: 그렇다네, 황태자는 내일 그곳으로 떠나네.

메싱: 아, 아주 재미있겠습니다.

폰 브라이텐베르크: 아주—

총리: 여러 분, 그럼(퇴장한다.)

메싱: (브라이텐베르크에게) 누가 함께 동행하는지 아는가? 하이델베르크로?

폰 브라이텐베르크: 글쎄?

메싱: 박사. 파트너. 가정교사. 뚱보.

폰 브라이텐베르크: 그렇겠지. 그가 아니면 누구겠나?

메싱: 누구겠느냐고? 브라이텐베르크, 기사! 황태자가 대학에 다닌다면, 처음으로 세상에 나간다면 가정교사가 따라가는 것이 아니라 기사가 가야지! 조심성 있게 한 걸음 한 걸음 올바르게 정해진 길로 인도하는 기사. 그것이 나의 생각이네!

폰 브라이텐베르크: 글쎄.

메싱: 내 생각이라니까.

세 번째 장면

의전관: (가운데 문을 열고) 시종 루츠 여기 있는가?

쉘러만: 없습니다. 제가 곧—

의전관: 그를 찾아오도록 하게. 황태자께서 시종 루츠를 찾고 계시네.

쉘러만: 명령대로 하겠습니다.

의전관: (가운데 방으로 뒤돌아간다, 퇴장.)

메싱: (중얼거리는 목소리로.) 여기서는 모든 것이 천편일률적으로 이루어지니까. 우아한 톤의 규칙이 무엇인지도 모르는 가정교사가 황태자를 가르치고 하이델베르크에 함께 가는군.

폰 브라이텐베르크: 여보게 흥분하지 말게!

메싱: 황태자의 교육을 또 냉담하고 무관심한 방법으로 해야한다면 여기서 해야지! 영주께서는 조카의 교육에 대해서는 전혀 신경을 쓰지 않았다니까.

폰 브라이텐베르크: (하품을 한다.) 글쎄, 글쎄—

메싱: 모든 것을 천편일률적으로, 천편일률적으로 한다니까.

네 번째 장면

쉘러만과 루츠(등장)

루츠: 부르셨습니까-?
쉘러만: 여기요, 루츠-
폰 브라이텐베르크: 이 사람이 루츠-
루츠: 남작님이십니까 -?
폰 브라이텐베르크: 영주께서 자네와 말씀을 나누시기를 원하네. 가보게나.
루츠: (가운데를 지나 퇴장한다.)

다섯 번째 장면

의전관(가운데 문을 통과해서 등장)

의전관: 여러분, 여러분께 알려드릴 것이 있습니다. 영주님께서 오늘은 더 이상 접견을 하지 않으십니다. 그러면 제가 하는 말을 메모해주기를 부탁합니다.(그는 종이 한 장을 꺼내 낭독한다.) 내일 오전 11시 10분 황태자께서 하이델베르크로 떠납니다. 영주님께서 건강이 허락하시면 내일 직접 역에 나가실 것입니다. 궁의 모든 분들이 참석하시게 됩니다. 여러분들도 정장을 하시고 모자와 견대를 착용해주십시오. 공문을 보내드리지요. (간단하게 인사를 한다.)
기사들: (작별을 하고 오른쪽으로 퇴장한다.)
의전관: 브라인텐베르크, 함께 건너가세.(그와 함께 왼쪽으로 퇴장한다.) (중략)[17]

1903년에 나온 『옛 하이델베르크 이야기』라는 이 작품은 독일 희곡작

---

17) Wilhelm Meyer-Förster: *Die Geschichte von Alt-Heidelberg*. S. 5-8. Sonderheft der Woche 2. 1903.

품 중에서 한국에 최초 번역 공연되었던 작품이다. 1920년대 일본에서 공부를 마친 유학생들이 돌아오면서 토월회와 같은 연극운동을 일으켰고 이 작품은 1923년 토월회, 1923년 송경학우회, 1937년 중앙무대, 1939년 협동예술좌, 1946년 고대 극예술연구회에서 『청춘회상곡』이라는 제목으로 공연되었다.18) 박승희가 일역본에서 옮겨 기획, 각색, 연출, 연기까지 맡아 준비하였고 특히 무대장치에 많은 신경을 쓴 작품으로 알려져 있으나 그 후 더 이상 무대공연은 없었으며 산문으로 바꾸어 쓴 이야기가 널리 독본으로 읽혀졌다.

    19세기 80년대 북독 어느 작은 도시 칼스부르크에 외아들만 가진 어느 외로운 영주가 살고있었다. 사람들은 이 영주의 아들을 왕자라 불렀으며 맏아들일 경우 황태자 혹은 세자라고 불렀는데 그 이름은 칼 하인리히였다.
    어느 해 4월, 칼스부르크에서 매주 토요일 발간되는 작은 신문에 왕자가 고등학교 졸업시험에 합격을 했으며, 다음 해 5월 1일 하이델베르크 대학에서 공부를 하기 위해 하이델베르크로 간다는 소식이 실렸다. 8년 동안 왕자의 개인교사였던 유터너박사가 황태자를 동반한다고 적혀 있었다. 하이델베르크로 출발하기 하루 전 그는 영주에게 불려갔다. 영주가 말했다: "왕자는 즐기려 하이델베르크에 가는 것이 아니네. 나는 내 아들이 열심히 공부하고 규칙적인 생활을 하기를 바라오. 내 말을 이해하시겠소?"
    유터너 박사는 서른 다섯 살이었지만 다섯 살이나 더 늙어 보였다. 그는 가끔 다음과 같이 말하곤 하였다. "이 슬픈 성에 온 것이 나의 불행이었어. 이곳 공기는 숨도 쉴 수 없을 정도로 너무 무겁고 탁해. 옛날에 나는 재미있고 자유로운 남자였는데 지금은 병이 들었어." 그는 불행했기에

---

18) 김기선: 독일희곡 수용개관.『한국의 독일문학수용 100년(1)』. 한신대학교 출판부. 2002. 210쪽 참조.

맥주를 즐겨 마셨다, 너무 많이 마셨다. 그 때문에 그는 아주 뚱보가 되어 버렸다. 게다가 그는 천식으로 고생을 하고 있어 숨을 제대로 쉴 수가 없었다. 슈나이더 박사가 그에게 말했다. "하이델베르크는 자네에게 좋을 걸세. 그곳에서 산책도 하고 등산도 할 수 있을 걸세, 그러면 다시 건강해질걸세."(중략)19)

마이어-푀르스트가 쓴 희곡을 오토 쉰네르 Otto P. Schinnerer가 소설체로 바꾸어 썼다. 이어지는 이야기에서 왕자 칼이 하이델베르크에서 공부하게 되면서 자유로운 대학생활을 만끽할 뿐만 아니라 술집처녀 카티와 사랑을 나눈다. 그러나 왕자는 영주의 병으로 다시 궁으로 돌아가게 되고 정혼자와 결혼을 하기 전에 다시 한 번 하이델베르크로 뒤돌아가서 카티를 만나는 이야기이다. 황태자의 이 사랑이야기는 남녀 간의 자유로운 사랑이 허용되지 않던 시기, 한국의 젊은이들에게는 낭만적이며 감명적인 이야기였다. 왕자와 술집 여 종업원의 사랑이라는 신데렐라와 같은 이야기지만 왕자는 카티와 결혼하는 것은 아니라 카티는 하이델베르크에 그대로 머물고 왕자는 다시 궁정으로 돌아가는 슬픈 사랑의 이야기이며 뛰어넘을 수 없는 신분의 차이를 보여주는 보수적인 멜로물이다. 유서 깊은 대학도시 하이델베르크에서 불태운 황태자의 사랑 이야기를 다룬 이 소설은 1960년대에는 아주 기초적인 문법을 배우고서도 힘들이지 않고 재미있게 읽어 나갈 수 있어 독일어 독본 교재로 많이 사용되었다.

『생의 한가운데』

1968년, 전혜린 번역으로 문예출판사에서 『생의 한가운데 Mitte des

---

19) Otto P. Schinnerer: *Alt Heidelberg*. S. 2. 志凡社. 1963.

Lebens』라는 책이 출판되었다. 특히 젊은 여성들에게 많은 호응을 얻었던 이 『생의 한가운데』는 어떤 책이며 주인공 니나는 어떤 여성인지 『생의 한가운데』의 일부를 다시 한 번 읽어보기로 하자

    자매는 서로에 관해서 전부를 알고 있거나 또는 조금도 모른다. 나는 내 동생 니나에 관해서 최근까지는 아무 것도 몰랐었다. 니나는 나보다 열 두 살 아래다. 내가 결혼했을 때 니나는 뻣뻣한 가래머리와 수없이 많은 할퀸 상처를 팔 다리에 가진 귀엽지 않은 말라빠진 열 살 짜리 소녀였다. 결혼식 때 니나는 부모가 내 면사포를 파아쥐(중세기에 귀부인의 시중을 드는 소년: 譯註)처럼 들고 가게 하였더니 너무 화가 나서 말도 못하면서 면사포위에 침을 뱉었다. 후에 니나는 좀 보기가 나아졌지만 그래도 이쁘거나 귀엽지는 않았다. 니나가 몇 번이나 나에게 제발 간섭하지 말아달라고 선언한 후 나는 걔를 돌보지 않았다. 그리고 남편하고 같이 외국에 나간 후로는 나는 니나를 완전히 시야에서 잃어버렸다. 그럼에도 불구하고 나는 작년에 천만 뜻밖에도 바아데와일라의 뢰마르트호텔의 빠아에서 나나를 만났을 때 곧 그것이 니나라는 것을 알았다.
    니나는 놀라울 만큼 변했었다. 여전히 이쁘지는 않았으나 매력적이었다. 그리고 아직도 야생적인 무엇을 가지고 있었다. 무엇이 니나를 야생적으로 보이게 하는지는 아무도 알 수가 없었다. 왜냐하면 니나는 매우 고급 옷을 매우 멋지게 입었었고 두어 가래의 웨이브가 이마에 내려오는 신식모양으로 머리를 빗었고 입술을 붉게 칠했기 때문이다.
    (중략)
    니나에게는 집시같은 방랑벽이 있었다. 그녀의 생활은 잠정적인 것이었다. 니나는 어디엔가 천막을 치고 한동안 깃들여 살며, 그 땅을 완전히 알 때까지 자신의 눈과 귀에 꿀을 먹인다. 그러다 문득 서슴없이 천막을 걷어치우고 떠나는 것이다. 니나의 얼굴에는 실향자의 슬픔과 자유의 야생적 행복감이 동시에 깃들여있었다. 그런 그녀의 모습을 바라보면서 나

는 문득 가득 채워 살고 있는 삶을 생각했다.

(중략)

생에 일어나는 모든 일은 끝을 갖고 있지 않다. 결혼도 끝이 아니고 죽음도 다만 가상적인 것에 불과하다. 생은 계속해서 흐른다. 모든 것은 그처럼 복잡하고 무질서하다. 생은 아무런 논리도 없고 이 모든 것을 즉흥한다. 포오즈를 취한 사진이다. 극장에서처럼 차례로 진행된다. 모두가 그렇게 모든 것을 간단하게 해버리는 인간이 싫다. 모든 것은 이처럼 무섭게 갈피를 잡을 수 없는 데도 불구하고…

첨부되어있는 편지는 다음과 같다.
1937년 1월 9일

알렉산더에게, 당신이 이 편지를 내가 죽은지 오래 되어서 읽는다는 생각은 나에게 이상한 감을 줍니다. 어떠면 당신이 나를 기억 못하실지도 모르고 그것은 당신의 잘못이 아닙니다. 최근에 몇 가지 일이 일어나서 나는 이런 상황에서 사는 것보다는 차라리 죽는 편이 낫다고 생각케 했습니다. 부디 루우트를 데려가 주세요. 루우트가 당신의 재능과 성격을 유전 받았을 것을 나는 바라고 있습니다. 루우트는 살아야해요. 당신의 아이니까요. 루우트가 나중에 언제가 나에 관해 묻거든 내가 부자유와 굴욕 밑에 사는 것을 견디다 못해서 죽었다고 말해주세요. 나는 완전한 자유에 대한 몹시도 강한 동경을 갖고 있습니다. 당신은 나를 이해하실 것입니다.

슈타인에의 편지는 1월 10일 날짜였으나 나머지 두 장은 하루 전에 쓰인 것이었다. 그렇다면 니나는 슈타인한테 가기 전에 이미 모든 희망을 포기하고 있었던 것이다. 슈타인의 거절은 다만 나나가 이미 알고 있는 것의 확인에 불과했던 것이다. 나는 완전히 절망한 인간이 죽기 전에 어떻게 그처럼 조용하고 명확한 편지를 쓸 수 있을까 의아한 생각을 금할 수가 없었다. 나는 충격을 받았고 끔찍하게 느껴졌다. 니나가 혼란하게, 한탄하는 것처럼 썼다면 나에게는 보다 자연스럽게 생각되었을 것이다. 니나는 끔찍하리 만치 자신을 억제하고 있었다. 그래서 나는 며칠 전에 니나가 많은 힘을 갖는 것은 위험한 일이야 라고 말한 말의 참뜻을 알 수가 있었다. 니나가 지금 절망에 있고 그것을 표시한 것에 대해 나는 갑자기 커다란 안도를 느꼈다. 온갖 괴로움을 감추고 어떤 일이 있어도 태연한 태도를 유지하는 것이 보다 위대한 일인지는 알 수 없다. 그러나 한번쯤 약해지는 것이 보다 인간적인 일일 것이다. 그러나 나는 너무 큰 긴장감을 가지고는 인간은 많은 소득이 없다는 확신을 갖고 있다. 어쩌면 내가 살고있는 태도도 그렇게까지 잘못은 아닌지도 모른다고 나는 생각했다. 약간 게으르고 생각이 없고 나 자신에 만족하고 특별한 정열 없이 살고 있는 나의 생활도 그렇게까지 잘못이 아닌지도 몰랐다.

다음 페이지에는 니나의 완쾌에 관한 슈타인의 수기가 계속되고 있었다. 20)

루이제 린저 Luise Rinser(1911–2001)는 뮌헨대학에서 심리학과 교육학을 공부한 후 교사생활을 하다가『잔잔한 파문 Die gläsernen Ringe』(1941)으로 문단에 데뷔했으며 그 후 나치항거로 인해 옥살이를 하였다. 그녀는 우리들에게는『생의 한가운데』의 저자로 알려져 있지만 사실은 여성권리를 위해 열변했고 핵무장에 반대한 현실적인 작가였으며 어떤 성향이든 한국에 관하여 가장 많은 책을 쓴 사람 중 한 사람이다. (한국과 관련된 그녀의 저서는 제2부에서 다루고자한다.) 이『생의 한가운데』에서 린저는 이야기, 보고, 일기, 편지, 회상, 여주인공의 창작 등 여러 형태의 형식을 서로 섞어서 한 개의 새로운 형식을 낳고 의식적이고 기술적인 문체구성을 시도하였다. 1950년에 발표된 이 소설은 독일에서도 125판

---

20) 전혜린(역):『생의 한가운데』. 30쪽 – 308쪽. 문예출판사. 1968.

출판된, 소위 베스트셀러이며 이 소설의 주인공은 남성적인 명성을 지닌 소설가이며 동시에 여성적인 매력으로 풍요하게 장식된 니나 붓슈만이다. 니나는 아름다운 여성도 여성적인 여성도 아니지만 한 남자의 마음을 사로잡아 평생 그녀를 사랑하게 하는 매력을 지닌 여성이며 지식욕과 자아의식이 강한 여인이다. "니나를 통하여 린저는 현대의 지성계급에 속하는 여자가 자기의식의 세계를 주위와의 분쟁 속에서 얼마나 지킬 수 있는 가를 시험해 보였다."[21] 『생의 한가운데』는 60년대 70년대 한국 젊은이들, 특히 여성들이 애독했던 책이다. 여성들이 『생의 한가운데』를 애독하고 니나를 사랑한 것은 바로 니나가 당시 그들이 갈구하던 자유로운 여성상이기 때문이다. 린저는 독일에서도 많은 독자층을 가지고 있지만 그녀의 작품이 독문학계에서 연구의 대상이 되고 있는 것은 아니며 독일문학사에서 린저와 린저의 문학에 관련된 것은 단 몇 줄에 불과하다. 독일에서 고급문학과 대중문학을 얼마나 엄격하게 구분하고 있는지 미루어 짐작할 수 있다. 이상에서 볼때 한국에서 베스트셀러가 된 독일작품은 사회, 정치적 비판이 담긴 글보다는 유년시절과 사랑을 다룬 서정적인 글이 주를 이루었다.

---

21) 전혜린: 『생의 한가운데』. 7쪽.

제3장 독일과 관련된 수필

『그리고 아무 말도 하지 않았다』

　전혜린(1934~1965)을 아느냐고 학생들에게 물으면 100명 중 아는 학생은 몇 명에 불과하다. 몇 명 안 되는 그 학생들에게 어떻게 전혜린을 아느냐고 물으면 어머니나 이모를 통해 들었다고 한다. 1970년대와 80년대 사춘기를 보낸 사람들은 모두 전혜린이 쓴 수필집『그리고 아무 말도 하지 않았다』(1966)를 빨간 줄을 그으면서 읽고 읽었으며 전혜린을 좋아하고 동경했다. 왜 우린 그녀를 미치도록 좋아하고 동경했을까? 그리고 왜 요즘 젊은이들은 그녀의『그리고 아무 말도 하지 않았다』를 우리만큼 읽지 않는 것일까?
　31살의 나이로 생과 작별한 전혜린은 한국 최초의 여성 독문학자에 속한다. 그녀는 서울대학에서 법학을 공부했지만 1955년 독일 뮌헨에서 독문학을 공부하고 돌아온 여성이다. 60년대와 70년대 대학을 다녔던 사람들이 그녀를 좋아한 가장 결정적인 이유는 그녀가 유학이 어려웠던 시절 뮌헨으로 유학을 갔다는 사실과 그녀의 『그리고 아무 말도 하지 않았다』 에서 등장하는 뮌헨의 영국공원, 레오폴드거리, 슈바빙, 가스등을 통한 독일에 대한 환상일 것이다.

필자가 전혜린의 『그리고 아무 말도 하지 않았다』라는 수필을 읽게 된 것은 1967년 소위 프레쉬멘 시절이다. 오리엔테이션을 한다고 강당 뒷줄에 앉았는데 옆에 앉은 국문과 한 여학생이 옆자리에 앉은 친구에게 자신이 최근에 읽은 『그리고 아무 말도 하지 않았다』라는 수필집 이야기를 하는 것을 우연히 듣게 되었다. 그 글을 쓴 전혜린이라는 여성이 독일 뮌헨이라는 곳에서 유학을 하고 왔다는 소리에 귀가 솔깃하지 않을 수 없었다. 독일유학? 내 주변에는 독일 유학을 다녀온 사람이라고는 아무도 없었다. 도대체 독일 유학이라는 것은 어떻게 가는 것일까? 그 길로 서점에 가서 전혜린의 『그리고 아무 말도 하지 않았다』를 사서 아무리 읽고 읽었지만 어떤 경로로 독일 유학을 갔다는 구체적인 이야기는 발견할 수가 없었다. 그 후 어느 책에서인지 친구 아버지의 소개로 대학교 4학년 때 유학을 가게 되었다는 것을 알게 되었으며 그때부터 어떻게 독일유학을 가느냐하는 생각이 내 머리에서 떠나지 않았다. 뿐만 아니라 가끔은 독일 유학을 주선해 줄만한 친구의 아버지가 없다는 것이 유감스럽기까지 했다. 그 후 필자는 한국에서 대학, 대학원을 졸업하고 독일에 갔으며 뮌헨, 프란츠 요셉거리Franz Joseph Straße 4번지 소피바라트 하우스 Sophie Barat Haus라는 기숙사에서 2년을 살았다. 기숙사 문을 열고 왼쪽으로 몇 미터 가지 않아 마주치는 큰 대로가 바로 레오폴드거리이며 영국공원까지 5분. 슈바빙까지 5분이면 걸리는 곳이다. 주말이면 지겹도록 영국공원을 산책했다, 마땅히 갈 곳이 없어서…… 악마에게 영혼을 팔고라도 가고 싶었던 독일 땅, 그것도 뮌헨에 대한 동경을 가지게 해 준 사람이 바로 전혜린이었다.

『그리고 아무 말도 하지 않았다』라는 이 수필집의 제목은 바로 독일 노벨 문학 수상작가인 하인리히 뵐 Heinrich Böll의 『그리고 아무 말도 하지 않았다 Und sagte kein einziges Wort』(1953)라는 소설집 제목에서 따 온 것이다. 전혜린은 독일에서 결혼한 다음 정아라는 딸을 낳은 뒤 한국으로 돌아왔으며 그렇다고 박사학위를 한 것도 아니고 수많은 학술적인 저서를 남긴 것도 아니지만 독일문학과 더불어 한국 일반독자에게 강렬하게 남아있는 여성이다. 그녀가 타계한지 40여 년이 지났지만 그녀의 『그리고 아무 말도 하지 않았다』만큼 독일을 우리의 정서 속에 그토록 감명 깊게 심어준 책은 없었으며 앞으로도 없으리라 생각한다. 전혜린은 린저의 『생의 한가운데』 외에도 많은 독일작품을 한국어로 번역했다.[1] 그녀의 수필집 『그리고 아무 말도 하지 않았다』의 첫 부분을 읽어보기로 하자.

내가 독일의 땅을 처음 밟은 것은 가을도 깊은 시월이었다. 하늘은 회색이었고 불투명하게 두꺼웠다. 공기는 앞으로 몇 년 동안이나 나를 괴롭힐 물기에 가득 차 있었고 무겁고 칙칙했다. 스카프를 쓴 여인들과 가죽 외투의 남자들이 눈에 띄었다.
아무도 없는 비행장 뮌헨 교외 림(Riem)에 내렸을 때 나는 울고 싶게 막막했고 무엇보다도 춥고 어두운 날씨에 마음이 눌려버렸다.
뮌헨하면 그 이후 내 머리에는 회색과 안개로 가득 차게 된 것도 그의

---

[1] 전혜린(역)으로는 『어떤 미소』, 『한 소녀의 걸어간 길』, 『압록강은 흐른다』, 『파비안』, 『안네 프랑크의 일기』, 『그래도 인간은 산다』, 『그리고 아무 말도 하지 않았다』가 있다.

독특한 나쁜 날씨보다도 내가 에어 프랑스에서 내렸던 그날 오후의 첫 인상과 나의 걷잡을 수 없었던 외로움 때문이 아닌가 생각된다.

트렁크를 들고 비행장 행 버스에 올라 운전사에게 돈을 다 내어 보이고 그 중에서 일 마르크만 가져가게 한 일, 힘없이 혼자서 하숙을 찾아갔던 일. 나는 정말로 내가 빠리에 있는 말테나 된 듯한 서글픈 마음이었다.

우선 고국에서부터 연락해 놓았던 '아스타'라는 학교사무국에 가서 광고를 보기 위해서였다. 모두 값이 비싸다(내 생각보다). 또 학교에서 멀었다. 그리고 뮌헨은 나에게 마치 라비린트(미궁) 그 자체처럼 보였었고 학교에서 오 분 이상 더 가는 곳에서 살 자신은 나에게 없었다.

그 중에서 나는 겨우 '빈방 있음, 전기 있음, 학교에서 도보 오 분, 월세 오십 마르크'라는 꼬불꼬불한 연필글씨로 쓰인 광고지를 찾아냈다. 그 집은 정말로 학교에서 오 분쯤 가면 있는 영국공원이라는 광대한 공원에 임해 있었다. 공원의 호수 바로 뒤에 서 있는 끔찍하게도 낡은 잿빛 4층 건물이었다. 첫 인상이 포우의 어셔어가를 연상시켜서 유쾌하지 않았다. 그러나 다른 수가 어디 있으랴? 다른 빈 방들은 대개가 (미국인에게 한함)이거나 또는 엄청나게 비쌌던 것을……

나는 억지로 닫혀진 문 앞으로 가서 초인종을 눌렀다. 60세 가량 된 극단적으로 비만한 단발머리의 할머니가 나왔다. 키는 작았고 차림새는 누추했다. 나는 '방을 빌리고 싶습니다'라고 말하고 싶었으나 방을 빌릴 수 있읍니까?'라고 물었던 것 같다. 할머니의 표정은 의외로 상냥했고 입가에는 구수하다고 형용할 수 있는 미소를 띠어 보였다. '학교광고를 보셨습니까?' 할머니는 또 무어라고 말했던 것 같다. 알아들을 수 없었으나 악의없는 말투였다. '방을 볼 수 있읍니까?'라고 물었다. '네, 네, 어서 들어 오세요.'

방, 내 방인 것이다. 나는 그 할머니를 따라서 긴 낭하(복도)를 지나갔다. 낭하는 어두웠고 방이 많았고 방마다 사람의 이름이 작게 써붙여 있었다. 맨 끝에서 할머니는 멎어 서더니 주머니에서 열쇠뭉치를 꺼냈다.

"여기 살던 사람이 이틀 전에 자기 나라로 돌아갔습니다. 페르샤 사람이었지요."

　열쇠가 돌려지고 문이 열렸다. 나는 주저하면서 할머니 뒤를 따라 들어갔다.

　방도 마루처럼 어두웠으나 의외로 깨끗했다. 초록빛 도자기로 된 커다란 난로가 한편 구석에 서 있었고 전기곤로가 놓인 받침대와 흰 요와 이불이 덮인 침대가 하나. 그리고 경대와 찬장이 달린 콤모데가 있었다. 창 두 개가 영국공원과 반대되는 포도로 나 있었고 이중창에 이중 커튼이 드러져 있었다. '하시겠어요?' 할머니가 물었다. '네.'

"방세는 한 달 분 미리 내셔야 됩니다."

　할머니가 나간 후 나는 덧문을 열고 유리창을 활짝 열었다. 돌로 포장된 좁은 골목은 완전히 잿빛 안개로 덮여 있었고 물기가 촉촉이 방안으로 흘러 들어왔다. 나는 언제까지나 창 밖을 보고있었다. 사람도 별로 안 지나가고 여기는 뮌헨에서도 가장 오래된 지역이고 폭격도 안 맞은 1920년대 그대로의 문명의 이기만 쓰고 사는 마을인 것 같았다.

　트렁크를 침대 밑에 넣고 나는 침대에 누웠다. 그러나 피로했음에도 불구하고 잠은 안 왔다. 열쇠로 방문을 잠그고 거리로 나갔다. 그때 마침 가스등을 켜는 시간이어서(다섯 시경이었던 것 같다.) 제복 입은 할아버지가 자전거를 타고 좁은 돌길양쪽에 서 있는 고풍그대로의 가스등을 한 등 한 등 긴 막대기를 사용하면서 켜 가고 있었다. 더욱 짙어진 안개와 어둑어둑한 모색 속에서 그 등이 하나씩 켜지던 광경은 지금도 잊을 수 없다. 짙은 잿빛 베일을 뚫고 엷게 비치던 레몬 색 불빛은 언제까지나 내 마음속에 남아있다. 내가 유럽을 그리워한다면 안개와 가스등 때문인 것이다.[2]

　그녀의 글 중에서 특히 독일유학의 첫 날에 대한 부분은 독일을 체험한 많은 사람들에게 공감을 불러일으킨다. 그러나 그녀의 수필이 단순히

---

[2] 전혜린:『그리고 아무 말도 하지 않았다.』. 18쪽. 민서출판사. 1989.

독일유학에 대한 동경만을 불러일으키는 글이라고 만은 볼 수 없다. 그녀의 수필집에서는 가부장적 사회구조들의 모순을, 여성의 시각으로 내면화한 그녀의 문제의식과 심리적 갈등을 흔히 발견하게 된다.

지금 남성들은 앙띠노미(이율배반)속에 살고 있다. 인류의 역사적 발전의 단계로 그들은 불쾌한 여성군의 출현이 불가피한 것임을 알고 있다. 앞으로 더욱더 그 경향이 심해 질 것도 자인하고 있다.
첫째 부부간에 있어서 어느 한편 만이 경제적 사회적 제반부담을 맡는 것의 부당성과 불가능은 누구나가 느끼지 않을 수 없을 만큼 사회기구나 소비문명은 발달을 거듭해 왔다. 그러나 남성의 가장 깊은 내면 속에 있는 영원히 '남성적인 것'은 이 상황을 필연으로 알면서도 동시에 이 상황에 격렬한 반감을 느끼고 있다. 그들이 원하는 것은 역시 지배요, '정다운 나의 집'이요, 아내의 요리솜씨 일 것이다.
또는 동굴 밖을 여자가 나다니면 돌로 죽였던 옛날의 피가 아직도 흐르고있는 것이다. 이성과 감성, 이론과 생리의 미묘한 앙띠노미에 현대 남성은 놓여있다. (『그리고 아무 말도 하지 않았다』. 174쪽)

전혜린의 글에서 독일유학, 독일에 대한 막연한 동경만을 키워왔던 많은 독자들은 여성으로서 전혜린의 갈등에 대해서는 쉽게 지나쳐버린다. 전혜린의 글은 가부장적인 남성규범에서 볼 때 지나치게 사적이고 주관적이고 감상적일 수 있다. 그러나 페미니즘입장에서 분석한다면 전혜린의 삶은 비록 좌절로 끝이 났지만 전후 한국사회의 암울한 공간에서 여성으로서 결코 쉽지 않은 주체적 삶에 대한 강렬한 욕망을 보여주었다는 사실을 잊어서는 안 될 것이다.[3] 많은 사람들, 특히 여성들이 전혜린을

---

[3] 정순란: 최초의 한국여성독문학자, 전혜린. 독일어문학 제21집. 2003. 170쪽 참조.

좋아했던 또 하나의 이유는 그녀가 신여성으로 당시 우리 여성들이 살수 없었던 강렬한 삶을 살았기 때문이기도 하다.

　전혜린의 『그리고 아무 말도 하지 않았다』에서 나오는 "그것이 헛된 일임을 안다. 그러나 동경과 기대 없이 살 수 없는 사람이 있을까? 무너져 버린 뒤에도 그리움은 슬픈 아름다움은 지니고 있다."라는 문장으로 시작되는 「먼 곳에의 그리움」은 제7차 교육과정부터 고등문학(하)에 수록되어 있다.[4]

---

4) 고등문학(하). 296쪽. 도서출판 디딤돌. 2003.

제4장 독일노래

한국 서양음악계에서는 서양음악을 수용한 첫 인물로 양악대 지휘자 프란츠 에커르트 Franz Eckert(1852-1916)를 든다. 그는 28세에 일본으로 건너가 해군음악대 지휘자로 일했으며 일본 '기미오가요'를 작사한 인물이기도하다. 한국은 1900년 12월 19일에 군악대설치를 공포하면서 귀국해서 독일에 머물고 있는 에커르트를 한국으로 초대하여 1901년 2월에 복장과 악기를 갖춘 완전한 군악대로서 발족을 보게 되었다. 에커르트는 본격적인 서양음악을 한국민중에게 소개시켰을 뿐만 아니라 한일합방의 설움과 절망에 쌓인 우리 민족에게 위안과 용기를 줌으로 새로운 사조에 눈을 뜨게 했다.[1]

이러한 시대적 배경하에 일제강점기 당시 현재명을 비롯하여 많은 음악도들이 일본에서 유학을 했으며 한국보다 적어도 30년은 먼저 서양음악을 받아들인 일본에서 자연스럽게 독일음악을 접하게 되었다. 구체적

---

1) 李宥善: 韓國洋樂百年史. 音樂春秋社. 1985. 136쪽 참조.

으로 독일음악이 어떻게 한국에 수용되었는가하는 문제는 음악도들에게 맡겨야 할 것이다. 본 장에서는 우리들이 음악교과서에서 배운 노래, 그 외 우리들이 즐겨 부르는 노래 중에서 독일민요와 서정시를 찾아보고자 한다.

1. 독일민요

1) 초등학교 음악교과서

「동무들아 나오라 같이 놀자」

"동무들아 나오라 같이 놀자! 어여쁜 새들이 노래를 부른다. 동무들아 나오라, 같이 놀자!" 혹은 "동무들아 오너라 서로들 손잡고 노래하며 춤추며 놀아보자."라는 가사의 이 노래는 독일의 「오 사랑스러운 아우구스틴 O du lieber Augustin」이라는 왈츠 곡에 전혀 다른 우리말 가사를 붙인 것이다. 「오 사랑스러운 아우구스틴」의 독일노랫말을 읽어보기로 하자.

오, 사랑스러운 아우구스틴, 아우구스틴, 아우구스틴,
오, 사랑스러운 아우구스틴, 모든 것이 사라졌네!
스커트도, 지팡이도 사라지고
돈도 떨어지고, 모든 것이 가고 없네
사랑스러운 아우구스틴, 모든 것이 사라졌네!

오, 사랑스러운 아우구스틴, 아우구스틴, 아우구스틴,
오, 사랑스러운 아우구스틴, 모든 것이 사라졌네!

스커트도 사라지고, 지팡이도 사라지고 소녀도 사라지고 모든 것이 가고 없네.
사랑스러운 아우구스틴, 모든 것이 사라졌네.[2]

왈츠곡이지만 노랫말은 그렇게 즐거운 내용은 아니다. 아우구스틴은 17세기의 음유시인으로 당시 독일에 흑사병이 퍼진 위험한 상황에서 이 노래를 이용해 흑사병의 공포를 이겨내었다는 말이 전해지고 있다.

「뻐꾸기」

초등학교 2학년 음악교과서에 "뻐꾹 뻐꾹 봄이 가네, 뻐꾸기 소리 잘 가란 인사, 복사꽃이 떨어지네, 뻐꾹뻐꾹 여름 오네, 뻐꾸기 소리 첫여름 인사, 잎이 새로 돋아나네······"라는 노래가 있으며 윤석중 작사이다. 이 노래는 「뻐꾹, 뻐꾹 Kuckkuck. Kuckkuck」이라는 독일민요이며 노래가사는 호프만 폰 팔러스레벤 Hoffmann von Fallersleben의 것으로 알려져 있다.

뻐꾹, 뻐꾹, 숲에서 부른다.
노래하고 춤추며 뛰자!
봄, 봄이 오네

뻐꾹, 뻐꾹, 우는소리 그치지 않는다.
들판으로, 초원으로, 숲으로 오너라!
봄, 봄아, 오너라

뻐꾹, 뻐꾹, 위대한 영웅아!

---

2) Stefan Vieregg(Hrsg.): *Die schönsten deutschen Volkslieder*. Moewig. S. 109. 2002. 추후부터 이 책의 쪽수만 표시함.

네가 노래한 것이 이루어졌구나:
겨울, 겨울이 물러간다. (S. 163)

「봄바람」

"솔솔 부는 봄바람, 쌓인 눈 녹이고 잔디밭엔 새싹이 파릇파릇 나고요. 시냇물은 졸졸졸 노래하며 흐르네."라는 초등학교 음악교과서에 실린 노래역시 「모든 새들이 다 모였네 Alle Vögel sind schon da」라는 독일민요이며 팔러스레벤 작사다.

모든 새들이 다 모였네.
모든 새들이, 모두!
얼마나 멋지게 노래하고 연주하며
휘파람불고 지저귀며, 재잘거리는지!
봄이 이제 행군해 들어 오려하니,
노래부르며 소리내며 오너라.

새들이 모두 얼마나 즐거워하며,
잽싸고 즐겁게 움직이는가!
검은 지빠귀와 누런 지빠귀, 방울새와 찌르러기
그리고 모든 새떼가
우리에게 즐거운 한해가 되기를 바라며
온통 행복과 축복을 비는 구나! (S. 164)

「옹달샘」

우리가 즐겨 부르는 동요 "깊은 산 속 옹달샘 누가 와서 먹나요, 새벽에 토끼가 눈비비고 일어나 세수하러 왔다가 물만 먹고 가지요"라는 「옹달샘」 역시 독일민요이며 「가난하지만 즐겁고 자유롭게 Arm aber froh und frei」라는 쉬바벤 Schwaben 민요다.

> 저 아래 아랫마을, 거긴 정말 멋있다.
> 저 아래 아랫마을, 거긴 정말 멋있다.
> 윗마을에는 인목나무 열매, 아랫마을에는 포도,
> 나는 저 아래 아랫마을에서 편하게 살고싶다!
>
> 저 아래 네카강 골짜기, 거긴 정말 좋다.
> 저 아래 네카강 골짜기, 거긴 정말 좋다.
> 저 위에서는 내가 종종 불쾌감을 느끼지만,
> 저 아래에서는 언제나 기분이 좋다.(중략)[3]

「소나무」

초등학교 음악교과서에는 위 노래 외에도 우리가 너무나 잘 아는 "소나무야 소나무야 언제나 푸른 네 빛, 쓸쓸한 가을날이나 눈보라치는 날에도, 소나무야 소나무야 변하지 않는 네 빛…"이라는 「소나무 O Tannembaum」라는 노래가 실려있다. 1800년경부터 전해오는 독일 민요이며 독일어 가사는 차마크 J. A. Zamack와 안슈츠 E. Anschutz의 것이다. 독일어가사와 우리말 노래가사는 크게 차이가 없다.

「고요한 밤, 거룩한 밤」

교과서에서 배운 독일노래 중에는 성탄절과 관련된 노래도 많다. "고

---

3) Walter Hansen(Hrsg.): *Die schönsten Vo.lkslieder*. S.105. Wassermann. 2004.

요한 밤. 거룩한 밤, 어둠에 묻힌 밤, 성모 아기 태어나서 감사기도 드리네 아기 잘도 잔다.~ 아~ 기 잘도 잔다."라는 가사의 「고요한 밤, 거룩한 밤 Stille Nacht, heilige Nacht!」은 세계적으로 알려진 성탄절노래다. 오스트리아의 보좌 신부 요셉 모르 Josef Mohr가 1818년 12월 24일 고요한 밤에 대한 시를 지어 친구인 프란츠 그루버 Franz Gruber에게 주었고 그루버가 즉흥적으로 이 시에 곡을 붙여 작곡했다고 한다. 먼저 티롤 Tirol 지방으로 퍼져나가 오늘날 전세계적으로 알려지게 된 노래다.[4] 노랫말 가사는 우리말 가사와 거의 동일하다.

「반짝반짝 작은 별」

"반짝반짝 작은 별, 아름답게 비치네 동쪽 하늘에서도 서쪽 하늘에서도 반짝 반짝 작은 별, 아름답게 비치네."라는 노래는 「내일 산타클로스 할아버지가 오신다 Morgen kommt der Weihnachtsmann.」라는 독일노래에 전혀 다른 우리말 노랫말 가사를 붙인 것이다. 이 노래는 호프만 폰 팔러스레벤이 작사한 독일민요로 알려져 있다.

> 내일 산타클로스가 오신다
> 선물을 가지고 오신다.
> 북, 피리와 총,
> 깃발과 칼 그리고 또 더 많이,
> 그래, 나는 정말 군대 전체를
> 다 갖고 싶어.

---

4) 정경량:『노래로 배우는 독일어』. 문예림. 1999. 206쪽 참고.

우리에게 갖다줘요, 사랑스러운 산타클로스,
내일도 갖다줘요,
소총병과 척탄병,
더부룩한 곰과 표범,
말과 나귀, 양과 황소,
온갖 멋진 것들을! (S. 177)

「동동 동대문을 열어라」

"동동 동대문을 열어라, 남남 남대문을 열어라…" 또는 "부엉 부엉새가 우는 밤, 부엉 춥다고서 우는데…"라는 노래가사와 함께 우리에게 알려져 있는 이 노래는 「기뻐하고 즐거워하자 Laßt uns froh und munter sein」라는 독일 곡에 우리말 노래가사를 붙인 것이다. 이 노래의 독일 작곡가와 작사가 알려져 있지 않다.

기뻐하고 즐거워하자
진심으로 기뻐하자
즐거워, 즐거워, 트랄레랄레라!
곧 산타클로스가 오는 저녁이다!
곧 산타클로스가 오는 저녁이다!

그러면 접시를 갖다 놓아야지.
산타클로스가 분명 뭔가 갖다 놓을거야.
즐거워, 즐거워, 트랄레랄레라!
곧 산타클로스가 오는 저녁이다!
곧 산타클로스가 오는 저녁이다! (S. 175)

초등학교 음악교과서에 실린 노래 중에는 독일노래에서 멜로디만 가져오고 전혀 다른 가사를 붙여 부르는 경우가 많다. 그 중에서 특히 「옹달샘」, 「봄바람」, 「동 동 동대문을 열어라」, 「반짝 반짝 작은 별」은 독일어원전보다 더 아름다운 우리말 가사에 우리가 즐겨 부르는 동요다.

2) 중학교 음악교과서

「노래는 즐겁다」

중학교 1학년 음악교과서에 수록된 "노래는 즐겁구나~ 산너머 길 나무들이 울~창한 이산에 노래는 즐겁구나~ 산너머 길 나무들이 울~창한 이산에 가고 갈수록 산새들이 즐거이 노래~해 햇빛은 나뭇잎 반짝이며 우리들의 노래는 즐겁다"라는 「노래는 즐겁다」는 안병원 작사이며 울창한 숲 속, 새들이 지저귀는 산길을 즐겁게 노래 부르며 간다는 내용이다. 이 노래의 독일어제목은 「정녕 나는, 정녕 나는 Muß i denn, Muß i denn」이며 독일 남부 슈바벤 지방에서 나온 것으로 사랑하는 사람을 두고 떠나가야만 하는 젊은이가 이별의 상황에서 먼 훗날 다시 만나게 되리라는 기대와 소망을 담은 민요이다.

작은 도시로 떠나가야만 하는가,
정녕 나는, 정녕 나는 작은 도시로 떠나가야만 하는가,
그대 내 사랑은 여기에 머물고.
내가 오면, 내가 오면, 내가 다시 돌아오면,
다시 돌아오면, 내 사랑 그대여, 당신께 머무르리다.
언제나 그대 곁에 있을 수 없을 지라도, 나의 기쁨은 그대에게 있다오!
내가 오면, 내가 오면, 내가 다시 돌아오면,
다시 돌아오면, 내 사랑 그대여, 당신께 머무르리라.

내가 떠나야하니! 떠나야하니
그대는 그리도 우는구려, 그대는 그리도 우는구려.
사랑이 이제 끝난 것처럼,
저 밖에, 저 밖에 아가씨들이 많을지라도.
사랑하는 그대여, 나는 그대 곁에 신실하게 머물겠소.
내가 다른 아가씨를 보게되면, 내 사랑의 마음이 떠나버릴 거라고
생각하지 말아요; 저밖에
저밖에 아가씨들이 많이 있을 지라도,
사랑하는 그대여, 나는 그대 곁에 신실하게 머물겠소. (S. 226 - 227)

「잘 있거라 내 고향」

중학교 2학년 음악교서에 수록된 "뒷동산 위에 피인 백합화야 너 아름답구나 너를 떠나서 멀리 가는 마음 구슬프도다. 생각하면 눈물이 어리어라 잘 있거라 내 고향 잘 있거라 내 고향 잘 있거라 내 고향 잘 있거라 내 고향"이라는 노랫말로 시작되는 「잘 있거라 내 고향」이라는 노래는 한국 음악교과서에 독일민요라고 나와 있다. 그러나 독일에서 출간된 『독일 민요집 Deutsche Volkslieder』에는 고향과 이별하면서 부르는 노래가 많이 나오지만 「잘 있거라 내 고향」이라는 이 노래는 미처 출처가 밝혀지고 있지 않다.

「이 몸이 새라면」

"이 몸이 새라면. 이 몸이 새라면……" 하는 노랫말은 독일 낭만주의 작가인 아르님과 브렌타노의 민요집 『소년의 마적』에 나오는 「이 몸이 새라면 Wenn ich ein Vögelein wär'」라는 민요이며 1800년에 프리드리히

라이하르트 Friedrich Reichardt (1752-1814)가 작곡하였다.

이 몸이 새라면
그리고 작은 날개가 두 개 있다면
그대에게 날아갈텐데.
그러나 그럴 수 없기 때문에,
그러나 그럴 수 없기 때문에,
나는 여기에 머물러 있다네.

내가 그대로부터 멀리 떨어져 있어도,
또 잠 속에서 그대와 함께 있으면서
그대와 이야기를 나눌지라도
내가 깨어나면
내가 깨어나면
나는 홀로 있다네. (S. 354)

슈베르트의 「자장가」

중학교 음악교과서에 나오는 독일노래 중에는 민요 외에 자장가가 많다. 중학교 1학교 음악교과서에 나오는 "잘자라 잘자라 노래를 들으며 옥같이 예~쁜 우리 아가야 귀여운 너 잠 잘 적에 하느적 하느적 나비춤 춘다."라는 이 노래는 마티아스 클라우디우스 Matthias Claudius (1740-1815)의 시에 프란츠 슈베르트 Franz Schubert가 19살 때 작곡한 「자장가 Wiegenlied」이다.

잘자라, 잘자라, 사랑스럽고 귀여운 아가야,

네 어머니의 손이 너를 조용히 흔들어주고 있단다.
이 요람에 달린 끈이 흔들거리면서
너에게 부드러운 평안과 달콤한 위안을 자아내고 있단다.

잘자라, 잘자라, 귀여운 요람속에서,
네 어머니의 팔이 너를 보호해주고,
네 모든 소원과 모든 소유물을 어머니가
따뜻한 사랑으로 품고 있단다.5)

브람스의 「자장가」

"잘 자라 내 아기 내 귀여운 아기 아름다운 장미꽃 너를 둘러 피었네 잘 자라 내 아기 밤새 편히 쉬고 아침이 창 앞에 찾아올 때까지"라는 이 자장가는 「좋은 저녁, 좋은 밤 Guten Abend, gute Nacht」이라는 브람스의 자장가에 홍난파 역사이다. 브람스는 이 노래가사를 아르님과 브렌타노의 『소년의 마적』에서 취했다고 하나 카알 심록 Karl Simrock의 시로 알려져 있기도 하다.

좋은 저녁, 잘 자거라,
장미에 덮여,
패랭이꽃에 둘러싸여,
이불 밑으로 들어가라.
하느님이 원하시면, 내일아침.
너는 다시 깨어나리라.
하느님이 원하시면, 내일 아침,
너는 다시 깨어나리라.

---

5) 세계음악편집국(편). 世光名歌 350곡. 920쪽. 세광음악출판사. 1981.

좋은 저녁, 잘 자거라,
천사가 지켜주니,
천사가 꿈 속에서 너에게
아기 예수의 나무를 보여주리라.
이제 행복하고 달콤하게 잘 자고,
꿈 속의 천국에서 바라보거라.
이제 행복하고 달콤하게 잘 자고,
꿈 속의 천국에서 바라보거라. (S. 182)

"잘 자라 우리아가 앞뜰과 뒷동산에, 새들도 아가양도 다들 자~는데, 달님은 영창으로 은구슬 금 구슬을, 보내는 이~한밤……"라는 가사의 「잘 자라 우리아가 Schlafe, mein Prinzchen」 역시 김성태 작사로 우리가 널리 부르는 노래이다. 이 노래는 모차르트의 자장가로 알려져 있지만 사실 작곡가가 누구인지 정확하지 않으며 18세기 초에 만들어진 것으로 추정하고 있다.

「세레나데」

"명랑한 저 달빛아래 들리는 소리, 무슨 비밀 여기 있어 소곤거리나, 만날 언약 맺은 우리 달~밝은 오늘, 달~밝은 오늘 우리서로 잠시라도, 잊~지 못하여 잊~지 못하여, 오라는~ 가 나의 사랑 들리는 곳에, 타는 듯한 나의 생각 기다리는 너, 잊을 수 없구나 나의 사랑"이라는 가사의 「세레나데 Ständchen」는 루드비히 렐쉬탈프 Ludwig Rellstalb(1799−1860)의 시에 슈베르트가 곡을 붙인 것으로 슈베르트의 작품 중에서도 가장 유명한 가곡집『백조의 노래 Schwanengesang』에 실려있다.『백조의 노래』는『아름다운 물방앗간 아가씨』,『겨울 나그네』와 더불어 슈베르트의 3

대 가곡집의 하나이다.

> 나지막이 나의 노래가 밤을 뚫고 그대에게로 달아납니다,
> 이쪽 고요한 숲 속으로,
> 사랑하는 이여, 내게로 오세요!
> 달빛 아래로,
> 달빛 아래로,
> 가늘고 긴 나무 우듬지들이 속삭이면서 살랑거립니다.
> 사랑하는 이여, 적의에 찬 배반자가 엿들을까
> 두려워하지 말아요, 사랑하는 이여 두려워하지 말아요.
> 나이팅게일이 지저귀는 소리 들리나요?
> 아아! 나이팅게일은 당신에게 간청하고 있군요,
> 달콤한 비탄의 소리로 나를 위해 간청하는군요!
> 나이팅게일은 가슴속의 그리움을 아는가?
> 사랑의 고통을 아는가, 사랑의 고통을 아는가?
> 나이팅게일은 은빛 음색으로 모든 연약한 마음을,
> 연약한 마음을 뒤흔드는구나.
> 사랑하는 이여, 당신도 가슴을 움직여,
> 내말을 들어주오,
> 나는 떨면서 당신을 고대하고 있답니다.
> 어서, 나를 행복하게 해주오,
> 어서, 나를 행복하게 해주오,
> 나를 행복하게 해주오!6)

이상에서 우리 음악교과서에 수록된 독일민요의 노랫말을 살펴보았다. 우리말로 역사되어 불려지는 독일민요와 자장가는 이미 우리들에게

---

6) Dietrich Fischer-Diskau: *Texte deutscher Lieder*. S. 352. dtv. 1980.

너무나 익숙하여 독일어원전의 번역이 무색할 정도이다.

2. 독일서정시

1) 하이네의 시

우리가 즐겨 부르는 노래 중에는 독일민요 외에 독일서정시가 많다. 민요에서는 우리말 노랫말을 다시 부쳐 부르는 경우가 많지만 독일서정시의 경우에는 그 서정시를 노랫말로 그대로 사용하고 있다. 하인리히 하이네 (1797-1856)는 그의 『노래의 책 Buch der Lieder』을 통해 우리들에게 서정시인으로 알려져 있으며 『노래의 책』에 수록된 하이네의 많은 시들이 1920년대와 1930년대 우리말로 번역되어 노래로 불려지고 있다.

「로렐라이」

"옛날부터 전~해오는 쓸쓸한 그 말이 가슴속에 그립게도 아련히 떠오르네……"라는 노랫말가사로 우리가 즐겨 부르는 「로렐라이 Die Lorelei」는 하이네의 서정시, 프리드리히 질허 Friedrich Silcher의 작곡이다. 「로렐라이」는 1920년 ≪개벽≫ 제1호에 현철에 의해 최초로 번역되었으나 시 전체가 번역된 것은 아니며 첫 세 소절만 번역되었다. 그 후 ≪개벽≫ 제3호에 시 전체가 번역되면서 즐겨 부르게 되었다.[7] ≪개벽≫에 처음으로 소개된 「로오래라이」를 읽어 보자.

---

7) 이유영(외): 한독문학비교연구 2. 서강대학교 인문과학연구소. 1980. 89쪽 참조바람.

엇전지 모려만 마음에키어
예로부터 傳한말이 몸에져엇네
라인河는 고요히 흘러가는대
드는(入)해는 놀에싸여 곱게빗첫다

어여쁜 處女몸이 바위에 서서
黃金빗을 손에들고 풀닌머리를
빗으면서 부러는 노래소리에
이상하고 야릇하지 魂이 다쩟다.

지내(過)는 배손님(船客)이 노래에 홀여
바위돌도 보지안코 우만보다가
물결에 파뭇첫내 배와 사람이
奇異하다 處女노래 로오래라이8)

「로렐라이」에 얽힌 이야기는 노랫말과 더불어 1920년 이래로 우리나라에 널리 알려져 있다. 1923년 잡지 ≪동명≫에 그림동화 16편이 수록되어있는데 그 중에 로렐라이 전설에 얽힌 「十字架의 힘」이라는 동화가 있다.

十字架의 힘 그림童話集에서

◇덕국서쪽에 소리업시 흘러가는 「라인」강가에 「로오레라이」라하는 커다란바위가 웃둑솟아잇습니다.
◇어느날저녁나절이엇습니다. 그바위우에 귀엽게생긴 어린형데를 두쩍무릅에안치고 고읍게넘어가는 저녁볏을 찍고 가만히 물만들여다보는

---
8) ≪개벽≫ 3호. 138쪽. 1920.

어쩐안악네가 한분잇섯습니다.
　◇그는 얼마동안 멍먹히 안잣다가 묵어운입술을쎄어
「너의들은 「로오레라이」의 물귀신이약이를 언제인가들엇지?」
　이 아이의 눈동자는 한쎄번에 그어머니의얼굴로 몰녀서 치어다보며
「응 어저쎄! 어저쎄! 어머니가 웨니약이안햇서.」
하고 둘이다뒤가며 어머니의턱어리를 어루만젓습니다. 그는 귀챤해하는 듯이 그러나 깃븐얼굴로두아이의 손을 저처노흔후
「자! 알거든 이악이해봐라」
하기가 무섭게
「넷날넷적 이바위우에 괴상한 계집애가 머리풀어산발하고 아릿다운목소리로 노래를햇다구. 그래 배타고 이강을지나는 사람들이 그노래ㅅ소리에 홀려서 이곳갓가이 노질해옴년 배가 별안간복선이되어 모두물에싸저 죽엇다는이악이 아니야」 하고 둘이 쏙가티 글외이듯햇습니다. 그는 웃는얼굴로 어린애들에게 키쓰를 하면서
「에! 착하다. 참 잘아는구나」
「알구말구. 그러케유명한 이악이는 왼세상사람이 다안다는데 그럼」
「그래 그괴상한계집애는 그 후 어쩌케됏다듸. 벌서 이바위우에는 잇지안하쟌흐냐」
　◇아이들은 어머니말에 무에라고대답하는지몰라서 어물어물하다가 그대로 아무말도업시 물을들여다보고 잇섯습니다. 넉편네는 부들어운목소리로 웃어가며 「그럼 내가이약이할가. 괴상한계집애가 어쩌케된 것을」
하니까 두아이의얼굴은 볼동안에화안해저서
「응 이약이해줘. 어서」
하고 머리를한번쓰다듬엇습니다. 넉편네는 자리를곤처안드니 이악이ㅅ집어냇습니다. 그이악이는이럿습니다.
　◇「로오레라이」바위우에 괴상한 계집애는 물귀신인데 「라인」강의물귀신이라합니다. 그계집애는 사람의혼백을 물속에잡아너코서 몹시 깃버햇다합니다. 그래 저긔저편짝에서 배ㅅ그림자만보이면 곳머리풀어산발하고

곱고아릿다운목소리로 노래를하는데 그얼굴도 만고의일색일쑨아니라 노래 소리가하도 듯기조하서 어찌할수업시 차차 배를몰아오는데 「로오레라이」 바위갓가운곳에는 칼날가튼암초(暗礁)가잇서서 한번거긔만부듸치면 무슨배라도 파선이되고 배ㅅ탓든사람들이 물속에서 살랴고허둥지둥하는 꼴을 보구서는 쌀쌀웃으며 조롱하는 듯이 무슨노래를 햇다합니다.

◇이런참혹한일이 하루도 몃번식닐어나기째문에 나종에는생각다못하야 「라인」을 건느는사람은 「로오레라이」바위가 눈에보이게되면 납으로 귀를틀어 막앗다합니다. 아모쪼록 물귀신의 아릿다운노래ㅅ소리를 듯지안하랴고.

◇그 후에는 물귀신이 아무리노래를한대야 족음도샷닥업시 그바위엽흐로지나단엿다합니다. 이걸볼째마다물귀신은 심사가나서 견듸ㄹ수업섯습니다. 생각다못하야 어느날부터 사흘반사흘낫을두고 궁리를햇스나 아무 긔특한게업드니만 하루는우연히 이상한노래가가슴에 솟아올랏습니다.

　깁고나맑은 「라인」강가에
　물결쳐 흘러가는 저배야
　이내부르는 노래소리
　막아논 귀에야 들릴수업ㅅ건만
　바람에불려서 스르르살작
　물우에 시쳐 지나갈째에
　아! 물아, 맑은물아
　넓다란 아구리 열어제치고 배에휩싸서 사람을삼켜다오

라는 것이엇습니다.

◇그래 물귀신은 몹시깃버서 아츰 일즉부터 바위우에서서 배가오기만 기대리고 잇섯습니다. 점심나절쯤디자 저위대에서 과연배한척이 쩌나려왓습니다. 그배에탄사람은 「라인」강 갓가운 어느동네에 제일가는부자인데 여럿이 모다 녹인랍으로 귀를틀어막앗습니다. 배가 얼마안되어 「로오레라이」바위엽흐로왓습니다. 배안에ㅅ사람들은 모두 눈이바위에서잇는 물귀신한테로만 몰려서 보고잇는동안에 한번놀려주굽혀젓습니다. 그래여럿이

입술을쎄ㅅ죽하기도하고 손짓으로 얼러대기도하야 까짜를올엿습니다.

◇물귀신은 독이나서 입을꼭아물린채 눈을쏙바로쓰고 노려보앗습니다.

「애얘! 분하냐, 분해」
하면서 한거번에 으악하고웃엇습니다.

「분을참는건 못난이란다. 아나 이년아 엿먹어라」하고 미리실고왓든 조악돌로 막 팔매를처가며 노질을하야 얼마쯤갓습니다.

◇그때에물귀신은목소리를가다듬어서
깁고나맑은 「라인」강가에
물결쳐 흘러가는 저배야
이내부르는 노래소리
막아논 귀에야 들릴수업건만
바람에 불려서 스르르살작
물우에 시쳐 지나갈때에
아! 물아, 맑은물아 넓다란 아구리 열어제치고
배에휩싸서 사람을삼켜다오

하는 노래소리가 배ㅅ사람에게는 들리지안햇지마는 그소리가 솔솔부는 바람에석겨 물우에시치자 「라인」강은 별안간 둘로쫙갈라지드니 난대업는회오리바람이닐어나서 배는 것잡을새도업시 깁고나깁흔 강속으로 가라안저버렷습니다. 그래 그배ㅅ속에 사람의령혼은 모다 물이삼켜버렷습니다.

◇이소문이나자 근동사람들은 일변무서워도하고 쏘한편으로는 깃버도햇습니다. 납을녹어서 귀를틀어막ㅇ면 아무치아트니 인저그것도 소용업게되엇슴으로 새로무서워지고 쏘욕심사나웁고 인심고약하든 안말사는부자가그러케되엇다함을 은근히 속시원히녁겻습니다. 그 후몃칠을두고 날마다 이런일이나고보니 근동사람들의 신경은 바눌끗처럼 날캅어젓습니다. 그중에서도 여러사람을위하야 가장 걱정하는사람은 저째물에빠저죽은 부자ㅅ집쌀 「루이제」란 계집애이엇습니다.

◇「루이제」는 무남독녀 외딸이엇습니다. 「루이제」는 그아버지와달라서 령리하고인정만코 사람조키로유명하야 동네사람한테 몹시귀염을 바닷습니다. 「루이제」는 돌아가신아버지를 생각하야 항상슬퍼하며 쏘다른 사람이 날마다죽는것이 애석하야 밤이나낫이나 틈만잇스면 례배당성상압헤 두무릅을정히쑬코서

「성모마리아님! 「라인」강에 배가복선되지말게하야주시옵소서. 성모끠서는 웨 애매한생명을 그러케 만히 업새십니까. 저한몸이야 아무러케되어도관계업스니 동네ㅅ사람을랑 살려주시옵소서 아멘」

정성스럽은 「루이제」의긔도가 밤이나 낫이나 잇섯습니다. 하지마는 아무리 정성스럽은 「루이제」의긔도도 아무소용업시 「로오레라이」건처에서 날마다 복선이되어 만흔사람이 죽엇습니다.

◇「루이제」는 밤늣낫에니어서 긔도를 하기를 한달포나넘어햇습니다. 하루날 밤중에 「루이제」가 역시긔도를 올리고 잇는데 「마리아」의 성상이 쑤물쑤물하기 시작하드니 한거름 두거름식 「루이제」갓가이와서 자긔목에걸엇든십자가를벗어서 던젓습니다. 「루이제」는 하도놀라워서 긔절한채 성당속에 잣바젓다가 차차정신이돌아스나어쩔지를몰라서두손으로눈을가리우고업드려잇자니까부들업고간엷힌목소리로 「루이제야! 겁내지마라! 나는 마리아이다. 동네ㅅ사람을위하는 너의마음을 긔특하게녁긴다. 그네를구하랴면 내말을명심해 들어라」

하얏습니다.

◇「루이제」는

「아! 마리아ㅅ님!」

하고 고개를번쩍들고 성상압흐로밧삭나아갓습니다.

◇성모마라아는 빙글에웃으면서

「그러면 루이제야! 먼저너의아버지가남겨주신재산전부를 이분하야 그반분은 네어머님끠. 쏘 그반분은동네ㅅ사람에게 난호아주어라!」

「네! 그대로하다뿐이겟습니까.」

「그리고 저긔잇는 십자가를 가지고 가거라! 그래 날마다 「로오레라이」

바위를향하야 십자가를 가슴에대고 긔도를해봐라! 그리면 다알것이니」
하얏습니다. 「루이제」는 어쩌케깃벗든지 그 자리에업들여서 한참동안이나
긔도를하다가 다시성상을 치어다볼째에는 벌서꿈적도안하고 잇섯습니다.

◇그길로곳장집으로 돌아온 「루이제」는 지금쌔지지난일을모다 어머니
쯰말하고 마라아님의말대로 재산을삼분하야 한목만남겨노코 두목은동
네사람들에게 허터주엇습니다. 그래여러사람이 입을가추어 「루이제」를
층찬하나 「루이제」는 들은체도아니하고 「나는 마리아님의말슴대로 「로
오레라이」바위미테로 가야겟는데 내손으로 노질은못하고 누구든지나하
구가티가실이가 계십니까」 하고 여러사람을 휘휘둘러보니까. 모다별안간
걱정스럽은 얼굴이엇습니다. 「누구시든지 관계업습니다.」 아즉어린 「루
이제」에게 이런말을 듯고보니 동네ㅅ사람들은 모다부끄러웟습니다. 그째
마츰 긔음세고얼굴잘난 한참장정인 두젊은사람이 팔을쑵내쥐고 툭쒸어
나오면서
「그럼 나하구갑시다. 우리가 노질을해들이지요. 작은아씨어쩌십니까」
「어서 갑시다」
하야 배가 「로오레라이」바위갓가이 갈째에 마츰그곳을지나든 어썬배한채
가물귀신에게 홀려서 지금막복선이되락말락할판이엇습니다. 그걸본 「루이
제」는
「얘! 이것야단낫다 어서어서」
하면 배를살가티 몰아감년서 「마리아ㅅ님」이 주신 십자가를 가슴에대고
「마리아ㅅ님! 저사람들을 살려주시옵소서」 하기가 무섭게 물귀신은 바
위우에서 쩍구로 물속에 싸져버렷다합니다. 「아야!」 하면서 두아이는 손
바닥을 짝짝 첫습니다.

어머니가 두 자녀에게 로렐라이 언덕에 얽힌 이야기를 들려주는 형식
으로 되어 있는 1923년 6월 3일 잡지 ≪동명≫에 수록된 이 로렐라이 이
야기는 미완인 채 끝나고 말며 이 이야기를 끝으로 더 이상 ≪동명≫에

는 그림동화가 연재되지 않았다. 이「十字架의 힘」은 1923년, 잡지 ≪동명≫에 수록된 16편의 그림동화 중에 마지막으로 나오지만 사실 이 동화는 그림동화가 아니며 작자는 밝혀지지 않고 있다.

≪동명≫에 수록된 그림동화 중에서 이렇게 루이제라는 서양이름과 성상, 마리아라는 가톨릭 용어들이 나오는 것은 처음이다. 당시 우리나라에 기독교가 들어왔지만 일부에서만 국한되었고 ≪동명≫에 수록된 대부분의 그림동화는 한국문화와 정서에 맞게 고쳐 썼음에도 유독 이 이야기에서는 십자가라는 용어부터 시작하여 기독교문화를 강하게 풍기고 있다.

로렐라이언덕이 있는 곳은 라인강 중에서 가장 폭이 좁아 종종 전복사고가 있었으며 그 전복사고의 원인을 사람들은 로렐라이 언덕 위의 요정 탓으로 생각했다고 한다. 지금도 독일에서는 라인강 유람선이 로렐라이 언덕 앞으로 지나갈 무렵이면 이「로렐라이」노래를 틀어준다. 「로렐라이」는 수없이 많은 외국 관광객, 그 중에서 아시아인들, 특히 일본인과 한국인이 가장 좋아하는 노래다. 로렐라이 언덕은 외관상으로 보아서는 라인강가의 다른 언덕과 전혀 차별되지 않는 언덕에 불과하지만 그 로렐라이 언덕에 얽힌 슬픈 전설 때문에 독일여행에서 빠질 수 없는 관광명소이다. 박용철이 번역한「로레라이」를 읽어보기로 하자.

　　일인바에 알수는 없으나,
　　나는 그저 설다네.
　　녜부터 나려오는 한이야기
　　마음에 잊혀지지 않습네.

　　싼듯한공기, 날은저물고,

라인강 고요히 흐르는데,
뫼ㅅ봉오리 저녁햇빛에
번쩍이고 있습네.

아련히 아릿다운 새악시
바위 저우에 앉었습네,
황금 꾸미개 번쩍어리고, 금빛 머리를 빗겼 습네.

황금빗으로 머리빗기며,
부르는 노래도 한가락
흘러가는 멜로디도
야릇하고 힘있습네.

조그만 배에 배탄 사람이
미칠듯한 괴로움에 붙들이여,
사난바위는 볼줄도 모르고,
우에 색시만 치여다보네.

그대와 사람 한데암즐러
마츰내 물ㅅ결에 삼켰을게라,
로레라이선녀는 저의 노래로
이런 짓거리 하였습네.9)

  위 박용철의 「로렐라이」는 1939년 5월에 간행된 『박용철전집』 1권 <번역시편>에 수록되어있다. 그 후에도 이 「로렐라이」라는 시는 다양하게 번역되었으나 우리나라에서는 시보다는 노래로 더 많이 알려져 있

---

9) 박용철전집(시편). 198 - 200쪽. 현대사. 1982.

다. 「로렐라이」에서는 '나 Ich'라는 인물이 사람들에게 로렐라이전설에 얽힌 이야기, 아름다운 소녀의 매혹과 뱃사공의 죽음에 대한 이야기를 들려준다. 동화의 세계에 나오는 아름다운 소녀의 유혹은 뱃사공의 죽음이라는 끔찍한 현실과 대립되어 있으며 시의 독자들은 환상의 세계로 여행을 하다가 그 환상에서 벗어나 일상으로 되돌아온다. 이 시가 가지고 있던 본래의 갈등구조는 현실을 벗어나려는 동화적 환상의 세계와 이를 불가능하게 만드는 현실세계이다. 하이네는 독일 사실주의, 청년독일파 Das junge Deutschland에 속하는 시인으로 이 시를 통해 독자로 하여금 환상의 세계에서 벗어나 일상을 세계로 돌아오는 이야기를 하고 있다. 그러나 우리는 이 시에서 환상과 현실을 하나로 받아드렸으며 현실의 세계는 약화되고 환상의 세계만 강조되어버린 것이다. 결국 「로렐라이」에 남은 것은 뱃사공과 요정간의 불행한 사랑에 대한 끝없는 연민과 동정이었다.[10] 뱃사공과 요정간의 슬픈 사랑을 노래하는 이 시는 우리나라에서는 아름다움의 극치는 죽음과 통한다는 심미관을 나타내는 것으로 설명되었다.[11] 하이네 시의 진실이 독자에게 다르게 전달 된 것을 두고 많은 논란을 벌일 수 있겠지만 그러나 외국문학의 수용, 특히 시를 번역하는 과정에서 시어를 살리거나 운율을 생각하다보면 결정적인 잘못을 하게 된다. 그리고 아무리 원문에 충실한 번역을 한다 해도 시를 받아들이는 것은 독자의 몫이기 때문에 그들이 처한 환경과 상황에 따라 작가의 의도와는 전혀 다르게 전해질 수도 있다.

---

10) 김수용: 한국독어독문학회 '97 독어독문학 학술대회자료집. 독일어와 한국어. 독일문학과 한국문학. 충북대학교 1997. 10. 24 - 25. 39쪽 참조.
11) 이유영(외): 한독문학비교연구 1. 삼영사. 1976. 325쪽 참조.

「그대는 한 송이 꽃」

하이네의 시 중에서 이 「로렐라이」 만큼은 아니지만 우리에게 널리 알려진 「그대는 한 송이 꽃 Du bist wie eine Blume」 역시 로베르트 슈만 Robert Schumann 작곡으로 널리 애창되고 있다. "한 송이 꽃과 같이 아름다운 네 모습 너를 바라보면 내 마음 아파지네. 나의 이 두 손을 모아 주께 기도하리라. 아름답고 거룩하게 보호하여주오."라는 노랫말의 「그대는 한 송이 꽃」은 1920년 1월 31일 잡지 ≪현대≫에 처음으로 「너로 하여곰」이라는 제목으로 소개되었으나 역자미상이다.

> 너로 하여곰
> 꽃에 比하고싶다.
> 참으로 틔업고 곱고 사랑스러워
> 아차러운 생각을 막을 수 업다.
>
> 나는 두손을 펴서
> 너의 머리에대고서
> 언제든지
> 틔업고 곱고 사랑스러우라고
> 하나님께 기도하고싶다. (≪현대≫, 1920.)

박용철 역시 이 시를 「너는 한 송이 꽃」이라는 제목으로 번역하였으며 1939년에 출간된 『박용철전집』 1권에 수록되어 있다.

> 너는 바로 한송이 꽃이여라.
> 그리 어엽고 곱고 맑아라.

너를 보고만있으면 서름이
가슴속으로 어느새 기여들어온다.

내머리우에 내손을 얹고
어떻게 나는 빌어야 할까보다,
하나님이 너를 이대로
말고 곱고 어엽게 지켜줍소서. (『박용철전집』(시편). 215쪽)

「노래의 날개 위에」

 "노래의 날개 위에 그대를 보내오리, 행복에 가득 찬 그 곳 아름다운 나라로 향기로운 꽃동산에 달빛도 밝은데~ 한송이 연~꽃으로 그대를 반~기리~"라는 노랫말의 고등학교 음악교과서에 실렸던 「노래의 날개 위에 Auf Flügeln des Gesangs」 역시 하이네의 시다. 『노래의 책』에 실려있는 하이네의 시에 멘델스존 Mendelssohn이 곡을 붙였다. 1930년 5월호 ≪시문학≫에 실렸던 박용철의 번역 「노래의 날개에 너를 싣고」를 읽어보자.

노래의 날개에 너를 싣고,
사랑아, 멀리 가고지워라.
깐지스강가 꽃피는 들로,
거기서도 가장 아름다운 구석을 나는 아노니.

고요한 달빛아래
붉게 꽃피는 뒤안이 있고,
연꽃은 저의 어엽쁜

어린누의를 기다리고 있다.

시르미꽃 웃고 속살거리며
하날의 별을 치어다본다.
장미는 저이끼리 귀에 대이고
향기로운 이야기를 가만이한다.

순하고 살가운 사슴은
이리 뛰여와 귀기우린다.
그리고 멀리서 소리내는
거룩한 강의 흐름이 들린다.

그아래 야자수그늘로
나려가잣구나, 사랑아,
그래 사랑과쉬임을 마시짓구나.
그래 복스런꿈 맺어보잣구나. (『박용철전집』(시편). 269-270쪽)

2) 괴테의 시

「들장미」

하이네 시 다음으로 가장 많이 노래로 불려지는 시는 괴테의 시며 그 중에서 "왠 아기가 보았네 들에 피~인 장미화 갓 피어난 어여쁜 그 향기에 반해서 정신없~이 보내 장미화야 장~미화 들에 피~인 장~미화."라는 노랫말 가사의 「들장미 Das Heidenröslein」이다. 슈베르트와 베르너 Werner의 두 곡이 있으며 중학교 3학년 음악교과서에 나오는 곡은 베

르너의 곡이다. 박용철은 이 시를 「거친 들의 장미」라는 제목으로 1932
년 맨 처음 한국어로 번역하였다.

> 저아이보아 장미화를 보았어라
> 거친들에 홀로핀 장미화를
> 가지피여 고읍고 새틋한양
> 가까히 보려 다름질 뛰여갔네
> 보고나니 기쁜정 넘치여라
> 장미화 장미화 붉은 장미화
> 거친들에 붉은 장미화
>
> 아해말이 내 너를 꼈을란다
> 거친들에 피여난 장미화야
> 장미 대답 나는 너를 찌를란다
> 네맘에 나를 영영 못닞도록
> 나도 그냥 있진 않을테야
> 장미화 장미화 붉은 장미화.
>
> 그아해는 함부로 손에대여
> 들에핀 그장미를 꺾었어라
> 장미도 지지않고 찔렀으나
> 울어도 소리쳐도 쓸데없어
> 장미는 할수없이 꺾인 것을
> 장미화 장미화 붉은 장미화
> 거친 들의 붉은 장미화 (『박용철전집』(시편). 170 - 171쪽)

괴테가 라이프치히에서 법학을 공부하던 중 병이 나서 고향으로 돌아
와 휴양을 취한 다음 다시 공부하러 간 곳이 스트라스부르크 Straßburg이

다. 그는 스트라스부르크 근처 작은 마을 제젠하임 Sesenheim에서 목사의 딸 프리드리케 브리온 Friedrike Brion이라는 소녀를 만나게 되며 「들장미」는 바로 프리데리케 브리온에 대한 괴테의 심정, 그녀에 대한 사랑, 아픔, 사죄의 마음을 표현한 시다.

「마왕」

「마왕 Der Erlkönig」은 괴테의 시 중에서 특별히 손꼽히지는 않지만 사람을 죽음으로 이끄는 마왕의 전설을 토대로 하여 마왕이 어떻게 아버지의 품으로부터 어린아이의 생명을 앗아가는지를 그리는 발라드다. 슈베르트는 18세에 처음으로 괴테의 시 「마왕」에 곡을 붙이면서 작곡가로서 명성을 누리게 되었다.

> 이처럼 늦게 어둠과 바람 속에 말을 달려오는 이 누구일까
> 그건 아이를 데리고 오는 아버지이다.
> 상냥하게 아이를 끌어당겨
> 따사롭게 꼭 껴안는다
>
> 아가 왜 그리 무서워하며 얼굴을 가리니
> 아버지 저 마왕이 보이지 않아요,
> 관을 쓰고 꼬리가 긴
> 아가 저건 밤 안개의 띠란다
>
> 아가 오너라 나하고 같이 가자
> 재미있는 놀이를 해줄께
> 강가에는 고은 꽃이 많이 피었지

우리엄마는 황금 옷을 많이 갖고있단다

아버지 아버지 안들려요?
조그만 소리로 마왕이 속삭이는 소리가
아가 침착해라 당황하지 마라
가랑잎에 바람이 울리는 거야.

아가야 나하고 가지 않으련
우리 딸이 너를 아껴 줄거야
밤의 춤을 추면서
발걸음도 가벼히 흔들며 노래불러 재워주리라

아버지 아버지 안보여요?
저기 저 어둠 속에 마왕의 딸이
아가, 아가 아버지는 보고 있어
잿빛으로 보이는 것은 버드나무 고목이다.

귀여운 아기다 귀여워서 견딜 수가 없어
싫다면 힘으로 할테다.
아버지 아버지 마왕이 붙잡아요!
앗! 붙잡히었어!
깜짝 놀라 아버지는 말을 재촉하여
숨 너머 가는 아이를 데리고
가까스로 집에 이르렀네
아 그러나 안고 있던 아이는 죽어 있었네.[12]

---

12) 지명석(역): 괴에테시집. 126 - 128쪽. 문음사. 1968.

「미뇽의 노래」

괴테 시에 슈베르트가 작곡한 「미뇽의 노래 Lied der Mignon」는 음악 교과서에 수록된 것은 아니지만 우리들에게 널리 알려진 곡이다. "아는가 그대는 레몬 꽃 피는 나라를 어스름한 잎 그늘엔 황금빛 귤이 빛나고 산들바람은 푸른 하늘에서 흘러와 뮈르터 차분히 월계수는 우뚝 솟았다. 그대 아는 가 그것을, 가자 저편으로 다 같이 함께 가자 아 내 그리운 그대여……"이라고 시작되는 「미뇽의 노래」는 괴테의 『빌헬름 마이스터의 수업시대 Wilhelm Meisters Lehrjahre』 제2편 첫 페이지에 나온다. 이 시는 1930년대에 박용철과 서항석, 최재서에 의해 번역되었다. 먼저 박용철의 「미뇬의 노래」를 읽어보자.

    아는가 그대 남녘의 나라 시트론 꽃이 피고
    어둔 닢 그늘에 금빛 오란지 빛이 나고
    다수한 바람 푸른 하날로 불어나리고,
    미르테 고요하며 월계수 높이 서 있는 나라—
    그대여 이를 아시는가?
    그리로, 그리로
    그대는 같이, 나의 사랑하옵는 이어, 가고지워라

    아는가 그대 그집은 지붕아래 둥글은 기둥,
    썰론은 어른거리며 방은 환하게밝고,
    대리석상들 그대로서서 나를 바라보고,
    불상한 아이야, 사람이 너를 어찌나 했느냐?—
    그대는 아시는가?
    그리로, 그리로!

그대와같이, 나를가려주옵는이여, 가고지워라.

아는가 그대 거기산들과 구름에잠긴 길들을,
안개가운대 나귀는 길찾아나가고,
몇백년묵은 이무기겨례 굴속에살고,
바위 사오납고 그위로 물넘쳐가는—
그대여 이를 아시는가?
그리로 그리로!
우리의길을, 오—나의아버지시여, 가고지워러라
　　　　　　　　　(『박용철전집』(시편). 166—167쪽)

서항석 역시 1931년에 「미뇬의 노래」를 번역하였다.

「레몬」나무 꽃피는 저 나라를 아십니까? 어둑한
숲속에는 金빛감이 익어 잇고
새파란 하늘에선 실바람이 불어오는
「뮐테」나무 고요히 서고 月桂樹 높이 솟는
저 나라를 아십니까?
오—살틀한 이어 그대와 가사이다. (≪新生≫ 9월호. 1931년)

「나그네의 밤 노래」

슈베르트 곡의 「나그네의 밤 노래 Wanderers Nachtlied」는 괴테의 시며 우리나라에서는 서항석이 1932년 「길손의 밤노래」라는 제목으로 ≪문예월간≫에 맨 처음 소개했다. 괴테는 프랑크푸르트에서 태어났지만 생의 대부분을 바이마르 Weimar에서 보냈으며 튀링겐 주, 바이마르에서 멀지 않은 일메나우 Ilmenau라는 곳에서 사망했다. 괴테가 바이마르에 살 때

1775년부터 1786년 사이에 직무상 자주 들렸던 일메나우에는 유명한 '괴테의 산책로'가 지금도 남아있다. 괴테가 13번이나 체류했다는 슈티처바하 Stützerbach의 괴테하우스에서 자동차로 20분가량 가면 가벨바하 Gabelbach의 사냥 초소가 나오고 다시 '괴테의 산책로'를 따라가다가 오른쪽으로 굽어 들면 1779년 3월 19일 『이피게니 Iphigenie auf Tauris』의 4막을 썼다는 슈발벤슈타인 Schwalbenstein, 그리고 키켈한 Kickelhahn의 사냥초소가 나온다. 이 사냥초소의 벽에 괴테의 유명한 시 「나그네의 밤노래」의 2부가 적혀 있다.

    봉우리 마다
    휴식이 있고
    나무가지 마다
    한줄기 바람결도
    느낄 수 없네
    새들은 숲 속에서 잠들었나니
    걸음을 멈추고 곧
    그대도 쉬어가리. (『괴에테시집』. 96쪽)

괴테는 1780년 9월 6일에 사냥초소 벽에다 연필로 이 시를 적어두었는데 1831년 8월 우연히 다시 이곳에 들려 50년 전 자신이 써 놓은 시를 읽었다고 한다. "그대도 쉬어가리"라는 구절처럼 6개월이 지난 1832년 3월 22일 괴테는 영원한 안식에 들어갔다. 2002년 필자가 이곳을 찾았을 때 괴테의 시에는 커다란 유리벽이 덮여 있고 그 위에는 영어, 프랑스어, 스페인어, 일본어, 중국어 등 다양한 언어로 번역된 「나그네의 밤노래」가 적혀있었다. 유감스럽게도 한국어 번역은 없었다.

한국대학의 독일 시문학 강의에서 가장 많이 다루어진 시인이 바로 괴테와 하이네이며 괴테와 하이네시 중에서 우리들에게 널리 알려진 것은 그 중에서도 특히 서정적인 시가 대부분이다. 괴테와 하이네는 문학적인 가치 측면에서뿐만 아니라 이들의 작품경향이 한국인의 보편적 감수성에 잘 들어맞는 사람이라고 볼 수 있을 것이다.[13]

3) 뮐러의 시

「보리수」

우리들이 음악교과서에서 배워 익히 알고 있는 노래 중에 "성문 앞 우물가에 서 있는 보리수, 나는 그 그늘아래서 단꿈을 꾸었네. 기쁠 때나 슬플 때나 찾아~온~보리수……"라는 노랫말로 시작되는 「보리수 Der Lindenbaum」는 독일낭만주의 작가인 빌헬름 뮐러 Wilhelm Müller의 시다.

> 성문 앞 우물가에
> 보리수 한 그루 서있네.
> 그 보리수 그늘아래서
> 나는 그리도 여러 번 단꿈을 꾸었지.
> 나는 그 보리수가지에다
> 그토록 여러 번 사랑의 말을 새겼지;
> 기쁠 때나 슬플 때나
> 언제나 그 보리수에게,
> 언제나 그 보리수에게 갔었지.
>
> 나는 오늘도 깊은 밤에

---

13) 안상원: 독일시문학의 수용.『한국독문학수용 100년 1』. 2001. 203쪽 참조.

떠돌아 다녀야만 했네,
그때 어두움 속에서도
나는 눈을 감았지.
보리수가지가 살랑거리는 소리를 내며,
나를 부르는 것 같았네:
친구여, 내게로 오게나,
여기서 안식을 얻을 걸세. (*Die schönsten Volkslieder* S. 240)

    1822년 빌헬름 뮐러가 쓴 시에다 1827년 슈베르트가 작곡한 것으로 슈베르트의 연가집 『겨울나그네』(1827)라는 가곡집에 나오는 슈베르트의 가장 유명한 곡이다. 31살로 요절한 슈베르트의 곡 중 이 「보리수」만큼 유명한 곡은 "아베마리아! 온유한 동정녀시여, 소녀의 간청을 들어주소서"라고 시작되는 「아베마리아 Ave Maria」라는 노래가 있으나 이 곡의 가사는 영국시인 월터 스코트 Walter Scott로 알려져 있다.

4) 헤롯세의 시

「그대를 사랑하리」

    2002년, 고등학교 음악교과서, 외국가요에 나오는 "사랑이여 우리들은 아침에도 저녁에도 서로 서로 근심 걱정 나누며 살아왔네, 근심걱정 나눌진댄 그 무엇이 두려워, 나의 걱정을 그대가 그대가 근심하면, 내 사랑 그대여"라는 「그대를 사랑하리 Ich liebe Dich」라는 노래는 카알 프리드리히 헤롯세 Karl Friedrich Herrosee 작사, 베토벤 작곡이다.

그대가 나를 사랑하듯

저녁이나 아침이나 나 그대를 사랑해요.
그대와 내가 우리의 근심을
함께 나누지 않은 날은 하루도 없었어요.
그 근심 또한 그대와 내가 나누어
쉽게 견디어 낼 수 있었지요.
그대는 내가 근심할 때, 나를 위로해주었고,
나는 그대가 슬퍼할 때, 그대 때문에 울었지요.
그대 나의 삶의 기쁨이어,
하느님의 축복이 그대에게 있기를.
하느님이 그대를 지켜주시고, 그대를 내 곁에 있게 해주시기를,
우리 두 사람을 지켜주고 보호해주시기를,
하느님이 그대를 지켜주시고, 그대를 내 곁에 있게 해주시기를,
우리 두 사람을 지켜주시고 보호해주시기를,
우리 두 사람을 보호해주시기를, 보호해주시기를,
우리 두 사람을 보호해주시기를. (*Die schönsten Volkslieder.* S. 352)

5) 쉴러의 시

「환희의 송가」

"환희여, 신들의 아름다운 광채여, 낙원의 처녀들이여, 우리 모두 감동에 취하고 빛이 가득한 신전으로 들어가자.……" 라는 노랫말로 시작되는 「환희의 송가」는 쉴러의 「환희의 송가 An die Freude」(1785)에 1823년 베토벤이 곡을 붙였다. 젊은 시절 쉴러가 쓴 이 시는 쾨르너 Körner에 대한 우정에서 나온 것으로 알려져 있으며 그 동안 40곡이 넘도록 노래로 작곡되었다. 그 중에서 베토벤이 작곡한 이 「환희의 송가」는 베토벤 교향

곡 제9번 <합창>의 끝 부분에 삽입되었는데 기쁨을 노래하는 이 시는 쉴러가 살았던 그 당시에 이미 널리 알려졌다. 이 「환희의 송가」는 한국 음악교과서에서는 나오지 않지만 교회에서 성가로 널리 불려지고 있다.

> 환희여, 아름다운 신들의 불꽃이여,
> 천국의 딸이여,
> 우리는 불에 취해
> 그대의 신성한 천국에 발을 디디노라.
> 그대의 마술은, 세태가 엄격하게
> 갈라놓았던 것을 다시 묶어주는 도다.
> 그대의 부드러운 날개가 머무는 곳,
> 그곳에서 거지들은 영주의 형제가 되도다.
>
> 어떤 친구의 친구가 된다고 하는,
> 그 커다란 일에 성공한 사람은,
> 사랑한 여인을 얻은 사람은,
> 모두 와서 함께 환호하라!
> 그래, 또한 이 지구상에서 어떤 한 영혼을
> 자기의 것이라고 말 할 수 있는 사람도 환호하라!
> 그러지 못한 사람은, 울면서
> 이 모임에도 조용히 빠져 나가거라![14]

---

14) Friedrich Schiller : *Sämtliche Werke*. 1. Bd. S. 133. Carl Hanser. 1984.

6) 헤세의 시

「아름다운 여인」

"장난감을 받고 그것을 바라보고 얼싸안고 기어이 부숴 버리는 내일이면 벌써 그를 준 사람 조차 잊어버리는 아이처럼 오 아름다운 나의 사람아"라는 서유석 작사, 작곡, 노래로 알려진 「아름다운 사람」이라는 노래는 헤세의 「아름다운 여인 Die Schöne」이라는 시에 서유석이 곡을 붙이고 노래를 불렀다. 교과서에 나오는 노래는 아니지만 1970년대에 널리 알려진 팝송으로 2005년 모 방송국의 <내 이름은 김삼순>이라는 드라마에서 불러 다시 한 번 유명해진 노래다.

> 장난감을 받고서 그것을 바라보고
> 얼싸안고 기어이 부숴버리는
> 내일이면 벌써 그를 준 사람조차
> 잊어버리는 아이처럼
> 오 아름다운 나의 사람아
>
> 당신은 내가 드린 내 마음의 고운 장난감처럼
> 조그만 손으로 장난하고
> 내 마음 고민에 잠겨있는
> 돌보지 않는 나의 여인아 나의 사람아
> 오 아름다운 나의 사람아 15)

이상에서 볼 때 베토벤, 브람스, 슈베르트, 질허 등 우리에게 잘 알려

---

15) Hermann Hesse: *Die gesammelten Schriften* 5. Bd. S. 574. 1978.

진 독일작곡가의 곡들은 모두 독일 시인들의 서정시이며 이들 독일서정시는 대부분 1920년대부터 시작하여 1930년대에 박용철, 서항석 등 일본에서 공부를 한 독문학 1세대에 의해 우리말로 번역되었다. 독일노래와 독일서정시는 분리해서 생각할 수 없기에 독일노래와 서정시중 어느 것이 먼저 우리나라에 수용되었는지는 말하기가 쉽지 않으며 독일서정시를 어느 책에서 번역했는지는 알려져 있지 않다. 그러나 1926년 일본 동경에서 출간된 『獨逸歌謠曲集 Deutsche Lieder』에 71편의 독일서정시가 수록되어있는데 위에서 언급한 「그대를 사랑하리」, 「로렐라이」, 「마왕」, 「나그네의 밤 노래」, 「노래의 날개 위에」, 「그대는 꽃과 같구나」, 「미뇽의 노래」, 「보리수」, 「들장미」, 「브람스의 자장가」 등이 고스란히 수록되어있었다.16) 『獨逸歌謠曲集』이라고는 하지만 악보는 없으며 독일 서정시와 일본어번역이 나란히 실려있어 노래를 배우기 위한 책이 아니라 독일 서정시를 공부하기 위한 책이었음을 알 수 있다. 독일서정시의 한국어번역은 일본어에서 중역을 했든지 적어도 일본어번역을 참고로 했을 가능성이 높다.

---

16) 粕谷眞洋: 獨逸歌謠曲集 Deutsche Lieder. 坂本書店 出判部. 大正 15.

제2부
독일인이 본 한국, 한국문학

제1장 독일교과서를 통한 한국문학 수용

『압록강은 흐른다』

독일 피퍼 Piper 출판사에서 출간된 이미륵의 『압록강은 흐른다 Der Yalu fließt』는 1946년 독일교과서에 수록된 유일한 한국작품이다. 독일에서 출간되기 일 년 전 1945년 함멜만 H. A. Hammelmann에 의해 먼저 『The Yalu flowes』라는 제목으로 영어로 나왔으며 한국어로는 1959년에 전혜린에 의해 '여원사'에서 최초로 번역되었다. 그 후 『압록강은 흐른다』는 지금까지 한국에서 여러 차례, 다양한 역자에 의해 번역되었다.[1]

필자는 전혜린의 번역본을 한국에서 먼저 읽고 독일에서 비로소 원본을 구해 읽었다. 이미륵의 책을 읽은 다음부터 필자의 머릿속에는 늘 압록강이 아주 크게 자리를 잡고 있었고 언젠가 압록강에 한번 가보리라는 생각을 가지고 있었다. 1993년 8월 고구려벽화를 보기 위해 고구려 수도,

---

1) 정규화(역): 『압록강은 흐른다』(외). 범우비평판세계문학선 34. 범우사. 1987. 438쪽 참조바람.

국내성, 집안(集安)에 갔을 때 호텔에 도착하여 짐을 풀자마자 제일 먼저 달려간 곳이 바로 압록강이었다. 자전거에 달린 인력거를 타고 압록강에 도착했을 때 엇갈리는 감회와 실망은 지금도 잊을 수가 없다. 내 머리 속의 압록강은 아주 거대한 강으로 자리잡고 있었는데 필자가 본 압록강은 한국 어느 시골의 이름 없는 강처럼 소박했으며 강 건너 북한의 경비초소들이 보이고 웬만하면 헤엄쳐서 건너 갈 수 있겠다는 생각이 들 정도로 폭이 좁았다. 일행 중 사학과 동료교수 한 분은 기어코 압록강에서 비장한 심정으로 머리까지 감았다. 그토록 우리들 가슴에 압록강이 크게 차지하고 있었던 것은 우리가 읽은 이미륵의 『압록강은 흐른다』라는 책과 연관성이 없지 않을 것이다.

『압록강은 흐른다』는 「수남」, 「독약」, 「첫 벌」, 「남문에서」, 「칠성」, 「대원 어머니」, 「나의 아버지」, 「신식학교」, 「시계」, 「방학」, 「옥계천에서」, 「상복기」, 「송림마을에서」, 「이른 봄」, 「가뭄」, 「시험」, 「서울」, 「구학문과 신학문」, 「작별」, 「압록강은 흐른다」, 「기다림」, 「대서양에서」, 「해안」, 「목적지에서」로 구성되어 있다. 『압록강은 흐른다』의 발췌문은 1967년 헷센 Hessen지역에서 나온 『디 노이에 질버프라하트 Die neue Silberfracht』 5학년, 6학년 교과서에, 그리고 1968년 8학년 교과서, 그리고 연대미상인 밤베르크 Bamberg에서 나온 『데어 페어만 Der Fährmann』 8학년 교과서, 이렇게 4군데에 수록되어있다. 「신식학교 Die neue Schule」를 먼저 읽어보자.

「신식학교」

이미륵

독일어로 유년시절이야기를 쓴 한국인 이미륵은 '질버 프라하트'의 앞 책에서 이미 알려져 있다.

이 새 학교에 관해서 나의 부모님이 가끔 이야기를 하였다. 몇 해 전에 세워진 이 특이한 학교는, 시의 북쪽에 있는 직물 거리 근처에 있었으며 수없이 빛나는 유리창이 많았다. 이 학교에서 가르치는 것은 아주 이상한 것처럼 여겨졌다. 이를테면 거기서는 학생들에게 습자나 시 같은 것을 가르치는 것이 아니라 신문학만 가르쳐준다고 했다.

그 학문이란 새로운 지구의 일부, 이를테면 '대서양 서쪽' 또는 '유럽'이라고 하는 곳에서 들어온 것이라 했다. 이런 곳이란 참으로 어디에 있으며 그 신문학이 무엇인가는 아무도 확실히 몰랐다. 많은 사람들은 이 학교에서는 고등산술이라든가 어려운 요술을 배운다고 말했다. 그러나 모두 이 학교에서는 한문을 가르치지 않기 때문에 아이들이 잘못될까 두려워했다.

이 학교에 관해서 훨씬 더 많이 알고 있으며 더 좋은 것을 알고 있는 것 같은 아버지는 어머니와 온 가족과 오랫동안 상의한 끝에 나를 일년 동안 거기서 교육시키기로 결정했다. 나는 내 나이 열한 살에 비해 고전을 충분히 읽었노라고 하셨다.

나는 맑고 아직도 차가운 어느 봄날 아침 아버지를 따라 시내로 갔다. 제일 좋은 옷을 입고 어머니가 장만해준 새 보자기에 점심을 싸서 들고 갔다. 우리는 골목을 빠져 큰길로 갔으며 옆길로 굽어들었고 곧 어느 큰 집의 대문 앞에 이르게 되었다. 그곳이 바로 입에 오르내리던 무서운 학교였다.

"들어오너라!" 앞장섰던 아버지가 말했다. 내가 따라 들어가는 것을 주저하자 "겁나니?" 하고 아버지가 물었다. 나는 천천히 문지방을 넘었다. 문안에 서서 잠시 작은 건물들을 둘러보자 아버지는 내 손을 잡고 어느 방으로 데리고 갔다. 이 방에서 늙은 신사 분이 나왔고 나는 아버지의 말씀에 따라 허리 굽혀 절을 했다. "이 학교 교장선생님이시다, 고맙게 생각하고 말씀을 잘 따르도록 하거라." 하고 아버지는 웃으시면서 말했다.

아버지가 교장선생님과 이야기를 나누는 동안 나는 햇빛이 들지 않는 컴컴한 작은 방, 송 선생님이라는 젊은 선생님 앞에 안내되었다. 나는 그 앞에서도 허리를 굽혀 인사를 했으며 그는 앉으라고 했다. 송 선생님 앞에 놓여있는 의자에 앉아도 되는 지 물었다. 나는 지금까지 자리 위에만 앉았기 때문에 의자를 몰랐다. 의자는 내게는 너무 고상한 것 같았다. 송 선생님은 그렇게 하라고 했으며 나는 조심스럽게 의자에 앉았다.

"지금까지 무엇을 배웠나?" 하고 그가 물었다.

내가 한순간 멍하게 앉아있자 그는 계속해서 "통감은 읽었느냐?" 하고 물었다.

"네. 여덟 권까지." 하고 나는 대답했다.

"많이 읽었구나." 그는 책장에서 책 한 권을 꺼내 와서 내 앞에 놓았다. "한번 보거라!"

나는 그 책을 읽었다.

"이것을 모두 이해하겠나?"

약간 머뭇거리면서 나는 그렇다고 했다.

"이 말은 무엇을 뜻하나?" 하고 그는 '미국'이라는 단어를 가리키면서 물었다.

"영국 옆에 있는 나라일 것입니다" 하고 나는 대답했다. 사람들이 유럽에 관하여 이야기할 때면 이 두 이름을 언급하는 것을 들었다.

송 선생님은 한참 생각하다가 나를 2학년으로 정해 주셨다.

해가 졌다. 내 동급생들은 교문으로 달려 나갔다.

나는 또 한번 선생님께 불려갔다.

송 선생님은 내게 시계가 있느냐고 물었다.

"없습니다." 하고 나는 대답했다.

"그럼 아버지는 시계를 가지고 계시니?"

"아니요."

"그거 유감이군." 하고 선생님은 걱정스러운 듯이 말했다. "새 시간 법을 아니?"

"열두 시간 말씀인가요?"

"그래, 그러나 열두 시간씩 두 번이다. 오전 오후 각각 열두 시간씩 말이다. 아침 여덟 시에 학교에 와야 한다. 오늘 아침 여덟 시에 해가 남쪽 운동장 담벼락에 걸려있었다. 여하튼 아침을 먹으면 곧장 학교로 오너라."

나는 다시 자연 책을 넘겼다. "이 책에서는 공을 찾을 수가 없습니다." 나는 한참 만에 말했다.

"무슨 공 말이냐?"

"네 마리의 말이 끄는 공 말입니다."

"그것은 옥 선생님께 물어 보아야 한다. 나는 역사만 가르친다. 그럼 이제 집으로 돌아가거라. 날이 벌써 어두워졌구나. 집에서 부모님들이 네가 돌아오기를 기다리고 계실 텐데!"

아버지의 사랑방에는 우리 집 남자들과 여자들이 많이 앉아있었다. 어머니와 둘째 누나도 있었다. 사람들은 모두 내 책과 가방이랑 연필을 상세하게 구경했다. 그 동안 나는 아버지의 밥상에서 남은 것을 먹었다.

모두 자기 방으로 돌아가고 아버지와 내가 단둘이 자려고 누웠을 때 아버지는 오늘 새로운 것 무엇을 배웠는지 물었다.

"아주 많은 것을 배웠어요, 아버지."

"유럽에 관해서도 뭐 좀 배웠느냐?"

"네, 그러나 정말 이상했어요."

"그럼 어떤 이야기였는지 들어보자." 하고 아버지가 성급하게 말씀 하셨다.

"저는 제대로 설명할 수가 없어요. 아주 주의해서 들었는데도 이해가 잘 되지 않았어요. 선생님은 말 네 마리가 공 하나를 반대방향으로 끌고 간다고 설명했어요. 그 다음에는 저녁 무렵 유리관을 들여다보았어요. 학교교정의 모든 돌, 사람들의 옷, 지붕의 기왓장 등 모든 것이 유리관을 눈 앞에 갖다대면 형형 색깔로 반짝이었어요. 왜 그렇게 되는지 이해를 할 수가 없었어요. 아버지가 그걸 설명해 주실 수 있는지요?"

"유럽에서 가져온 것이라던?" 아버지는 한참 침묵을 지킨 다음 물었다.

"그런 것 같습니다."

"어느 선생님이 보여 주더냐?"
"옥 선생님인 것 같습니다."
"그리고 또 무슨 말을 하던?"
"햇빛이 그렇게 갈라진다고 한 것 같습니다."
"빛이 갈라진다? 빛이 갈라져?" 하고 아버지는 여러 번 중얼거렸다. 잠시 후 아버지는 남포에 불을 켜고는 방 한 구석에 있는 낮은 책장에서 책들을 꺼내오라고 했다.

아버지가 서울에서 받은 책들이었다. 유럽의 많은 지혜가 담겨있었다. 아버지는 이 책 저 책을 펼쳐보았다. 그리고 나서 다시 책장에 꽂으라고 했다. "너는 학교에서 열심히 들어야만 하겠구나." 하고 아버지는 실망해서 말했다. "이제 그만 불을 끄고 자거라."

"정말 오늘은 너무 이상스러웠어요." 내가 말을 꺼냈다. "학교의 모든 게 온통 낯선 것뿐이었어요. 거기는 이제껏 제가 익숙해있었던 것과는 너무나 다르기 때문에 마음에 안들 것 같아 오랫동안 불안했어요."

아버지는 오랫동안 잠자코 있었다. 그리고 나서 "섭섭했나?"하고 물으셨다. "그와 비슷한 생각이었어요. 전 언제나 서당과 우리 집을 생각해야만했어요."

"내 곁으로 들어오너라." 아버지는 손으로 나를 끌어당겼다.

"너는 소동파의 시를 잘 알고 있을 테지?"

나는 다시 생각해보고는 그렇다고 했다. 항해하는 시인의 노래를 작년에 아버지에게 읊은 적이 있었다.

"읊을 수 있겠니?"

나는 막히지 않고 읊었다.

"너는 영탄가를 읊을 수 있니?"

나는 그것도 읊었다. 50절이 끝나기까지엔 오랜 시간이 걸렸다.

"이젠 마음이 좀 진정되었니?" 아버지가 물었다. 나는 고개를 끄덕이고 나서 다시 내 이부자리로 들어갔다. "내일 또 학교에 가겠느냐?"

"네, 아버지가 원하신다면……."

어느 날 저녁, 부모님이 오랫동안 이야기를 나누고 있고, 나는 혼자 안채의 작은 '동쪽방'에 있을 그때 어진이 누나가 들어왔다.

"이 책은 아주 이상해." 누나는 못마땅하다는 듯이 말했다. "아무런 고전문구도 없을뿐더러 깊은 의미가 있는 곳은 전혀 없어. 너는 이 책으로 현명해지리라 믿느냐?"

"난 믿고 있어." 나는 말했다.

"넌 이 책에서 무얼 배우니?" 누나는 중요한 듯 말하고는 이 책 저 책을 훑어보았다.

"이를테면 거기선 매일 수 천리를 달릴 수 있는 기차를 만드는 것을 배울 수 있어. 또 달까지의 거리를 측정하는 것이며, 조명하기 위해 전력을 이용하는 것 등을 배워."

"그렇자면 너는 군자가 될 수는 없단다." 누나는 근심스레 말했다.

"지금은 딴 시대가 왔어." 나는 말을 계속했다. "어두운 시대에서 밝은 시대로 새로운 바람이 우리를 일깨우는 거야. 이젠 오랜 겨울이 가고 새 봄이 왔다고들 말해."

누나는 잠자코 오랫동안 침묵을 지킨 채 내 말을 들은 체도 안 했다. "유럽이란 나라가 도대체 여기서 얼마나 머니?"

"그것은 아직 배우지 않았어. 아마 수만 리는 될 거야."

"소군공주가 꽃 없는 나라에 시집을 갔었대. 아마 그곳일까?"

"아니야, 그건 다만 오랑캐 나라였어."

"유럽에도 백합이며 진달래, 개나리꽃이 핀다고 생각하니?"

"난 몰라."

"너는 달빛아래서 술잔을 기울이며 시를 지을 수 있게 거기에도 남풍이 불어온다고 믿니?"

"나도 확실한 것은 말할 수 없어."

"너는 도무지 아는 게 없잖니?" 누나는 실망해서 딱 잘라 말했다.[2]

---

2) Die neue Silberfracht, 8. Schuljahr. S.12 - 15. Hirschgraben Verlag. 1968.

교과서에 수록된 이 발췌문은 이미륵의 「신식학교」를 그대로 다 수록한 것이 아니라 중간에 몇 단락을 생략했으며 이 「신식학교」는 "네, 아버지가 원하시면."이라는 문장으로 사실상 끝난다. 그 다음 문장 "어느 날 저녁, 부모님이 오랫동안 이야기를 나누고 있고……"부터는 「시계 Die Uhr」에서 나오는 내용이다. 이 발췌문에는 「시계」의 마지막 부분인 어진 이 누나와의 대화를 첨가하여 하나의 이야기로 마무리 짓고 있으며 문장의 흐름에는 전혀 지장을 주고 있지 않다. 이 「신식학교」는 실업학교 교재인 「데어 페어만」 8학년 교과서 S. 193-196에 수록되어있기도 한다. 1967년 6학년 교과서에 나오는 「도망자 Der Ausreißer」를 읽어보자.

「도망자」

여러분은 이미 한국인 이미륵의 유년시절의 추억에서 나오는 발췌문을 5학년 교과서에서 알고 있다. 어린 미륵은 유럽인들은 기술면에서 아시아인들보다 우수하다는 것을 알고 직접 유럽으로 가서 그곳에서 유럽 사람들에게서 배우기로 결심했다.

어느 아름다운 3월 오후에 나는 이틀이나 걸려 신막 시장으로 갔다. 이 시장을 통해 기차가 다닌다고 했다. 이곳에서 기차를 타면 북쪽 국경을 넘어 설 것이다. 국경을 벗어나면 계속 서쪽으로 갈 수 있는 길이 열릴 것이다. 그렇게 되면 언젠가는 유럽에 도달하리라. 그것이 당시 내가 알고 있던 전부였다. 기차가 어떻게 생겼는지 어떻게 기차를 타는지 외국에서는 어떤 언어를 사용하는지 그리고 유럽에서도 돈을 사용하는지 나는 이 모든 것을 전혀 몰랐다.

나는 오후 내내 그리고 밤새도록 걸었다. 달빛으로 길을 분간할 수 있었기 때문이다. 저녁 무렵에야 비로소 넓은 평지에 자리 잡은 시장을 보았다. 이미 멀리서 그곳은 우리 고향과는 다른 곳임을 깨달았다. 교통이 훨씬 복잡하고 시끄러웠다. 인력거, 자동차 그리고 오토바이가 소리를 지르고 종을 울리고 경적을 울리면서 수많은 보행객사이로 달리고 있었다. 큰 도로변에는 거의 일본 사람들만 살고 있었으며 나막신소리가 도처에서 달그락거리는 것을 들을 수 있었다. 나는 간신히 이 비좁은 거리의 인파를 뚫고 정거장이 있는 곳으로 갔다. 그곳에서 나는 만주행기차가 다음 날 아침 일찍 이 곳을 지나간다는 사실을 알아내었다.

　내일 아침에 이곳에서 길을 잃지 않도록 나는 미리 정거장 건물, 대합실, 개찰구 등을 세밀히 살펴두었다. 나는 이 모든 것을 생전 처음 보았다. 오랫동안 헤맨 끝에 나는 이 마을 맨 끝에서 작은 여인숙을 발견하고는 그곳에 들어갔다. 생전 처음으로 여인숙에 투숙했다. 저녁 식사 후 당장 자려고 누웠다. 내일아침 제때에 일어나야 하기 때문이다. 지난 밤 내내 쉬지 않고 걸어왔기 때문에 몹시 피곤했다.

　잠을 잘 수가 없었다. 다리는 아팠고 몽롱한 의식 속에 어머니의 모습이 눈앞에 아른거렸다. 어머니가 헛되이 나를 찾지 않도록 책상 위에 편지를 한 통 남겨두었다. 어머니가 나를 어리석게 생각하시고 가지 못하게 말렸기에 그렇게 하지 않을 수가 없었다. 편지를 두고 왔기에 오면서 그래도 마음은 편했다. 어머니 생각은 별로 나지 않았다. 그러나 이제 어머니는 마치 이곳에 있는 것처럼 늘 다시 내 눈앞에 어른거렸다. 마침내 나는 깜박 잠이 들었다가 다시 깨었다. 그리고 다시 잠이 들었고 다시 깨었다. 어머니가 나를 부르는 소리를 들었으며 내 편지를 읽고 슬퍼하면서 말없이 앉아있는 것을 보았다. 한번은 그녀가 내 얼굴을 양손으로 잡고서는 늘 그랬던 것처럼 미소 지었다. 그렇게 밤이 지나갔다. 나는 유년시절에 대한 꿈을 꾸었다. 나는 우리 집 뒷마당 멍석 위에 앉아 있었고 어머니가 마당에 오셔서 물들인 비단 천을 말리기 위해 줄에 거는 것을 보았다. 나는 반가워서 어머니에게 달려갔고 뒤에서 어머니를 껴안고 소리쳤다. "어머니 누군지 맞추어보세요!" 그녀는 비단 천을 다 걸고는 돌아서서 나를 높이 치켜들었다. "그래, 이게 누구지?" 하고 그녀는 웃으면서 나를 그녀 얼굴위로 치켜들었다. "그래, 이게 누구지? 나의 금가지, 나의 옥

잎이구나! 위대한 시인이 되려 나, 아님 위대한 화가 아니면 장군, 우리 마을 목사가 되려니?"

　새벽 무렵에 어머니가 몹시 우는 것을 보았다. 나의 머리는 그녀의 품 안에 놓여있었다. 나는 놀라서 속삭였다. "안가요, 어머니, 가지 않겠어요!" 나는 그녀가 그렇게 쉽게 우는 것을 단 한번 보았다. 당시 아버지의 하관 식을 마치고 높은 산에서 내려와 묘지기 집 앞에 처 놓은 천막아래서 잠을 잘 때였다. 다시 잠에서 깨었고 나는 열이 있는 것을 느꼈으며 추워서 몸을 떨었다.

　밖은 컴컴했으며 매서운 바람이 평지 위로 불어왔다. 하얗게 칠한 정거장의 작은 홀들은 도처에 불이 켜져 있었고 수없이 많은 사람들이 밀어닥쳤다. 대부분 일본사람들, 군인 그리고 여자들이었으며 서로 허리를 굽혀 작별인사를 하고 선물을 주었다. 점점 사람들이 많이 밀어닥쳐 허리 굽혀 인사하는 것조차 힘들었다. 마침내 작은 창구가 열리고 표를 팔자 제복을 입은 사람들이 직위에 따라 입구에 줄을 섰다. 사복을 하고 나막신을 신은 다른 사람들도 줄을 섰다. 나는 맨 끝에 줄을 서서 내 차례가 오자 만주의 수도로 가는 기차표 한 장을 샀다.

　대합실 위로 여명이 밝았다. 바람이 살을 에이 듯 불어왔다. 마침내 기차가 기적 소리와 함께 연기를 내뿜으면서 들어왔다. 사람들은 기차가 있는 쪽으로 서둘러갔으며 기차는 기적소리를 내면서 다시 그곳을 떠났다. 나는 그대로 대합실에 서 있었다.

　한 역무원이 내게 와서 왜 기차를 타지 않았느냐고 물었다. 아무 대답도 하지 않자 그는 내 손에서 기차표를 받아 들고 들여다보았다. "아니, 심양까지?" 하고 그는 놀라서 소리쳤으며 나를 유심히 살펴보았다. 그리고 나서 나를 역사무실로 데리고 가서 동료들에게 이 사건을 이야기했다. 나이가 들어 보이는 역무원 한 사람이 나를 의심스러운 듯이 쳐다보더니 이름과 나이와 직업을 물었다. "부모님이 심양에 가는 것을 허락했니?" 하고 그가 물었다.

　"아니요"하고 나는 대답했다.

"그럴 줄 알았어" 하고 그는 화를 내면서 말했다. "도대체 심양에서는 무엇을 하려고 하니?"

"유럽으로 가려고요."하고 나는 머뭇거리면서 대답했다. 그는 오랫동안 내 얼굴을 진지하게 들여다보았다. "아, 그렇게 멀리 여행하려고? 여권은 가지고 있니?"

"아뇨, 전 그런 것 몰라요."

"그래, 그래- 짐은?"

"없습니다."

"그렇다면 영어나 불어 아니면 독일어를 할 줄 아니?"

"아뇨, 아직 배우지 않았습니다."

"돈은 얼마나 가지고 있니? 내나 봐!"

나는 가지고 있던 돈을 전부 책상 위에 놓았다. 그는 흘깃 쳐다보고는 빙그레 웃었다.

"그래, 짐도 없고 영어도 모르고 여권도 없이 그리고 이 돈으로 유럽으로 갈려고 하나?"

"네."

그는 다시 나를 날카롭게 쏘아보았다.

"그런데 왜 너는 기차를 타지 않았니?"

나는 다시 잠자코 있었다. 나를 여기로 데리고 온 역무원이 그 물음에 내가 아무런 대답을 하지 않았노라 말했다.

"말해봐, 도대체 왜 기차를 타지 않았니?" 나이든 역무원 다시 한 번 말했다.

"너무 복잡하고 시끄러워서요." 하고 대답했다.

젊은 남자는 웃으면서 그 말을 한국 사람들한테서 여러 번 들었노라 했다. "기차는 이 사람들에게는 너무 품위가 없고 너무 끔찍하고 너무 급하답니다." 하고 그가 말하자 모두 웃음을 터트렸다.

"그렇다고 나귀를 타고 유럽으로 갈 수는 없잖아" 하고 나이든 남자가 말했다.

"아뇨, 그건 아니지요." 하고 나는 대꾸했다.

"시끄럽지만 내일 또 다시 우리 기차를 타고 유럽으로 갈 생각이니?"

"잘 모르겠습니다."

우리들의 대화는 막혔다. 그리고 나서 역무원은 기차표를 다시 돌려주 게 했으며 환불받은 돈을 내가 책상 위에 꺼내 놓은 다른 돈 위에 올려놓 았다. "이제 고향으로 돌아가거라 그곳에서 계속 공부를 해라. 우리 학교 도 유럽에 있는 학교와 마찬가지로 좋아. 네가 똑똑하다면 그리고 학교에 서 일등을 하거나 좋은 성적으로 졸업을 하면 서울에 가서 학교를 다닐 수 있단다. 우리네 대학들도 유럽의 대학만큼이나 좋단다. 그리고 서울에 가면 너는 도처에 새로운 문화를 발견하게 될 것이다. 모든 공공건물들은 유럽식이며 3층이고 4층까지 있지. 그리고 교수들은 우아한 유럽식 옷을 입고 있단다. 그러나 서울도 너의 부모님이 허락을 해야만 갈 수 있어. 규 칙대로라면 가출한 소년들은 체포하여 경찰서를 통해 집으로 돌려보내야 할 것이다. 그러나 너는 나쁜 아이 같지는 않으니 예외로 하겠다. 돈을 도 루 가지고 집으로 가거라. 그러나 조심해야한다. 돈은 아주 소중한 것이 니까."

나는 여인숙으로 돌아와서 잠을 자기 위해 누웠다. 눈을 떴을 때는 이 미 늦은 오후였다. 방에는 햇빛이 전혀 들어오지 않았으며 나는 추워서 몸을 떨었다. 바깥에서 거리의 소음이 들려왔다. 인력거꾼이 소리를 쳤고 자전거가 찌르릉 그렸으며 장사치들은 물건을 사라고 소리쳤으며 특히 일본 인단을 선전하고 있었다. 멀리서 기차가 기적을 울렸으며 곧 정거장 안으로 연기를 내뿜었다. 사람들 부르는 소리, 명령하는 소리가 들렸다. 기차가 다른 방향에서 왔으며 귀를 째는 경적을 울렸다. 어디선가 헌병이 사람을 때렸다. 신음소리, 용서를 비는 소리가 들렸다. 나막신 소리가 아 스팔트 위를 지나갔다, 그리고 행진곡이 울렸다.

그때 나는 귀향길에 올랐다.

저자는 그 후 서울에서 의학을 공부했다. 서울에서 그는 한국을 지배한 일본에 반대하는 학생연맹에 가입했다. 체포될 위험에 처하자 어머니가 그를 외국으로 나갈 것을 권하였다. 그는 그 충고를 받아들여 뮌gps으로 왔으며 그곳에서 학업을 계속했다. 독일은 그에게 제2의 고향이 되었으며. 독일에서 그는 독일어로 그의 유년시절의 추억을 남겼다.

나는 날마다 한 번씩 고향에서 소식이 왔는지 보기 위해 우체국으로 갔다. 그러나 매번 빈손으로 돌아왔으며 점점 불안해졌다. 유럽에 온지 5개월이 지나도록 한국에 내 편지가 전해지지 않았나 해서, 해마다 고향소식도 모르는 채 살아야 될까 두려워서다.
하루는 다시 우체국에서 집으로 돌아오다가 어느 낯선 집 앞에 서있게 되었다. 그때 정원에 한 무더기 꽈리가 있었다. 그 붉은 꽈리가 햇빛에 반짝였다. 우리 집 뒷마당에서 그렇게 많이 보았고 어릴 때 즐겨 가지고 놀았던 꽈리를 보자 얼마나 기쁘던지! 마치 고향의 한 토막이 내 앞에 살아있는 것 같았다. 내가 오랫동안 생각에 잠겨있자 한 여인이 집안에서 나와 왜 그렇게 서있느냐고 물었다. 나는 가능한 잘 나의 유년시절에 대해 이야기했다. 그녀는 가지하나를 꺾어 내게 선물했다. 얼마나 그녀가 고마웠던지!
곧 눈이 내렸다. 어느 날 아침 눈을 뜨자 나는 하얀 눈송이를 보았다. 눈에 익은 흰 것을 보자 나는 너무 행복했다. 그 눈은 내 고향 산천위로 그렇게 가끔 휘날리던 같은 눈이었다.
이날 아침 나는 먼 고향으로부터 첫 소식을 받았다. 나의 큰 누님이 쓴 편지였는데 내 어머니가 지난가을 며칠 앓으시다 세상을 하직했다는 소식이었다.[3]

독일어교과서에 나오는 위 발췌문은 이미륵의 『압록강은 흐른다』에 나오는 「이른 봄 Im Frühling」과 「목적지에서 Am Ziel」의 마지막 단락을

---

3) Die neue Silberfracht, 6. Schuljahr. S.106 – 110. Hirschgraben Verlag. 1967.

합쳐 제목을「도망자」라고 바꾼 것이다.「이른 봄」은 "그때 나는 귀향 길에 올랐다."라는 문장으로 끝이 나지만 독일교과서에서는 이미륵이 서울에서 의학공부를 하다가 독일 땅으로 왔다는 설명과 함께 "나는 날마다 한 번씩 고향에서 편지가 왔는지 보기 위해 우체국으로 갔다……"로 시작하는『압록강은 흐른다』의 마지막 이야기, 마지막 단락인 어머니의 죽음을 알리는 누나의 편지로 끝을 맺는다. 독일교과서에는「신식학교」가 두 군데 그리고 이「도망자」외에「나의 먼 고향이야기 Aus meiner fernen Heimat」이 수록되어있다. "저자 미륵은 1899년에 태어났으며 젊은 대학생 때 고향을 떠나왔다. 독일에서 공부를 했으며 뮌헨이 제2의 고향이었다. 그는 독일어로 쓴 유년시절의 추억을 어머니에게 바쳤다."[4]로 시작하는「나의 먼 고향이야기」는 어린 시절 함께 공부를 하던 수암이 사랑방 서랍 속에 있는 뭔가를 먹고 죽을 뻔한 이야기인「독약 Das Gift」를「나의 먼 고향 이야기」라고 제목을 바꾸어 수록했다.

『압록강은 흐른다』는 1946년 출판 당시 독일에서 최우수 독문 소설로 선정되어 선풍적인 인기를 독점하였다. 평론가들과 각 신문들은 이미륵에 대한 찬사를 아끼지 않았으며 플렌스베르크 Flensberg 일간지 7월 8일 기사에 의하면 이미륵의『압록강은 흐른다』는 1952년도에 발간된 서적 중에서 가장 훌륭한 독일어로 된 책이라고 한다.[5] 작가 슈테판 안드레스 Stefan Andres는 1947년 이미륵에게 보내는 편지에서 이미륵의 "문체의 간결성은 마치 비단 두루마리를 차근차근 풀어나가는 것 같은 기분을 준다"라고 묘사했다.[6] 이 책이 당시 독일 독서계를 휩쓸었던 것은

---

[4] Die neue Silberfrachten. 6. Schuljahr. S. 120-124. 1967.
[5] Flensburger Tagesblatt. 1952 8. Juli.
[6] Chung, Kou-Hwa(Hrsg.): Mirok Li, Der andere Dialek. S. 249. 성신여대출판부. 1984.

고상하고 고결한 문체 속에 동서양의 접촉을 수행하려는 저자의 은밀하고도 겸손한 태도일 것이다. 이미륵은 당시 한국에 대한 지식이 빈약했던 독일인들에게 한국을 올바르게 인식시켜 우리민족과 우리문화를 어떤 외교관보다도 더 마음속 깊이 넣어준 사람이었으며 『압록강은 흐른다』는 한국 및 동양사상 그리고 우리의 정신문화를 독일에 전달한 책이었다.

이미륵, 본명 이의경(1899-1950)은 서울에서 의학공부를 하다가 3·1 운동에 가담한 뒤 1920년 5월 26일 압록강을 건너 상해로 망명했다. 상해에 약 9개월 간 체류한 다음 말세이유를 거쳐 독일에 정착한 그는 1928년 뮌헨대학에서 동물학으로 박사학위를 받고 그 대학에서 동양학 강의를 했으며 1950년 3월 20일 뮌헨 교외에서 타계하였다. 1950년 이미륵의 장례식에서 안드레 에카르트 Andre(as) Eckardt는 다음의 조사를 낭독했다.

존경하는 하객여러분,

우리들은 여기 우리 모두에게 소중했던 한 한국인의 무덤 앞에 서 있습니다. 고귀한 고인이 견디어 내어야했던 것은 슬픈 삶입니다. 우리 모두 그가 용기와 부처에 대한 믿음으로 살았다는 것을 알고 있습니다. 그는 열반과, 저에게 여러 번 반복해서 증명했던 기독교적 의미에서 영원한 천국을 희망하고 있었습니다. 그의 이름 이미륵은 조국 한국에서 수없이 많은 파고다에 바쳐진 미륵보살, 약사부처와 은밀한 관계를 지니고 있습니다. 그러나 기독교친구들과의 교제에서 고인은 같은 방식으로 기독교를 신뢰하고 즐겨 카톨릭 미사에 참여했습니다.

미륵 리. 리-오늘날은 이라고 합니다- 원래는 법, 전통을 의미하며 한국 옛 황제의 성입니다. 우리의 사랑하는 친구도 성실히-보수적으로 한국의 법과 전통을 따랐습니다. 1919년 삼일운동 당시 일본에 저항해서 싸웠을 때 그는 조국을 위해 자신을 바쳤으며, 죽음을 피하기 위해 한국을 떠나 상해를 거쳐 우리들의 조국으로 왔습니다. 그렇게 이미륵은 우리 시민이 되었습니다. 독일어를 아주 훌륭하게 구사했습니다, 그러했기에 독일 풍습을 받아드릴 수 있었으며 많은 강연과 저서에서 한국을 알릴 수가 있었습니다. 참석하신 하객 여러분들은 그의 겸손함과 노동에 대한 윤리를 알고 감탄하셨을 것입니다. 놀랄만한 근면으로 낯선 땅에서 혹은 제2의 고향에서 청렴하게 빵을 벌었으며 노이하우젠거리의 아카데미에서 지치지 않고 일했으며, 2차대전 후에는 한동안 뮌헨대학에서 한국어 강의를 했습니다. 중병으로 힘든 삶을 마쳤습니다. 그의 저서 『압록강은 흐른다』가 우리들의 기억 속에 남아있는 한 그는 비록 우리 곁을 떠났지만 그에 대한 추억은 멈추지 않고 계속 흐를 것입니다. 이 자리를 빌어 이미륵의 모든 친구들에게 진정으로 감사드립니다. 우리들은 사랑하는 친구를 잃었습니다. 부디 그가 평화 속에 쉬기를 기원하면서! (*Der andere Dialekt* S. 292-293)

이미륵의 죽음을 애도하는 에카르트의 이 조사를 통해 이 미륵이 독일 땅에서 한국인으로 어떤 모습을 남겼는지 그가 한 역할은 무엇인지 감지할 수 있을 것이다. 이미륵은 독일에 더 많이 알려진 작가였으며 이미륵의 『압록강은 흐른다』는 한국보다 독일에 더 많이 알려진 작품이었다. 이미륵은 생전에 『압록강은 흐른다』라는 이 한 권의 작품을 남겼지만 이미륵이 사망한지 30여 년이 지난 1982년 정규화교수 편으로 미 출판 원고가 『그래도 압록강은 흐른다 Vom Yalu bis zur Isar』라는 제목으로 왜관 '분도 출판사'에서 나왔으며 한국어로 번역소개 되었다.[7] 그러

---

7) 이미륵에 관련된 모든 자료는 정규화교수의 기증으로 국립중앙도서관에 보관 중

나 이미륵하면 우리에게 잊혀지지 않는 작품은 『압록강은 흐른다』이다. 그리고 제7차 교육과정부터 이미륵의 『압록강은 흐른다』의 발췌문이 한국 초등학교와 고등학교 교과서에 실려 있다. [8]

최근에 와서 많은 한국문학작품이 대산문화재단, 한국문학번역금고, 한국문예진흥원 등 각종 재단의 지원을 받아 독일어로 번역되어 독일에서 출간되고 있지만 지금까지 독일교과서에 수록된 작품은 이미륵의 『압록강은 흐른다』에 불과하다.

이며 자료에 도움을 주신 정규화 교수님께 이 자리를 빌어 감사드린다.
[8] 『압록강은 흐른다』의 발췌문은 초등학교 국어 6-2, 대한교과서 주식회사, 2004년 124-131쪽 「옥계천에서」, 고등학교 문학(하) 디딤돌 2004년, 106쪽-108쪽 「구교육과 신교육」, 고등학교 문학(하) 천재교육, 2003년 355쪽-358쪽 「대서양에서」, 고등학교 문학(하) 민중서림 2003 61쪽 「압록강은 흐른다」가 수록되어 있다.

제2장 독일인이 본 한국

    1653년 네덜란드인 헨드릭 하멜 Hendrik Hamel은 'de Sperwer'를 타고 일본 나가사키로 가던 중 제주도에서 난파되어 그 배에 탔던 선원 모두가 체포되어 조선에 억류되었다. 13년 후, 1668년 조선에서 네덜란드로 돌아온 하멜은 밀린 급여를 받기 위하여 그 동안의 포로생활을 일기형식으로 출판했는데 이 하멜의 일기는 그 후 약 200년 가까이 유럽에 알려진 한국관련 유일한 책이었으며 1672년에 독일어로 번역되었다. 한편 '조선'이라는 나라가 독일문학 속에 처음으로 등장한 것은 한스 야콥 크리스토프 폰 그림멜하우젠 Hans Jacob Christoph von Grimmelhausen의 『바보 천치 Simplizissimus』(1669)에서다. 하멜의 일기가 나온 것이 1668년이고 그림멜하우젠의 글에서 조선이라는 나라가 등장한 것이 1669년이라는 사실을 보면 그림멜하우젠은 하멜의 일기를 읽고 문학적인 착상을 발휘한 것이라고 볼 수 있다.

    그러나 그림멜하우젠의 소설 속에 조선이란 나라가 등장한 다음에도 조선은 독일사람들에게는 여전히 알려지지 않은 미지의 나라였다. 19세기말 유럽의 식민지정책과 더불어 아시아주의가 유행의 물결이 되면서 알프레드 되블린 Alfred Döblin을 비롯하여 많은 독일 작가들은 유럽의 위기상황을 극복하기 위한 하나의 대안으로 동양사상과 도교(道敎)를 수용하기 시작했다. 그러나 이들의 작품에서도 한국은 여전히 독일사람들의 관심 밖에 놓여있었다.

1. 구한말에 나온 한국기행문

독일인들이 한국을 찾기 시작한 것은 구한말이며 특히 일제 강점기에 독일인들의 한국방문이 잦았다. 토마스 만 Thomas Mann의 자제인 클라우스 만 Klaus Mann과 에리카 만 Erika Mann도 1928년 일본에서 유럽으로 가던 중 잠시 한국에 머물기도 했다. 이 시절 유럽여행객들은 일본에서 유럽으로 가든지, 또는 긴 시베리아 열차에 몸을 실었다가 일본으로 들어가는 배를 타기 전에 조선을 대륙의 종착역으로 삼았다. 짧은 체류기간 동안 본 한국에 관한 정보가 홍수처럼 쏟아져 나왔으나 한국과 관련하여 본격적인 글이 나오기 시작한 것은 구한말, 한국을 다녀간 선교사를 비롯한 통신원들이 쓴 기행문을 통해서다. 그리고 한국에 관한 저서는 일본이나 중국에 관한 저서에 비해 보잘것없는 크기의 선반하나에 보관할 수 있을 것이라고 할 정도로 많지 않았다. 이 무렵 한국에 대한 공식적인 관심을 불러 킨 글로는 지리학자 고트쉐 Dr. C. Gottsche가 쓴 '나라와 사람들에 관하여 Über Land und Leute'(1885/86)와 한국 독일어학교 교장이었던 요하네스 볼리얀 Johannes Bollijahn의 '조선학교제도 Das koreanische Schulwesen'(1900)을 들 수 있다. 1835년에서 1914년 일차세계대전에 이르기까지 독일에서 출판된 한국관련 여행기행문은 노베르트 베버 Norbert Weber의 『조용한 아침의 나라 Im Lande der Morgenstille』(1914)를 비롯하여 열 손가락 안에 꼽을 정도이다.

『겐테의 한국기행』

하멜은 포로생활을 하느라 자유롭게 조선을 돌아다닌 것도 아니었기에 그가 본 조선은 한정된 조선이라고 밖에 말할 수 없다. 그리고 여행기행문은 주관적인 시각을 전하기에 같은 시기에 나온 기행문이라도 다소 다를 수 있으며 직접 체험하지 않고 다른 사람들의 이야기를 듣고 자신의 체험인 것처럼 서술한 경우도 없지 않다. 『겐테의 한국기행 Korea. Reiseschilderungen』(1905)은 구한말에 나온 한국 여행기행문 중에서 비교적 '객관적인 서술'이라는 평을 받고 있는 여행기이다.

지그프리드 겐테 Siegfried Genthe(1870-1904)는 1870년 10월 26일 베를린에서 출생하였으며 독일 예나 Jena대학에서 영문학, 독문학, 불문학을 전공했다. 일찍이 아버지가 돌아가시고 외국인숙소를 경영하는 어머니 집에서 인도영주를 알게 된 그는 1892년 인도영주의 개인 비서자격으로 인도여행을 시작하면서 미지의 나라에 관심을 가지게 되었다. 그 후 그는 여러 나라를 여행하면서 쓴 글을 발표하였다.[1] 쾰른 신문 통신원으로

---

1) 「사모아에서 온 편지 Die Briefe aus Samoa」 (1899. 10. 5 - 1900. 4. 6)가 겐테의 첫 여행기록이다. 1900년에 쾰른신문 통신원으로 중국에 가서 「중국에서 온 편지 Briefe aus China」 (1900. 1. 21 - 11. 15), 「명나라 황제의 무덤과 만리장성으로 봄 소풍 Ein Frühjahrsausflug zur großen chinesischen Mauer und den Gräbern der Ming Kaiser」 (1901. 6. 16 - 8. 28)을 발표하였다.

중국에 갔다가 한국으로 온 겐테는 1901년 10월 31일에서 1902년 11월 30일까지 1년 1개월 남짓 한국에 머물면서 쾰른 신문에 한국관련 글을 연재했다. 1902년 연말 만주를 거쳐 독일로 돌아간 다음 1904년 3월 중순 마르코에서 살해되었으며 당시 그의 나이 33살이었다.

『겐테의 한국기행』은 겐테가 사망한지 일 년이 지난 1905년, 친구 게오르그 베게너 Georg Wegener가 쾰른 신문에 연재되었던 겐테의 글을 단행본으로 출판한 책이다. 유럽인으로 맨 먼저 한라산에 올라간 인물로 알려진 겐테가 당시 한국에서 찍은 사진들은 미국 센 프란시스코에 있던 형한테 보내는 도중에 분실되어 이 책에는 한국에서 찍은 사진이 한 장도 실려 있지 않았다. 그러나 초판이 출간 된지 100년이 지난 2005년 봄, 『겐테의 한국기행』은 그동안 소실되었던 것으로 알고 있던 한국 사진과 더불어 뮌헨 '이우디쿰 Iudicium 출판사'에서 실비아 브레젤 Sylvia Bräsel의 편찬으로 다시 빛을 보게 되었다.[2] 『겐테의 한국기행』은 '황해안에서', '코리아의 내륙으로', '수도서울에서', '섬의 모험'과 '황해에서의 조난'으로 나뉘어져 있으며 340쪽에 달하는 프락투어 Fraktur 체로 쓰여져 있다. 중국에서 제물포항을 거쳐 한국에 들어온 겐테의 당시 공식적인 한국여행 목적은 Meyer & Co.라는 독일회사가 탄광을 운영하던 강원도 당고개를 방문하는 것이었다. 당시 독일은 우리 정부로부터 강원도 금성군 당현금광 채굴권을 얻어 이를 세창양행에 주어 운영하게 했다.

1811년에 독일에서 출판된 『찜머만의 문고판 여행기 Von Zimmermanns

---

[2] 2006년 9월 2일 독일문화원에서 있은 브레젤의 강연에 의하면 겐테가 한국에서 찍은 사진들은 당시 센 프란시스코에서 일어난 지진으로 인한 화재에서 소실되고 12장의 사진만 사진작가인 형의 유품 속에서 발견되었다고 한다.

Taschenbuch der Reisen』에 한국인에 관한 언급이 있지만 중국인과 차별화 되고 있지 않으며 모두 하멜의 보고에 의존하고 있다. 찜머만은 '사람, 중국인과 유사함 Der Mensch, seine Ähnlichkeit mit den Chinesen'에서 풍습과 관습에서 완전히 유사한 것은 아니라 할지라도 한국인은 중국인과 외관이 유사하며 적어도 비슷한 모습을 지니고 있다고 주장하고 있다.[3] 기존의 이런 글에 대한 반증이라도 하려는 듯 겐테는 이 기행문에서 항상 한국인과 중국인을 차별화하며 외관상의 가장 큰 차이점으로 머리스타일을 들고 있다.

코리아인들은 인간에게 가장 중요하다고 생각되는 머리에 많은 정성과 비용을 들이며 이는 가계부의 상당한 금액을 차지한다. 젊은 사람들은 머리나 모자에 특별히 격식을 차리지 않는다. 그들의 머리는 그럴만한 가치가 없기 때문이다. 미혼남자들은 비록 나이가 들더라도 성인의 의사결정에 발언을 해서 안되며 모자를 써도 안되고 널찍하게 땋아묶은 머리를 그대로 어깨 위에 늘어 뜨려야한다. 아름답고 숱이 많은 머리를 땋아 정수리에 올려놓고 다른 머리는 깎아 버리는 중국인의 머리와는 다르다. 그 때문에 이곳에서는 사내아이들이 계집아이들처럼 보였으며 계집아이와 열 살 난 사내아이를 첫 눈에 구별하려면 노련한 전문가이어야 한다. 그러나 이곳에서는 가끔 전혀 성숙하지 않은 15세의 개구쟁이라도 결혼을 하게 되면 곧장 아름다운 머리를 풀어 정수리 위에 튼다. 이런 머리는 오늘날도 인디언 종족들이 많이 하고 다니며 옛날에는 흔히 남태평양사람들이 하고 다녔다. 머리가 하루 종일 이 어려운 모양으로 유지될 수 있도록 머리로 엮은 넓은 띠로 상투를 단단하게 동여맨다. 이는 금방 이마에 날카로운 자국을 남기게 되며 강한

---

3) E. A. W. von Zimmermann: *Von Zimmermanns Taschenbuch der Reisen*. Leipzig 1811.

당김으로 인해 얼굴근육을 자연스럽게 움직이기가 불편하다. 이 이마 띠, 코리아 말로 망건은 우리 눈에는 볼품이 없지만 상당한 장식품으로 취급된다.

사람들은 이마 앞에 브로치를 달고 다니기 위해 이마 띠에 귀중한 보석을 박는다. 독일에서 가져온 호박, 산호같은 종류를 선호했다. 관리는 이 망건에도 작은 돌 단추 모양의 계급표시를 달고 다닌다. 만약 '조선의 솟아오르는 아침 해'를 위한 훈장이 있다면 망건에 다는 최고의 표시일 것이다. 손 넓이의 검은 띠 위에 서있는 상투를 보호하기 위해 그리고 장식용으로 관 같은 모자가 씌워지는데 코리아한테 볼 수 있는 가장 특이한 것이다. 검은 머리카락이나 말총으로 엮은 화분단지 비슷한 좁은 관이 같은 소재로 만든 넓은 띠 위에 놓였는데 이 소재는 대개 너덜너덜하고 검게 물들인 대나무로 대치되고 있다. 비용이 많이 들고 불편한 이 모자는 모자로서의 가치는 하나도 없다. 햇볕을 막지도 못하고 방수도 안되며 바람에 날아갈 위험도 있다. 그러나 선량한 코리아인들은 약 100년 전부터 이 모자를 사용해왔기에 오랫동안 의복의 중요한 한 부분으로 취급했던 것 같다.[4]

한국인의 상투, 망건, 갓은 중국인과 구별할 수 있는 척도였으며 특히 갓은 실용성이 없기에 실용성을 추구하는 서양인, 독일인의 눈에는 이상하게 보였다. 19세기 후반에 쓰여진 많은 한국관련 글에서 한국인은 늘 '불결한' 민족으로 서술되어있다. 그러나 겐테의 기행문에서는 이것이 부당한 진술임을 밝히려는 노력이 곳곳에서 나타나며 한국인의 불결함에 대한 기존의 잘못된 생각을 수정하기 위해 늘 중국인과 비교하고 있다.

지금까지 이 나라를―혹은 조약항을―피상적으로만 알고서 코리아에

---

4) 최석희(역) : 『겐테의 한국기행』. 21쪽. 대구가톨릭대 출판부. 2002.

관해 글을 썼던 여행가들이 코리아인들을 세상에서 가장 불결한 민족이라고 말한다면 아주 부당할 것이다. 중국인의 행동은 이런 곳에서는 물론 인간답지 못하다. "어디서나 나의 집"이라는 것이 중국인의 원칙이고 고양이나 개조차 부끄러워서 하지 못할 그런 일을 공공연하게 저지르기 위해 옆 골목을 찾는다. 그래서 중국도시는 악취가 나고 더러우며 옛날부터 물의 오염이 심하다. 그러나 코리아에는 독일의 읍과 소도시의 귀감이 될 수 있는 시설들이 있다. 이곳의 교육을 받은 사람들은 땅의 더러움을 몹시 싫어해서 귀족이나 관료 같은 양반들이 집을 나서 가까운 거리를 갈 때도 이동식변기는 여행에 있어 필수적이다.

코리아인들은 개인적인 청결면에서도 소문보다 훨씬 낫다. 비록 상황에 따라 역이 될 수도 있지만 흰옷을 입는 풍습만 보아도 알 수 있을 것이다. 헐렁한 옷을 입고 장시간동안 진창의 논에서 일하던 농부가 눈부신 흰옷을 입고 집으로 돌아갈 수 없는 것은 너무나 당연하다. 그러나 나는 읍내에 사는 사람들이나 이곳 사찰에 있는 사람들이 옷을 갈아입는 다는 사실과 한번도 불결한 모습을 보이지 않는 다는 사실을 깨달았다. 예를 들면 이 사찰의 주지는 머리에서 발끝까지 매일 옷을 갈아입었다. 그러나 시골사람들은 돈 때문에 그렇게 할 수가 없다. 예를 들어 코리아 여행객들이 작업복을 입은 부두노동자나 머슴을 보고 독일인의 청결성을 판단하려 하면 부끄럽고 부당한 진술이이 될 것이다. 이는 급히 세상을 둘러보는 관광객이 코리아인들에 대해 아무렇게나 이야기하는 것과 다를 바 없을 것이다.

부엌내부는 또 다른 기분 좋은 실망을 가져다주었다. 찰흙으로 쌓아올린 화덕은 아주 단순하지만 깨끗하고 넓다. (『겐테의 한국기행』 106쪽)

한국인이 불결하지 않다는 사실을 증명하기 위해 중국인의 불결함을 고양이나 개 같은 짐승의 차원까지 격하시키고 있으며 지금은 한국에서도 오지 시골이나 박물관에서나 발견할 수 있는 요강을 그 예를 들고 있다. 유럽인들이 볼 때 한국인이 '불결한' 민족이라는 느낌을 받았다면 그것은 한국인들의 흰옷에서 기인하며 장시간동안 논에서 일을 하던 농부가 눈부신 흰옷을 입고 집으로 되돌아갈 수 없는 것은 너무나 당연하다. 기존의 독일기행문에서 나타난 한국인의 불결함은 짧은 시간에 피상적으로 둘러본 몇몇 여행객에 의해 잘못 전해진, 부당한 진술이라는 주장이다.

겐테가 늘 한국, 한국인을 설명할 때 이렇게 중국, 중국인과 비교할 수 있었던 것은 그 스스로 중국에 일 년 가까이 살면서 중국을 직접 체험했기 때문이다. 당시 제물포에 체류한 외국인 중에서 일본인 다음으로 많은 외국인은 중국인들이었는데 그들이 한국에 와서 일하는 것은 뒷날 고향에서 첩 숫자나 늘이고 편안한 노년생활, 수많은 아들, 손자들 사이에서 평온한 죽음, 화려한 묘지와 제사상 위의 풍성한 제물을 보장받기 위함이다. 한마디로 중국인들은 다른 사람들의 미래를 걱정하지 않으며 단지 자기 자신과 자신의 직접적인 욕심만 생각할 뿐이지만 이와 달리 한국인은 이웃보다 더 "명석한 두뇌와 더 넓은 가슴"[5]을 지닌 민족이었다. 겐테는 유럽인의 시각에서 한국, 한국인을 보는 것이 아니라 같은 아시아국가인 중국과의 비교를 통해 한국을 보려는 점이 기존의 한국기행문과는 차별성을 이룬다.

'불결한' 한국인 못지않게 '게으른' 한국인이 유럽인들에게 비친 기존의 한국 상이었다. 유럽인들은 그 당시 이미 돈을 쫓고 있었으며 삶의 목표를 위하여 단 일분도 낭비하지 않기 위하여 휴식도 없이 아침부터 저녁까지 서두르고 있었다. 모든 것이 빠르게 돌아가는 이러한 유럽인들의

---

[5] 『겐테의 한국기행』. 165쪽.

눈에 비친 한국인은 게으르기 그지없었다. 서양사람들에게는 시간이 돈인데 돈과 같은 이 시간에 관계되면 모든 한국인들은 부자일정도로 느긋했다. 그러나 겐테는 금강산에 있는 사찰 장안사를 방문하면서 이를 자제하는 동양인의 삶, 특히 불교승려의 삶과 연관시켜 이해하고자 했다.

뿐만 아니라 금강산 장안사와 유점사를 방문하면서 '멈추어라, 너 참 아름답구나!'라고 파우스트가 순간을 위해 외치듯 외치고 싶었노라고 할 정도로 한국의 아름다운 자연경관에 대해 감탄했다.

태양이 하늘 높이 떠 있을 때 나는 비로소 여행을 시작했다. 수도로 향하는 내륙교통의 큰 흐름에서 벗어나 서울 근교에 있는 작은 시골마을보다 더 진짜, 원래 코리아지역을 가고 있음을 모든 것에서 깨달을 수 있었다. 자연풍경은 큰 변화가 없었지만 중국의 벌거벗은 산과 누런 평지를 수개월동안 구경한 다음 뭔가 완전히 새로운 것, 기이한 것으로 내 눈을 즐겁게 해주는 무성한 초목은 기가 막히게 아름다웠다. 동해로 가는 큰 도로보다도 훨씬 좁은 이곳 도로는 멀리 나지막한 산에 의해 둘러싸여 있었다. 모든 저지대는 논으로 덮여있었고 밤나무, 아카시아, 느릅나무, 너도밤나무와 수천의 관목들이 산에서 내려오는 풍성한 물을 먹고 자라고 있었으며 산의 수로는 아래에 있는 논에도 유익했다.

(중략)

그런데 숲의 이 적막함 속에서 인생을 보내는 승려들 외에도 오직 여행하고픈 마음에서 나그네들이 금강산을 적지 않게 오르는 것 같다. 코리아인은 자연의 아름다움에 대한 열렬한 예찬가이다. 코리아인의 자연감각은 중국인들보다는 일본인들의 자연감각에 가까운 것 같다. 그 점에 있어서 대단히 축복받은 코리아인들은 절경을 찾아서 부지런히 다니고 있으며 사찰은 늘 붐볐다. 이들은 단지 아름다운 자연을 즐기려는 열망에서 밖으로 나와 다른 부차적인 이유도 없이 몇 주를 걸어다니면서 생활은 스스로 해결을 한다. 통역관을 통해 만나는 나그네들에게 여행의 목적이 무엇이냐고 물어보면 그냥 경치를 즐긴다는 '완경(玩景)'이라는 대답을 종종 들었다. 사실 이 구경이라는 것은 코리아인의 삶에 아주 중요한 역할을 하고 있는 것 같다. 외국인이 코리아에서 맨 처음 보게되는 것 중의 하나는 자연을 조용히 즐기는 감동적인 경건함이다. 산 정상에서 바다와 숲을 황홀하게 보면서 눈앞의 멋진 광경을 꼼짝하지 않고 응시한 채, 무리를 지어 앉아있다. 내가 가끔 장안사에서 숲으로 덮인 산정상과 구름 위에 떠있는 빛의 놀라운 색채효과를 보고 있거나 저녁에 무거운 비구름 사이로 별이 깜박이는 하늘을 보고 있으면 지나가던 승려 한 두 명이 '좋지요?' 하고 내게 소리치곤 했다. 그리고 코리아인이 자기 나라의 유명한 관광지나 자연경관이 뛰어난 곳을 다니면서 자연의 아름다움에 똑같은 느낌을 받는 것을 쉽게 볼 수 있었다.

좁은 계곡의 험준한 곳에도, 매끈한 화강암 위에도, 강물이 씻어 내려간 바위구멍에도, 가파른 절벽에서도 순례자와 자연을 찾아 몰려온 사람들의 이름이 새겨져 있는 것을 볼 수 있었다.…… (『겐테의 한국기행』 114쪽)

금강산으로 가는 시골길에서 본 한국 자연경관, 이를 즐기는 많은 한국여행객, 외국인이 한국에서 맨 처음 보게 되는 것 중 하나는 조용히 자연을 즐기는 감동적인 경건함이라고 말할 정도로 이 '구경'이라는 것은 한국인의 삶에 주요한 역할을 하고 있다. 겐테가 본 한국인은 '게으른' 한국인이 아니라 불교승려를 통해본 느긋하고 절제하는 한국인, 아름다운 자연 경관 그리고 그 자연경관을 즐기는 한국인이었다. 그러나 겐테가 본 한국은 원시적인 비문화와 미신이 난무하는 나라기도 했다.

원시 민족의 이교도 국가에 있는 그런 커다란 우상들이 길 양편에 있었다. 거칠게 튀어나온 눈과 무섭게 드러낸 이빨, 자연성의 고조를 위하여 머리, 턱, 입술 위를 말총으로 장식한 나무로 판 사람크기의 인간모습. 뉴질랜드에 있는 마오리를 상기시키는 우상과는 반대로 아랫부분에 크고 깊게 한문이 새겨져있다. 악령을 불러들이는 가장 오래된 이교도와 문화민족의 존경할만한 글씨가 나무 위에 하나가 되었다. 장승에는 대개 '하늘아래 위대한 자(天下大將軍)라는 글씨를 읽을 수 있었으며 다른 장승에는 그냥 단순히 서울과 다음 도청소재지까지는 거리가 얼마인지 적혀있었다. 여행자를 위해서는 환영할만한 것이었다. 튀어나온 지점, 길이 날카롭게 구부러진 곳, 계곡입구나 산길을 오를 때 귀신을 달래기 위해서인 것 같은 나무들이 눈에 띄었다. 이 나무들에는 위에서 밑에까지 인간의 손이 닿을 수 있는 모든 가지에 여러 가지 헝겊조각, 종이 접은 것, 그 비슷한 잡동사니가 걸려있었다. 미신을 믿는 사람들이 가끔 지나가다가 자신의 낡은 짚신을 제물로 바치고 이 단순한 자연사원의 가지에 달아놓기도 했다. 그들이 두려워하는 귀신을 그렇게 중요하게 생각하지 않는 것 같았다. 숫자로 볼 때 적분학의 어려운 공식을 요구하는 입막음 선물은 늘 하찮은 것이었기 때문이다. 새 신발 한 켤레 값은 8캐쉬이며 우리 돈으로 3분의 2페니히다. 250캐쉬가 1달러이다. 그러면 다 낡은 신발 한 켤레는 얼마란 말인가? 그렇지만 신에게 바치기에는 충분한 것 같다. 신발도 남아있지 않고 종이나 넝마조각도 없는 사람은 더 하찮은 물건, 산에서 주운 듯한, 나무아래 수 백 개나 쌓여있는 그런 단순한 돌을 던져 순종을 증명했다. (『겐테의 한국기행』 55-56쪽)

(중략)

코리아인들은 실제로 종교가 없는 것과 마찬가지다. 한가지 종교에 확고하게 뿌리내리지 않고 이 땅에 있는 서너 개의 종교와 얽혀있는 이들의 독특한 무관심은 한 마디로 표현하기 어렵다. 이들은 태어날 때부터 공자를 섬기며 부모는 자식만이 조상들의 무덤에서 망자의 넋을 빌어주는 가장 믿을 수 있는 사람이라 생각한다. 그리고 나이가 들어감에 따라 토속 샤머니즘의 신봉자가 된다. 귀신을 섬기고 나무나 바위를 상대로 주술을 외우는 등 수백 가지의 미신으로 뭉쳐진 샤머니즘은 옛날이나 지금이나 이 나라 고유의 민족 신앙으로 자리잡고 있다. 그러나 죽음에 임박해서는 결국 불교에 접근한다. 임종에 가까운 그들에게 끝없이 거듭 태어난다는 윤회설은 그럴듯하면서도 다소 위협적으로 느껴졌을 것이다. 이 나라 어디서나 심지어 관직 때문에 공자를 섬기는 관료들의 집에서도 장례나 제사는 불교관습을 따른다. 석가여래나 아미타여래의 제단에 엽전 한푼 내 놓은 적이 없는 사람이라도 가족이 죽을병에 걸렸거나 임종이 임박하면 가까운 절에서 스님을 모셔다가 축문을 부탁한다. 이런 것들은 제4의 종교, 즉 새로운 종교가 정착할 수 있는 기회이며 선교사는 자신들의 의술과 약제를… (중략) (『겐테의 한국기행』 136쪽)

1901년 겐테가 조선을 여행했을 당시 한국은 중국과 일본에 비해 아직 서구에 알려지지 않은 '미지의 나라'였으며, 외국인들이 볼 때 티베트만큼이나 '배타적인 나라'였다. 그러나 겐테가 한국에 와서 보고 놀란 것은 무엇보다도 때묻지 않은 원시성과 근대적 외관이 뒤섞인 도시, 그래서 서울은 상상했던 동양의 수도와는 전혀 다르며 옛 것과 새로운 것, 다시 말하자면 아시아의 미개한 상태와 서양에서 들어온 개혁문명이 엄청난 차이를 두고 공존하고 있다는 점이었다. 원시적인 비문화와 순진한 미신이 난무하는 이 나라에 당시 전기시설이 들어와 있다는 것은 겐테에게는 적잖은 충격이었다. 그러나 전기시설이라는 현대문물 속에서도 겐테가 본 한국은 여전히 기독교박해로 인한 미개의 나라, 이교도의 나라였다. 그리고 한국은 담배를 즐겨 피우는 민족이었다.

길을 가다가 잠시 숨을 돌리려는 사람들이 길가에 앉아있다. 등 아래쪽에 배낭처럼 매고있는 봇짐을 내려놓거나 등에 진 광주리를 치우고 그들은 가늘고 긴 담뱃대에 열중한다. 이 담뱃대 없는 코리아인을 상상할 수가 없다. 담배는 16세기 말 처음으로 일본을 통해 큰 호응을 얻었다. 향기나는 잎이 코리아에서보다 더 철저하게 추종자를 얻은 나라는 적을 것이다. 이곳에서는 남자, 여자, 젊은 사람 할 것 없이 모두가 담배를 피운다. 아침부터 저녁까지 요람에서 무덤까지. 허리띠에 싼 담배쌈지는 신 밑창보다 훨씬 중요한 의복의 한 부분이다. 조그마한 머리를 한 긴 담뱃대를 단 일분도 손에서 놓지 않는다. 나의 마부들도 마치 채찍이나 되듯이 쉬지 않고 담뱃대를 손에 쥐고 있다. 말을 몰기 위해 담배 피우는 일을 멈추어야하는 경우에도 채찍을 쥔 손에 담뱃대를 함께 붙들고있다.

(중략)

얼마 전에 작은 소동이 있었다. 광부들에게 이곳의 모든 사람들처럼 열정적으로 사랑하고, 입에서 떼기를 싫어하는 긴 담뱃대로 작업시간에 담배를 피우는 것을 금지했다. 이 담뱃대는 길이가 30~50센티이며 고루한 신사들에게는 더 길기 때문에 일 할 때 자갈이나 펌프 옆에 거추장스럽게 놓여있어 작업에 지장을 준다. 그러나 옛 풍습과 고유한 덕성을 고려해서 점심 시간외에 두 번이나 더 일을 중단하고 담배를 피우도록 했으며 매번 15분이나 더 걸렸다. 이 담배휴식시간은 아주 너그러워 대개 관습대로 30분이나 지나 작업종을 울리게 했음에도 광부들은 불평을 하고 더 긴 휴식을 요구했다. 요구를 관철하기 위해 파업이 시작되었으며 이 고요한 지구구석에도 이미 서양의 노동조합과 그 투쟁방법에 대한 정보가 있었던 같았다. 영리한 한 상인이 양쪽 모두를 만족시키는 기발한 방법을 생각해냈다. 작업시 방해가 되지 않는 짧은 담뱃대사용을 광부들에게 허용했으며 코리아에는 짧은 담뱃대가 없기에 외국에서 수입해서 광부들에게 팔아야했다. 환호성이 터졌다. 모두 외제 담뱃대를 가지고 싶어서 장사는 불티났고, 작업은 잘되고 그렇게 코리아 광부들의 첫 소동은 만족스럽게 끝을 맺었다. (『겐테의 한국기행』 68쪽)

어릴 시절 필자는 할머니가 뒷마루에 앉아 한가로이 긴 담뱃대로 담배를 피우시는 것을 본적이 있다. 그 당시 어린 나이로는 할머니가 아주 나이가 많이 드신 줄 알았는데 지금 와서 생각해보니 겨우 육십에 불과한 나이었다. 육십 여인이 한적하게 긴 담뱃대를 물고 뒷마루에 앉아있는 모습을 요즈음 사람들은 상상하기가 힘들 것이다. 지금은 서양사람들이 '아편 담뱃대'라고 말하는 긴 담뱃대를 기억하는 사람들도 드물지만 당시 서양인의 눈에는 한국 사람들은 남녀노소 할 것 없이 담배를 즐겨 피우는 민족으로 남아있다.

2. 1970-1980년대에 나온 남북한 기행문

『고래가 싸우면』

구한말, 일제강점기 초기에는 짧은 기간이나마 한국을 찾던 발길이 있었고, 피상적인 글이나마 한국에 관한 홍보가 쏟아졌지만 1945년 이후 한국이 냉전 체재에 들어가기 시작하자 한국을 찾는 독일여행객들의 발길이 줄어들면서 자연스럽게 독일에서는 한국에 관련된 글은 더 이상 나오지 않았다. 1945년 이후부터 70년대에 이르기까지 한국여행기는 전무했으며 1975년 루이제 린저의 한국방문을 계기로 다시 독일에서 한국여행기가 출판되었을 뿐이다.

60년대와 70년대에 『생의 한가운데』로 한국에 널리 알려진 작가인 루이제 린저는 1975년 '문학사상사'의 초대로 한국을 방문했다. 그 후 1976년 남한 방문기를 『고래가 싸우면 Wenn die Wale kämpfen』이라는 제목으로 출판했다. 책명은 '고래가 싸우면 새우등이 터진다'라는 한국속담에서 따왔으며 여기서 고래란 당시 미국과 소련 양 강대국을 의미한다. 이 책은 기존의 한국기행문과는 달리 한국, 한국문화에 대한 관심보다는 남한의 군사 독재에 대한 비판적인 글들이 담겨있어 당시 독일에서조차 논란이 많았으며 우리나라에서는 번역될 수도 없었다.

『고래가 싸우면』이라는 책은 작곡가 윤이상과 당시 감옥에 있던 신학자 안병무 교수에게 바치고 있으며 「남한의 국기, 태극기」, 「미지의 수수께끼 나라 한국」, 「첫 인상」, 「판문점」, 「누가 토끼의 심장을 반으로 나누었는가?」, 「민족의 단일화」, 「에밀레」, 「33인」, 「굶주림, 백성들의 울음소리」, 「특별한 운명」, 「시골여행」, 「고양이와 토끼의 싸움」, 「이방자 여사」, 「눈물, 눈물」, 「한국여성」, 「샤머니즘 동화」, 「유교동화」, 「유교」, 「불교동화」, 「한국불교와의 만남」 등 20장으로 구성되어있다. 먼저 한국정치와 관련된 부분을 읽어보기로 하자.

    그 당시 젊은 시인 김지하와 카톨릭 주교 지학순도 체포되었다. 주교는 8개월 구금 후 일시적이나마 풀려났으며 (심한 결핵환자였던) 주교 밑에서 카톨릭으로 개종한 시인은 아직도 감옥에 있다. 그의 이야기는 독자적인 장에서 말하고자한다.
    나는 지학순 주교와 만나고 싶었으나 그가 어디에 머물고 있으며 자유로운 몸인지 다시 감옥에 있는지 아무도 몰랐다. 우연히 그를 만나게 되었다. 항구도시 부산의 어느 병원에서 독일수녀들과의 만날 때 한국여성 한사람이 (귓속말로) 주교의 운명에 대해 알고 싶은지 그를 방문하고 싶은지 물었다. 주교와 그를 방문하는 사람모두 중앙정보부의 감시를 받지만 그러나… (중략)
    지학순 주교는 감옥에서 나온 다음 병원 부지 내 작은 거처에서 살고 있었다. 그의 방은 썰렁했다. 그는 아무 것도 소유하고 있지 않았지만 아무 것도 아쉽지가 않았다. 그는 나의 방문을 기뻐하였다. 우리들은 금방 서로를 이해하게 되었다. 영어로 대화를 나누었으며 자유와 사회주의 기독교적 개념에 대해 이야기했다. 그는 자신에게 일어난 일에 대해 불평하지 않았다. 그는 오른 팔을 거의 움직일 수가 없었다. 고문을 당했었나? 아니, 차가운 감옥에서 생긴 루머티즘에 불과하다고 한다. (그러나 나는 고문을 당했던 다른 사람을 만났다.) 지 주교가 고통받고있는 것은 개인적인 운명이 아니며 그는 죽고 사는 일에는 모든 준비가 되어있었다. 그를 괴롭히는 것은 그를 극단적인 사회주의자로 보며, 공산주의자들이 원하든 그렇지 않든 공산주의자들에게 도움을 준다는 사실이었다. (중략)

무엇이 지학순 주교로 하여금 벌받을 만한 짓을 하게 했는가? 나는 그로부터는 단지 단편적인 이야기만 들었다. 나중에 다른 사람들로부터 하나하나 이야기를 들었다. 그것은 지학순 주교 자신의 이야기가 아닐 뿐만 아니라 다른 기독교 성직자들의 이야기였다.

1973년 기독교 목사 정인동은 어느 날 거리청소부들이 무더위에 먼지 속에서 일하고 있는 것을 보았다. 그는 그들과 대화를 시작했으며 그 대화는 그들로 하여금 현실을 폭로하게 했고 그 현실은 그로 하여금 나중에 이 노동자들의 소그룹과 함께 개별적으로 이야기를 나누게 했다. 500원을 받고 하루에 12시간 일한다는 사실을 그들로부터 들었다. 500원으로 무엇을 살 수 있는가? 한사람이 먹을 것을 살 수 있다. 그러나 노동자들에게는 가족이 있다. 무엇으로 가족을 먹여 살린단 말인가? 정부는 그들이 5년 이상 근무하면 상당한 일당인상을 받게 되리라 약속을 했다. 인상은 없었다. 그들에게 13번째 월급을 약속했다. 지불되지 않았다. 근로자들은 주말도 없었고 휴가도 없었으며 사고, 병, 노년을 위한 보험이라는 것도 없었다.

정 목사는 해당 관청으로 하여금 그 일에 신경을 쓰게끔 했다. 그러나 그는 관계부처 사람을 만나지도 못했다. 수개월이 흘러갔다. 1973년 가을 전주에서 열린 어느 문화축제에 총리도 오게 되었다. 이날 정 목사는 무폭력 시위를 조직했다. 어떤 불상사도 없었으나 성공을 하지도 못했다. 정 목사는 두 번째 시위를 계획했다. 중앙정보부가 그것을 방해했다. 그러면서 정보부 감시라는 흔한 조직이 시작되었다. 그의 큰아들은 학교에서 "국민의 적인 공산주의 아들"로 취급되어 마침내 학교에 가지 못했다.

목사는 더 이상 월급을 받지 못했으며 목사사무실을 포기하도록 강요받았다. 거리노동자들이 그를 위해 돈을 모으지 않았더라면 그는 굶어죽었음에 틀림이 없다. 돈을 모았던 사람들은 체포되었으며 5일 동안 구금되었다. 이 사건은 기독교신문에 실렸다.

정 목사는 공식적으로는 어떤 일자리도 얻을 수가 없었으며 학생들이 그를 도왔다. 이들도 역시 체포되었다.

같은 시기에 한 미국목사가 사회활동 때문에 쫓겨났으며 한국목사 박형규는 14명의 동지들과 함께 체포되었다. 그들은 UIM의 회원으로 서울의 슬럼가에서 일하고 있었다. 지학순 주교는 이 모든 조치에 반대하는 저항으로 서울에서 시위를 조직했다. 그는 물론 즉시 체포되었다. 예상된 일이었다.

1975년 김광석 민족기독교위원회 총무와 두 명의 여대생도 체포되었다. 15년 형을 받았다고 들었다. 정치범들의 가족을 돕는 구조액션을 설립했기 때문이다.

이들 외에도 많은 사람들이 감옥에 갔다; 기독교 신학대학 교수들과 신학세미나에 참가했던 학생들.

남한에서 기독교-박해에 관하여 말할 수 있는가? 박정희는 기독교의 적은 아니다, 히틀러와 달리 비그리스도적 무신론은 아니다. 기독교인들이 그를 가만히 두면 그 역시 기독교인들을 가만히 둔다. 그 말은 기독교인들이 완전히 비정치적으로 자신들의 일만 하면 상관이 없다는 이야기다. 모스크바조차 기독교신자들에게 이런 일을 허락한다. 그럴 경우 시대-현실에 대한 연관성을 배제한 채 예배를 열고 기도하고 성사를 보고 복음을 전한다.

그러나 히틀러 독일과 라틴아메리카에서 일어나는 일이 남한에서 일어나고 있다.[6]

---

6) Luise Rinser: *Wenn die Wale kämpfen.* S. 86-89. R. S. Schulz. 1976.

린저는 한국 군사독재의 실상을 남한의 많은 대학교수들이 교수직을 박탈당했으며, 수 백 명의 대학생들이 감옥에서 잊혀지고 있고 시인 김지하가 고문을 당하고 사형선고를 받은 것과 친구 윤이상이 2년 동안 감옥에 있었던 사실 등을 통해 밝히고 있다. 한국중앙정부의 눈을 피해 '한국의 간디라고 부르는 무저항세력의 영웅, 가라앉는 용기를 위한 버팀목'인 함석헌을 비롯하여 많은 민주 인사들을 만난 린저는 『고개가 싸우면』에서 대부분 남한 군사 독재정치를 폭로하는 쪽으로 방향을 잡고 있다. 「눈물, 눈물 Tränen, Tränen」에서도 린저는 '울지 않는 사람은 한국인이 아니다'라고 말 할 정도로 한국인은 눈물이 많은 민족으로 설명하면서 오늘날 한국사람들은 충분히 울 이유를 가지고 있으며 "그들의 눈물은 분노와 수치의 눈물이다."(S. 160)라고 표현했다. 그러나 린저는 한국인의 정서를 지배하고 있는 샤머니즘, 유교, 불교에 대해서도 많은 장을 할애했다. 한 민족을 이해하기 위해서는 먼저 그 민족을 지배하고 있는 민족정서를 이해해야 하기 때문이리라. 먼저 「샤머니즘동화 Ein schamanisches Märchen」를 읽어보자.

「샤머니즘동화」

무서운 염라대왕이 실수로 젊은 아버지를 죽게 했다. 그의 영혼은 이미 문지방에 서있었다. 영혼이 불려갔을 때 그가 바뀌어졌다는 사실을 발견했다. 그는 다시 지상으로 내려 와야했다. 그러나 저승사자들은 그의 시신이 매장되었다고 말했다. 어떻게 해야할지 사람들은 오랫동안 의논을 했다, 그리고 남은 삶을 다른 육신 속에서 살고 싶은지 그에게 물었다. 방금 다른 남자가 죽었으며 육신은 아직 쓸만했다. 그는 승낙을 했다. 그는 점차 눈을 떴을 때 자신이 어느 낯선 집, 낯선 얼굴사이에 있는 것을 발견하였다. 그가 눈을 뜨고 다시 숨을 쉬기 시작하자 모두 아주 기뻐했다. 낯선 여인은 그를 끌어안고는 남편이라고 불렀다. 낯선 아이들은 그를 아버지라고 불렀다. 그는 정신이 하나도 없었으며 무어라 말해야할지 몰랐다. 그렇게 그는 가만히 누워 자신을 돌보게 했다. 사람들이 먼저 그를 병에서 낫게 하려고 했기 때문이다. 옥은 병으로 죽었으며 그는 옥의 육신을 받았던 것이다. 그러나 어느 날 그는 옛 것을 모두 기억했다. 그러자 그는 새 부인에게 말했다. "들어보시게, 나는 당신 남편이 아니오, 당신 남편은 저 세상에 있으며 나는 실수로 그곳에 가게 되었소, 사람들이 나에게 당신 남편의 육신을 주었소, 나의 아내와 자식은 남쪽에 있소, 나는 다시 집으로 가고 싶소, 나는 옥이 아니라 윤이라 하오." 부인은 남편이 다시 열이나 헛소리를 한다고 생각했으며 약초를 다려 그를 돌보았다, 그가 다른 아내와 자식에 대해서 이야기하자 전혀 귀담아듣지 않았다. 그러나 남자는 가족이 너무 그리워 어느 날 밤 마냥 집을 나와 계속 걸어갔다. 그는 마당에서 상복을 입은 아내를 보았다. 그의 아내는 물론 그를 알아보지 못했다. 그는 하룻밤 재워달라고 부탁했다. 그러나 그녀는 "반년 전에 저의 사랑하는 남편이 돌아가셨습니다. 댁을 저의 상가에 받아들일 수가 없습니다." 하고 말했다. 남자가 말했다. "당신 남편은 분명 좋은 사람이었고 배운 사람이었소. 당신을 위로하는 충신이라는 아들은 없소?" "있습니다, 그러나 손님이 어떻게 그것을 아시오. 손님은 이곳이 처음인 것 같은데요?" 하고 부인이 물었다. "나는 당신의 남편을 알고 있소, 그는 나에게 댁에 관하여 말해주었소, 예를 들자면 댁은 황주골 가문의 둘째 딸이라는 사실을 알고있소이다."하고 남자가 말했다. 그러자 부인은 남편의 친구를 보고는 기뻐했으며 집안으로 모셔 대접을 했다. 그들이 식사를 하자 그는 이야기를 시작했다, 자신의 영혼 여행을 이야기를 했다. 그녀는 그의 말을 믿었으며 그의 목소리에서 알겠노라고, 낯선 육신이지만 남편으로 알고 사랑하겠노라고 했다. 그녀는 상복을 벗고 빈소를 치우고는 그때부터 귀향한 자와 행복하게 살았다. (*Wenn die Wale kämpfen* S. 181-182)

「샤머니즘동화」라는 제목 하에 소개된 이 이야기는 염라대왕의 실수로 너무 일찍 저승으로 간 사람이 다른 사람의 육신을 빌려 다시 이승에 있는 가족에게로 돌아온다는 이야기다. 린저가 이 이야기를 샤머니즘동화라고 칭한 것은 죽은 자가 다른 사람의 육신을 빌어 다시 지상의 가족에게로 돌아온다는, 즉 다시 살아난다는 불멸 때문이다. 샤머니즘은 특정한 신을 모시는 것이 아니기에 종교라고 할 수는 없지만 이승과 저승을 연결하는 점에서 같은 맥락으로 보고 있다.

「유교동화」

옛날에는 왕이 훌륭한 업적을 이룬 신하들에게 홍살문을 수여했다. 두 개의 높은 기둥은 위에 있는 작살모양의 대들보와 연결되어있었다. 기둥 하나에는 포상자의 이름과 직위가 새겨져있었다. 전체는 붉은 색으로 칠해져있었다. 그런 '홍살문'을 모르는 체 지나쳐서는 아니 되었으며 통과해서도 아니 되었다. 강씨 부인도 그런 '홍살문'을 받았다. 그녀는 한때 아름다운 소녀였으며 가난했지만 너무나 아름다워 많은 남성들이 청혼했다. 마침내 이웃마을에 사는 부잣집아들이 그녀를 아내로 얻었다. 그러나 그는 운이 좋지 않았다. 혼례식을 치루기도 전에 도적 떼들이 집에 불을 지르고는 재산을 강탈을 해갔으며 부모들은 두들겨 맞아 병신이 되었고 자신은 눈이 멀게 되었다. 그는 이제 혼례식은 생각도 못할 정도로 가난하게 되었다. 그렇지만 신부는 그에게 왔으며 병든 시부모를 돌보았다. 그녀는 힘든 일을 많이 해야만 했다. 요리하고 빨래하고 밭에서 일했으며 씨를 뿌리고 곡식을 거두어들이고 겨울밤의 반은 베틀에 앉아 있었지만 힘든 삶에 대해 전혀 불평을 하지 않았다. 부모들은 돌아가셨으며 아이들은 태어나고 그녀는 눈먼 남편이 원하는 것 모든 것을 가질 수 있도록 계속 일을 했다. 남편에게 줄 수 없는 것은 시력뿐이었다. 그러나 그는 아내가 얼마나 아름다운지 어떻게 일하는지 보고있노라고 말했다. "당신이 베틀에 앉아있는 것이 보이는 군, 당신이 손에 실패를 들고 있는 것이 보이는군." 하기도 했다. 그러면 그녀는 재빨리 실패를 손에 잡고는 베를 짰다. 그들이 그런 이야기를 하는 동안 바깥에서 거지 한사람이 하룻밤을 재워달라고 부탁했다. 그들은 거지에서 잠자리를 제공하였다. 그러나 거지는 머물지 않고 한밤이 되기 전에 길을 떠났다. 그는 사실 어사였으며 신하의 업무를 시험해보고 어려움에서 착한 사람을 구할 수 있도록 왕이 몰래 보낸 정의를 구현하는 사람이었다. 그는 미처 서른도 되지 않은 젊은 나이에 눈먼 남편을 그토록 지성으로 보살피는 강씨 부인에 대하여 왕에게 보고를 했다. 어느 날 사람들이 와서 강씨 부인의 작은 집 근처에 '홍살문'을 세웠다. 그러자 많은 사람들이 모여들어 경탄했으며 강씨 부인은 아주 불안해했지만 그녀의 남편은 말했다. "홍살문은 당신을 위한 것이오, 내가 눈 없이 당신을 보듯 하늘이 당신의 착한 마음씨를 보았소." 그리고 두 사람은 밖으로 나갔으며 부인은 조용히 홍살문을 통과해서 왕의 방문을 접견했다. (*Wenn die Wale kämpfen* S. 183 — 184)

위 「유교동화 Ein konfuzianisches Märchen」에서는 시집식구와 남편을 극진히 보살피는 열녀를 표창하여 임금이 그 집이나 마을 앞, 관아 등에 세우도록 한 붉은 문, 즉 홍살문 이야기다. 기독교문화에 대해 이해를 하지 못하면 유럽을 이해할 수 없듯이 한국의 유교전통을 이해를 못하면 한국을 이해할 수 없을 것이다. 린저는 이 동화에 뒤따르는 「유교 Konfuzianismus」라는 장에서 "유교라는 철학과 도덕으로 인해 한국사람들은 방관이라는 방법에도 익숙하게 되었으며, 그런고로 비겁함으로 나타날 수도 있는 침묵하는 인내는 정치를 하는 그들 나름의 특별한 방식이기도 하다. 모든 것은 흐른다. 바퀴는 돈다. 모든 것은 반대로 돌아간다. 어느 정부가 좋지 않으면 그 정부는 무너질 것이다. 주요한 것은 우리들이 살아남는 다는 것이다……. 독일이나 일본에서처럼 전투적인 영웅을 좋아하는 사람은 한국사람을 이해할 수 없을 것이며 오히려 경멸할 것이다. 남한의 이야기를 읍의 이야기로 이해하는 자는 이 국민을 사랑할 것이다."(S. 196)라는 말을 통해 당시 군사독재에 대한 한국인의 소극적인(?) 자세를 유교와 결부하여 이해하고자했다.

「불교동화」

　천년 전 금강산에 한 젊은이가 은자로 살고있었다. 100일 동안 명상을 하고 있을 때 부처가 나타나 그에게 말했다. '인 냥구 판부골목에 몰고롱처사라는 남자가 살고있으니 그에게 가서 계속 배우거라.' 젊은이는 즉시 길을 떠났다. 그는 천천히 짙은 숲을 지나 마침내 작은 집에 도달하게되었다. 그곳에는 보덕이라는 이름의 소녀 외에는 아무도 없었다. 그는 그곳에 혹시 몰고롱처사라는 사람이 살고있는지 소녀에게 물었다. 그녀는 그렇다고 말하면서 처사가 몹시 화가 나 있으니 젊은 승려는 그냥 가는게 나을 거라고 말했다. 그러나 승려는 비록 죽는 한이 있더라도 부처가 명한 것을 해야한다고 말했다. 그래서 그곳에 머물렀다. 그는 이미 소녀를 사랑하게 되고 말았다. 소녀의 아버지에 의해 죽게되는 것이 부처의 뜻이라고 생각했다. 그의 사랑은 점점 깊어갔다. 날이 어두우면 아버지가 사냥에서 돌아온다고 소녀가 말했기에 밤이면 승려는 밖으로 나갔다. 그러나 어느 날 승려는 저녁에도 그 집에 남아 있었다. 소녀 보덕에 대한 사랑이 너무나 크고 격렬하여 그녀를 덮쳐버렸다. 이 순간 그는 정신을 잃었으며 다시 정신을 차렸을 때는 보덕이도 집도 보이지 않았다. 바위만 있을 뿐이었다. 그는 보덕이를 찾으려 계속 길을 갔다. 어느 듯 다시 금강산에 와있었다. 그곳 산정 높이 연못 위에 보덕이가 앉아있는 것을 보았다. 그는 그녀를 부르면서 산으로 달려갔다. 그러나 그곳에는 보덕이가 아니라 관음보살이 우아하게 앉아있었다. 그제야 승려는 모든 것을 깨달았다. 그는 무릎을 꿇고 후회했으며 그때부터 성스러운 승려가 되었으며 나중에는 유명한 명상가가 되었다. 관음보살이 나타났던 그곳 동굴에 불상을 세우게 했다. 그 동굴은 보덕동굴이라고 한다. (*Wenn die Wale kämpfen* S. 199-200)

「불교동화 Ein buddhistisches Märchen」는 강원도 금강산 내강리 내금강산 만폭동에 있는 조선시대에 세워진 보덕암에 얽힌 이야기이며 옛날 이곳에 마음씨 착한 보덕이 홀아버지를 모시고 살았다하여 붙여진 이름이라는 설도 있다. 마지막 장인 「불교와의 만남」에서 린저는 '한국사람들은 근원적으로 종교적인 백성'이라는 어느 외국인 성직자의 말을 인용을 하면서 한국인의 종교, 특히 불교에 대한 관심을 표명했다. 그녀는 불교사찰 불국사를 방문하고 스님과 종교와 정치의 관계에 대한 대화를 나누기도 했다. "하나의 진실만이 있다, 그러나 우리들은 그 진실을 발견하기 위해 다양한 길을 간다. 오래된 인도의 격언에 의하면 '좋은 길이기만 하면 모든 길은 신에게 이른다.' 나는 이것을 극동아시아에서 배웠다"(S. 224)라는 말을 마지막으로 남한 방문기를 끝맺었다. 위에 소개된 유교, 불교 샤머니즘에 관련된 이야기는 출처가 밝혀져 있지 않으나 린저가 한국방문 당시 측근들로부터 들은 이야기 내지는 책에서 읽은 이야기 일 것이다. 『고래가 싸우면』은 1978년 당시 한국을 찾은 독일인에게 한국, 한국인이 어떻게 비추어졌는지는 볼 수 있는 거의 유일한 책이다.

『북한 여행기』

린저는 남한방문이후 1978년부터 북한 김일성의 초대를 받아 세 차례에 걸쳐 북한을 다녀왔고 1981년 『북한 여행기 Nordkoreanisches Reisetagebuch』를 출판하였다. 린저의 이 『북한 여행기』는 당시 독일에서 무려 20,000부가 팔려 베스트셀러가 되었으며 이토록 높은 판매 부수를 기록한 것은 그동안 북한에 관한 제대로 된 정보를 얻을 수 있는 책이 없었기 때문이다. 이 여행기에서 린저는 북한은 제 3세계의 미래를 위한 '이상적인 모델'이며, 이 책은 "실현 가능한 사회주의에 대해 우리의 생각을 대담하게 바꿔보는 전환점을 제시하고 또한 자본주의와 사회주의체제 간의 투쟁은 불가피하다는 편견을 없애는 데 도움이 되는 사회주의의 한 방법을 보여주는 글이다."[7]라고 주장했다. 린저는 그 후 1981년과 1982년에 걸쳐 두 차례 더 북한을 방문하였으며 당시 서구사회에서 문제시되었던 북한의 개인숭배를 가톨릭교회의 교황숭배 차원에서 합리화했으며 이를 유교사상과 결부시켜 설명하기도 했다.

한 작은 구릉 위에 어마어마하게 거대한 김일성 동상이 서 있는 것이 보였다. 그 동상의 좌우벽면에는 한국전쟁을 소재로 한 장면을 그린 큼직한 동판벽화가 있었다. 나는 그것들을 전에 화보에서 본 적이 있는데, 그 조각들은 이 조용한 나라와는 어울리지 않게 지나치게 고압적인 분위기를 자아내는 것이었다. 왜 모든 독재자들은 항상 스스로를 차원이 다른 존재로 보이게 하려는 경향을 갖는가? 자기를 과시하거나 위엄 있게 보이려하는 것은 자신의 파멸에 대한 두려움으로부터 비롯되는 무슨 비밀스러운 보상심리에서 초래되는 것이 아닐까? 평온한 노후생활을 해야할 나이의 그를 왜 이렇게 온통 형형색색의 그림들로 '빨치산전투에서의 김일성', '농부와 함께 일하는 김일성', '아이들과 같이 노는 김일성', '제련소 노동자들과 환담하는 김일성' 등 등의 식으로 분칠을 하고 있는 것은 아닐까?

'개인숭배', 그렇다.

---

[7] Luise Rinser: *Nordkoreanisches Reisetagebuch*. S. 9. Fischer Verlag. 1981. 추후 한민(역): 『또 하나의 조국』. 도서출판 공동체 1988를 인용함.

카톨릭 교도들이 사는 지역에서도 교황의 초상은 여러 곳에 걸려있다. 이것이 카톨릭 교도에게 있어서 뭔가 특별한 의미를 띄는 것처럼, 이곳의 도처에 걸려있는 김일성의 초상도 마찬가지 의미를 갖는다. 그러나 비카톨릭 신자에게 있어서 이 모두가 개인숭배에 속한다. 이점은 재고해보아야 한다. 또한 나는 이 김일성에 대한 숭배가 '진정으로' 무엇을 의미하는지를 이해하게 될 것이다. 만일 나를 수행하는 사람이 김일성 배지 대신에 당의 표시를 단다면 그것은 무엇을 의미할까? 김일성 배지 대신에 나치의 휘장이나 망치와 낫이 그려진 배지를 다는 것이 더 나은 의미라도 있단 말인가? 아니면 익명의 힘을 상징하는 추상적인 표지를 다는 것보다 한사람의 얼굴을 달고 다니는 것이 보다 더 인간적인 일일까? 나는 아직도 그것은 정확히 모르겠다. (『또 하나의 조국』 22-23쪽)
　(중략)
　지난 해의 환영만찬 때 루돌프 바아로는 한 남자가 김일성을 입에 올릴 때마다 가볍게 자리에서 일어나는 것을 보고 웃음을 참지 못하였다. 그러나 내게는 그런 것이 별 문제가 되지 않는다. 그리고 제네바에서 열린 한 회의에서 북한 사절이 그들의 주석에 대해 말할 때 일어서는 것을 보고 빌리 브란트역시 그것을 우수꽝스럽게 과장된 행동이라고 치부하였다. 그러나 나는 그 태도를 이해한다. 그것은 높은 지위에 있는 사람에게 경외심을 품는, 수 천년동안 내려온 유교적 전통의 유습인 것이며 그것은 모든 한국인들이 독특하게 지니고 있는 아름다운 마음의 표현인 것이다. (『또 하나의 조국』 273쪽)

린저는 김일성에 대해 존경심 내지는 '개인숭배'를 오래된 유교전통에서 나온 것으로 합리화했다. 북한에 대한 린저의 관심은 개인숭배 외에도 종교의 자유였다. 공산주의 국가인 북한에 과연 종교의 자유가 있느냐, 아니면 종교자체가 존재하는가 하는 문제는 당시 늘 서구사회에서 쟁점의 대상이었기 때문이다. 그녀는 북한의 교회를 이야기하면서 기독교가 뿌리내리지 않는 사실을 샤머니즘과 연관시켰다. 당시 평양 전체 백만 인구가운데 기독교인은 8백 명에 불과했으며 그래서 평양에서 교회를 짓는 것은 의미가 없으며 북한 주민들은 일요일마다 개인숙소에서 예배를 들인다라는 북한 측의 설명에 대해 린저는 「신이 없는 나라 Land ohne Gott」장에서 다음과 같이 적었다.

    기독교는 한국에서는 뿌리를 내리지 못했다. 이 나라는 오래 전부터 불교를 믿어왔다. 불교는 유교와 병존했지만 유교는 생활규범에 머물렀다. 공손함, 서열의 존중, 통찰력 있는 규범, 생에 대한 긍정적인 자세, 온화한 사고로서의 예절, 고결한 선비가 되려는 경향, 우둔이나 나태에서 비롯된 것이 아니라 정신적인 권위에 대한 자발적인 순종에서 나온 양보의 미덕, 구체적인 가능성에 대한 진지한 비판 그리고 개인적인 것과 사적인 것을 뒷전에 놓는 등이 유교의 규범들이다. 따라서 그것은 개인과 사회와 국가생활전반을 지배하는 도덕이었다. 불교는 거기에 종교적인 색채가 가미된 것이었다. 물론 그 이전에도 종교는 있었지만 애니미즘이나 샤머니즘과 같은 원시종교의 형태였고 인간이 '내세적인 것', 즉 수호신이나 신령과 연결되어있다는 믿음에 지나지 않는 것이었다. 사람들은 굿과 초능력자인 무당을 통해 서 그들과 접할 수 있었다. 개명된 서양에도 여전히 마법사의 신비스러운 제의식이 있고, 가장 개화된 사람에게도 신비스러운 마술적 경향과 행동들이 존재하고 있는 것처럼 분명 오늘날 북한에도 '무당'이 있을 것이다. 그것은 바로 우리의 무의식 세계에 있는 인간 본질의 한 심층이다. (『또 하나의 조국』 177쪽)

북한 측에서는 북한에도 종교의 자유가 있고 불교인과 기독교인이 최고인민회의에 참석한다고 주장하지만 린저가 불교사찰을 찾았을 때 남한의 사찰을 보고 상상했던 것과는 전혀 다른 상황임을 시인했다. 린저는 북한여행에서 남한과 같은 종교의 자유를 기대했지만 그녀가 본 사찰은 문화유적지로의 구실을 하고 있을 뿐 남한에서처럼 '관광객의 유원지'가 되어 북적거리는 곳도 아니며 죽은 듯이 조용했다.

린저는 여러 해 동안 한반도문제에 관여를 했기에 남한에 대해서는 많이 알고 있었던 반면에 북한에 대해서는 정보부족으로 암흑의 독재라는 부정적인 인상만 가지고 있었으나 생각했던 것보다는 훨씬 더 긍정적이라는 견해를 펼쳤다. 1982년 세 번째 방문 후에 1981년의 여행기를 다소 정정하기도 했지만 다양한 정치적 사회적 체제들의 상호공존을 인정해야한다고 주장하면서 김일성은 평화이외에 어떤 것도 원하지 않는 인물이라는 등의 친북적인 발언에는 변화가 없었다.

그를 지금도 항일 빨치산의 지도자이자 전시의 장군으로, 국가재건시에 볼 수 있는 모든 정적들의 숙청자로만 평가하는 것은 잘못이다. 왜냐하면 그는 이제 관대한 사람이 되었다. 서독의 한 저널리스트가 그를 '현명한 독재자'라고 불렀다면 그 저널리스트가 틀리게 본 것은 아니었다. 그렇지만 강조점은 '현명한'이란 단어에 있다. 그를 만나본 모든 방문객들은 자기들이 위대한 한 인간의 면전에 있다는 느낌을 떨쳐버릴 수가 없을 것이다.

이 사실을 인정하지 않으려는 사람일지라도 적어도 그가 위대한 업적을 수행했다는 사실만은 인정해야한다. 제 3세계의 다른 어떤 나라도 북한처럼 그렇게 많은 긍정적인 점들을 가지고 있지는 않다. 즉 북한에는 실업자, 주택난, 마피아, 부패도 없고 어떠한 형태로든지 빈곤이나 약물중독, 이렇다 할 범죄현상, 알코올 중독, 소외, 혼란, 윤리적 그리고 인간적인 가치들의 파괴와 같은 것들이 전혀 없다. 우리들은 적어도 이와 같은 것들을 인정하지 않을 수 없다. 게다가 '만약 서구에서 그런 것들을 볼 수 있다면 얼마나 좋을까' 하는 요소들도 적잖게 발견할 수 있다. 만약 우리가 그것을 얻기 위해서라면 개인의 자유를 희생할 수도 있지 않겠는가?
(중략)
상호비방이야말로 전쟁을 유발하는 심리적인 동기의 가장 중요한 요인 중의 하나이기 때문에 우리 시대의 심각한 인류의 위기를 해소하기 위해서는 반드시 오랜 적대감을 지워버리고 그 대신에 친밀감을 유지하고 또한 김일성이 남북한을 위해 제안한 바와 같이, 다양한, 정치적 사회적 체제들의 상호공존을 인정해야한다는 점을 분명히 의식하면서 나는 2, 3차 북한 방문기를 썼다. 따라서 사람들이 나를 비방하듯이 북한 체제를 선전했느냐 안 했느냐가 중요 한 것이 아니라 극동의 평화와 아울러 세계의 평화마저 위협하는 낡고 경직된 적대감정을 없애는 일이 무엇보다도 중요해진다. 이 책이 양 진영의 긴장완화를 위해 작으나마 보탬이 되었으면 한다. (『또 하나의 조국』 238-239쪽)

어느 정도 북한의 개인숭배, 폐쇄성과 종교의 부재를 인정하면서도 린저는 늘 남한과 비교하여 북한을 긍정적으로 부각시키려고 노력했으며 북한에 대해 긍정적인 견해를 펼친 것은 서방세계의 고정관념을 뜯어고치기 위해 긍정적인 것을 강조하지 않을 수 없었다고 본다.

『평양에서 잠 못 이루고』

여행자문학의 한계는 작가가 어떤 시각으로 그 나라를 보느냐하는 주관적 시각에 달려있으며 이를 말해 주는 또 하나의 북한 여행기로 『평양에서 잠 못 이루고 Schlaflos in Pjöngjang』(1986년)를 들 수 있다. 유년시절 한국전쟁을 통해 '끔찍한 아시아의 공산주의'라는 생각을 지니고 있었으며 학교에서는 핍박당한 기독교인을 위해 기도했으며 용돈의 일부를 한국에 후원한 적이 있다는 오스트리아의 빈 철학자모임의 회원인 알프레드 파비간 Alfred Pfabigan은 1982년 북한 김일성의 초청으로 다른 세 명의 동료, 엘리자베트 네메스 Elisabeth Nemeth, 클라우스 데트로프 Klaus Dethloff, 게르하르트 고츠 Gerhard Gotz와 함께 한달 간 북한을 방문했었다. 항공료를 비롯하여 모든 부담은 북한이 맡았으며 여행목적은 돌아와서 김일성의 '주체사상'을 보급하기 위한 연구모임을 만드는 일이었다. 파비간은 '주체사상'이 무엇인지 알기 위해서 북한의 초대를 받아드렸지만 낯선 문화에 놀라고 행동제재 그리고 잠 못 이루는 밤 때문에 이 책을 저술하게 되었다고 한다. 파비간은 그들이 말하는 '주체'가 무엇인지 그 개념을 정의할 수가 없었으며 김일성은 철학자가 아니며 "주체교육의 목적은 지도자의 이념에 대한 비판적인 사고가 아니라 복종의 창출을 목적으로 하고 있다."[8]라고 북한의 주체사상과 김일성 숭배사상을 비판했다.

  지도자의 철학
  한국의 기준에서 볼 때 주체를 교육받기에 어렵다할지라도 나는 김, 박, 이교수에게서 많은 것을 배웠다. 그들은 나에게 세상을 이해하기 위한 핵심, 포괄적인 지식을 주었다. 고마움의 빚은 아직 갚지 못했다. 우리들은 북한친구들이 구상한 연구단체는 만들지 못했다, 그러나 이 책은 초대에 대한 고마움, 독자들에게 지도자의 생각을 소개하는 가능성만은 제공한다.
  사실 주체가 무엇인가 하는 것은 우리의 우주적인 개념으로서는 정의내릴 수가 없다. 지도자의 추종자들은 철학, 이념, 세계관 혹은 학설에 관하여 이야기한다, 그러나 김일성은 우리들의 의미에서 철학자가 아니다, 그는 '시민' 철학에도 마르크스 적 사고에도 관심이 없다. 지도자는-모태통과는 반대로-철학적인 책도 집필하지 않았다.

---

8) Alfred Pfabigan: *Schlaflos in Pjöngjang*. S. 85. Piper. 1986.

(중략)

　북한에 약 2주간 체류한 다음, 지도자에게 바쳐진 수많은 박물관, 도서관을 방문한 다음 수없이 많은 보고와 인터뷰를 읽은 다음 사랑받고 존경받는 지도자의 생을 알게 되리라 생각했다.

　무슨 히브리말 같은 말인가? 수없이 많은 기적적인 행위에 대하여 보고하고, 전국적으로 읽혀지고 있는 교육적인 텍스트, 끊임없이 늘이고 변형하고 새로이 이야기하는 그런 텍스트를 신뢰하는 것이 가능한가? '우리 세기의 위대한 영웅의 전기', '모든 세계문제를 해결하기 위한 책'을 충분히 아는 것이 가능하다는 의견에는 모욕적인 부정이 놓여있는 것은 아닌지?, 특히 북한과 북한의 텍스트는 끊임없이 그 나라 '영웅'의 삶에 관하여 이야기하고 있다.

(중략)

　김일성의 생에 대해 쓴 보고들은 우리의 의미에서 전기의 고전적인 요소는 없다. 지도자에게는 사생활이라는 것이 거의 없었다. 김일성의 죽은 첫 부인인 김정숙은 그의 첫 여성동지로 등장한다. 두 사람사이의 사랑은 공동의 적에 대한 투쟁에서 현실화된다. 가장 최근에 나온 전기는 주석의 사생활에 대해서 다음과 같이 보고하고 있다. 이를테면 그가 가장 좋아하는 음식은 국수이며 음식 찌꺼기로 돼지를 키우고 부인이 죽은 다음 아주 슬퍼했다는. 그러나 이런 사생활을 알리는 것은 정치적인 목적때문이다. 이는 아버지의 성실한 아들인 잠정적인 후계자 김정일을 내세우는 것을 가능하게 한다. 지도자의 어린 시절 이야기가 전기의 핵심이지만 그 후 어떻게 되었다는 말은 없다. 김일성은 일찍이 '끝'이 났으며 여섯 살에 이미 '장군'이었다. 14살 지도자가 행하고 생각한 것은 한국과 세계를 위한 방향을 제시하는 것이었다. (Schlaflos in Pjöngjang S. 121-122)

　파비간은 김일성 전기에 대해 신랄하게 비판하고 있는데 이와 유사한 글로 오스트리아출생으로 마르부르크와 쾰른에서 경제학을 공부했으며 당시 인스부르크대학 정치경제학교수였던 클레멘스 아우그스트 안드레아 Clemens August Andrea가 1985년 3월 ≪GEO≫에 쓴 북한관련 글을 들 수 있다. 그는 북한을 방문했을 때 술자리를 이용해서라도 북한당원으로 부터 김일성주의를 비판하는 이야기를 듣고 싶었으나 전혀 있을 수 없었 으며 이를 두고 "북한의 김일성주의는 사람 몸의 세포 하나 하나에까지 침투해 있다. 김일성은 '신의 아들'과 같은 존재"라고까지 표현했다.9) 파 비간의『평양에서 잠 못 이루고』는 단순한 북한여행기가 아니라 린저의 북한에 대한 생각을 반박하는 책이기도 하다. 린저는『고래가 싸우면』 에서 '토끼야, 토끼야, 산 속의 토끼야, 겨울이 오면은 무얼 먹고사느냐?' 라는 한국 어린이동요를 예로 들어 "어느 나라에서 아이들이 이렇듯 토 끼를 볼 때 먹는 것만 생각하느냐?"10)라는 말로 남한의 가난을 간접적으 로 시사했지만 이보다 훨씬 심한 북한의 가난에 대해서는 전혀 언급조차 하지 않았던 점을 지적하는 등, 동시대인이지만 루이제 린저와는 북한을 보는 시각의 차이점을 확연하게 보여주었다.

3. 1970년대에 나온 한국관련 저서

『상처 입은 용』

『상처 입은 용 Der verwundete Drachen』은 린저가 베를린대학 교수이자 작곡가인 윤이상과의 대화를 통해 그의 삶과 음악세계를 기록한 글로서 대화체 형식으로 되어있다. 1977년 발간된 이『상처 입은 용』은 윤이상

---

9)『또 하나의 조국』. 314쪽.
10) Wenn die Wale kämpfen. S. 107.

의 「한국에서의 유년시절」, 「한국과 일본에서의 청년기」, 「천직과 자기 발견의 전환」, 「유학공부와 첫 성공」, 「납치」, 「해방과 새로운 시작」으로 구성되어 있으며 246페이지 달한다. 상처 입은 용은 바로 윤이상을 의미하며 윤이상을 잉태한 뒤 어머니가 용꿈을 꾸었는데 그 용은 상처를 입고 있어 하늘까지 높이 올라갈 수는 없었다는 꿈 이야기에서 나온 말이다. 윤이상(1917-1995)은 경남 통영에서 출생하였고 1956년 유럽으로 건너갔으며 1967년 7월 서독에 있던 한국인교수와 유학생들이 동베를린에 있는 북한 대사관을 통해 평양을 방문하고 그 중 일부는 북한의 지령에 따라 한국에 들어와 간첩활동을 하였다는 혐의로 체포된 동베를린 사건의 주모자로 낙인 되어 1969년까지 한국에서 옥살이를 하였다.

1977년 독일에서 출판된 린저의 『상처 입은 용』은 1981년에 일본 '未來社'에서 먼저 일본어로 번역 출판되었다. 일본어로 번역되어 출판되기까지 2년간 걸렸는데 이는 출판사정뿐만 아니라 그사이 한국에서 부마사태, 박대통령 시해사건, 김대중 납치사건, 광주의거 등 급격한 변화가 있었기 때문이다. 일본어 역자 이또오 나리히코(伊藤成彦)는 한국어번역판 서두에 "이 책이 한국의 민주화와 민족의 통일, 그리고 한일 양 문화의 유대를 한층 강화하고 양 민족의 새로운 미래를 만들어 가는데 조금이라도 기여하게 되기를 마음으로부터 빈다."11)라는 말을 덧붙였다. 한국어로는 1984년에 모 출판사에서 맨 처음 번역되었지만 원본의 상당부분을 삭제한 출판이었으며 1988년에 완역 출판되기 전에 원고가 안기부에 압수당하는 등 많은 어려움이 있었다고 한다. 일본어 역자가 한국공항에서 국내에 들어오지 못하고 일본으로 돌아가야 하는 등 우유곡절을 겪은 다

---

11) 홍종도(역):『상처 입은 용』. 245쪽. 도서출판 한울. 1988.

음 1988년에 도서출판 '한울'에서 홍종도 번역으로 출판되었다. 일본어판에서 번역을 했지만 윤이상이 직접 원고를 수정하는 과정을 거쳤으며 한국어출판을 위해 다음 글을 썼다.

모국어출판에 즈음하여

내가 조국을 떠난 지 32년, 소위 동백림사건이 있은 지 21년, 이 책이 독일어로 출판된 지 11년 만에 책의 전모가 독자에게 소개되는 것을 나는 고맙게 생각한다.
(중략)
우리민족은 반드시 통일되어야한다. 그러나 그것이 지극히 멀고 험한 길이라 할지라도 그 과정을 성실성 있고 겸허하게 밟지 않고, 지금까지처럼 서로가 서로를 헐뜯고 군사분쟁을 일삼는다면, 올 것은 우리 민족의 멸망밖에 없을 것이다.
오늘 세차게 일어나는 통일에의 열풍은 역사적인 필연성이다. 누가 이 사태를 역겨워하고 혼란스럽다고 비판한다면 그것은 잘못이다. 나는 이런 사태가 반드시 폭풍처럼 상당한 시일 동안 거쳐가야 하고, 그러는 동안 우리민족은 더 깨닫고, 더 배우고 더 지혜를 찾게 되리라고 믿는다. 흐르는 현대사조를 강압만으로 막아왔으니 어찌 그 자유를 막은 둑은 터지지 않겠는가! 이 책 속에 귀중한 부분을 차지하는 소위 동백림 관련자 납치사건은 많은 끔찍한 정부조작극의 하나로, 그런 독재정권의 폭행이 쌓이고 쌓여서 오늘의 여론의 폭발을 맞이하는 것이다.
이런 관점에서 우리는 남북이 서로가 너 허물 내 허물 뜯지 말고, 이제야 다가온 새 시대를 맞아 과거를 청산하고, 우선 전쟁의 공포분위기를 씻기 위한 모든 조치를 남북이 취하고, 이데올로기를 겁내지 말고, 우리민족끼리의 애정을 찾는 것을 나는 진심으로 호소하고 싶다. 정치 이데올로기는 길게 보면 활엽수처럼 계절에 따라 무성하고, 착색되고, 낙엽이 지는 것이지만, 민족은 창공처럼 엄숙하고 영원한 것이다. (『상처 입은 용』 11 - 12쪽)

이 머리말에서 작곡가 윤이상의 바람은 통일임을 분명히 하고 있다. 어느 날 윤이상은 린저를 찾아와서 한국 중앙정보부가 그를 독일에서 남한으로 납치한 이야기에 대해 써달라는 제의를 해왔으며 작곡가 윤이상에 대하여 쓰는 것이 아니라 독재로 인해 자유를 박탈당한 사람들의 모델케이스, 증인, 경고자인 한 예술가에 대해 쓰는 것이 윤이상의 절실한 의도였다고 한다. 그러나 이 책은 단순한 음악가의 자서전이나 납치사건 피해자의 체험을 넘어서서 유럽문화 속에 살고 있는 한국 예술가의 인생과 혼의 이야기다. 옥중에서 쓴 오페라『나비의 미망인 Die Witwe des Schmetterlings』과 관련된 린저와 윤이상의 대담을 읽어보자.

린저: 당신은 몸도 아프고 .투옥되어있었고, 게다가 사형이 구형되었음을 알면서, 대체 어떻게 일을 할 수 있었나요?
윤: 나는 그전에 오페라의 3분의 1을 써두었고, 그때에 기본적인 이미지를 가지고 있었기 때문에 그 뒤를 어떻게 이어나가 할까를 충분히 알고 있었습니다.
린저: 그렇습니까? 벌써 거기까지 말이지요? 잘 아시겠지만 나도 옥중에 있었고, 나찌의 국민재판소 재판을 앞에 두고 사형을 각오해야 했습니다. 나는 이러한 조건에서는 일하는 것 따위가 도저히 불가능했을 것입니다. 물론 나는 50세의 현명한 도교도는 아니고, 독일 안에서의 러시아군과 미군과의 경쟁과, 베를린에서의 나의 재판을 긴장되어 지켜보고 있던 젊은 반도(反徒)였습니다. 당신에게는 감동했습니다. 자기 자신에 대해서 이렇게까지 거리를 둘 수가 있다니…… 게다가 희극 오페라를 쓰다니! 그것은 도교의 승리이군요. 인생을 꿈으로 보는 의식, 전(全)존재와 일체화하고, 그러기에 또 가장 곤란한 시련에도 견디는 의식입니다. 그것은 또 당신의 일을 방해하는 모든 불유쾌한 것에 대한 당신의 창조력의 승리이기도 하지요. 당신의 창조적인 잠재력이 활동하기 시작하는 데에는, 그 저 한 호흡을 내뿜는 것만으로 충분했던 것이로군요. 물론 그 오페라가 서양에서 상연되고, 거기에서는 많은 친구들이 당신의 석방을 위하여 싸

우고 있다는 것을 아는 것도 당신에게는 도움이 되었습니다. 당신은 이들을 실망시키지 않기 위해서도 이들의 노력이 보람있는 것임을 보여주려 했던 것이었습니다. 또 당신가족에 대한 강한 책임감도 있었고요. 옥중에서도 돈을 벌어야했던 것입니다. 그러나 이런 것들은 모두 2차 적인 이유에 지나지 않았음을 나는 알고 있습니다. 당신으로 하여금 이 「나비의 꿈」을 쓰게 한 진정한 동기는 당신의 외면적인 구속을 하나의 '꿈'으로 간주하려고 하는 노력이었습니다. 당신은 아주 정직하게도, 당신의 오페라 부파속의 장자와 똑같은 상황에 있었다고 말 할 수 있습니다. 이 오페라를 씀으로서, 당신은 자신의 정신적인 해방을 그리고 결국은 진정한 해방을 가져온 것이었습니다.

윤: 예, 나는 옥중에 있었지만 정신까지 갇혀있지는 않았습니다. 이것은 정말입니다. 그리고 종종 나는 행복하기조차 했습니다. 나는 언제나 내 속에 떠오르는 음악을 듣고 있었던 것입니다. 그 음악은 나 자신 속에 있던 것이지만 역시 그것은 자신에 대한 것이었습니다. 그러나 외적인 상황은 혹심했지요. 감방에는 책상이 없었기 때문에 나는 악보용지를 바닥에 펴놓고, 꿇어앉든지, 엎드려서 일을 했습니다. 그 후 나는 나지막한 작은 책상 하나를 받았습니다. (중략) (『상처 입은 용』 175-176쪽)

작곡가 카알 오르프 Carl Orff의 부인이었으며 나치정권에 맞서 투쟁했던 린저와 작곡가 윤이상의 이 대담집의 공동작업을 가능하게 한 것은 린저에 의하면 도(道), 현대음악, 독재하에 정치적 박해와 감옥살이라는 체험과 남한의 민주화재현을 위한 활동이라는 네 개의 축이다.[12] 린저의 『상처 입은 용』이 1988년에 와서 비로소 한국어로 번역될 수 있었던 것은 동베를린사건 이후 작곡가 윤이상의 삶과 예술, 분단조국에 대한 주장이 금기시되었기 때문이다. 1988년에 나온 한국어번역판은 1994년에 재판되었다.

---

12) 『상처 입은 용』, 서언.

필자가 맨 처음 베를린 여행을 한 것은 1976년이었다. 바로 린저가 '문학사상사'의 초청으로 한국을 방문하고 『고래가 싸우면』, 그리고 『상처 입은 용』을 출판한 그 시기였다. 그 당시 첨예한 이념의 대립은 평범한 한국인의 베를린여행에서도 쉽게 나타났다. 괴테 인스티튜트에서 일주일간의 베를린 여행을 할 때였는데 다른 나라 학생들은 하노버에서 전세버스를 타고 동독 땅을 거쳐 서베를린으로 갔지만 필자를 위시한 몇 명의 한국학생들은 하노버에서 비행기를 타고 서베를린 공항에 내려 버스로 온 다른 나라사람들과 합류를 해야 했다. 당시 한국 사람들은 버스를 타고서라도 동독 땅을 지나갈 수가 없었기 때문이다. 그리고 다른 나라에서 온 학생들이 24시간 비자를 받아 동베를린을 다녀오는데도 분단국가에서 온 한국인은 동베를린에는 한 발자국도 들어갈 수가 없어 하루 종일 서베를린 쿠담에서 서성거려야했다. 1988년에 와서야 비로소 한국인은 동독 땅을 통과해서 서베를린으로 갈 수가 있었으며 24시간 비자를 받아 동베를린을 다녀올 수도 있었다. 1989년 독일이 통일된 다음 동베를린은 이제 누구나 자유롭게 갈 수 있는 곳이 되었으며 '동베를린 사건'은 당시 조작된 사건임이 밝혀졌다.

『전쟁장난감』

『전쟁장난감 Kriegsspielzeug』은 1972년-1978년 사이에 쓴 린저의 일기이며 1978년에 출간되었다. 이 일기 중에 한국에 관련된 부분이 크게 서언, 에밀레종, 한국 중앙정보부(KCIA), 함석헌을 만난 4부분에 걸쳐 나온다. 이 책 맨 앞부분에 서언으로 쓰여진 「한국의 국기, 태극기」에 관련된 부분을 읽어보기로 하자.

나는 남한 국기를 가지고 지난 7년 동안 배웠던 것을 가장 잘 설명할 수 있다: 바닥은 흰색이다. 흰 것이 색깔이라면. 그것은 바로 색깔이 없는 것은 아닌지? 그러나 사실 흰 것은 모든 색깔을 모은 것이다. 그것이 모든 색을 포함하고 있다면 흰 것은 충만이다. 그것이 아무 색도 아니라면 그것은 빈 것. 흰 것은 모든 색깔이며 동시에 무(無)에 대한 색깔이다. 그러니까 그것은 양쪽 다를 의미한다: 충만과 빈 것. 그러니까 전체이며 그리고 하나다. 흰 것은 통일, 화해, 평화의 색깔이다; 흰 바닥에 하나의 원이 그려져 있다. 원은 그 자체가 닫힌 전체다, 시작도 끝도 없으며 모든 점에서 같으며 같은 것으로 취급된다. 원은 바퀴다. 바퀴는 움직임에 대한 상징이다. 재빨리 돌아가는 바퀴는 흰 원으로 나타난다.

원 표면은 두 개로 나뉘어져있다. 고기모양으로 꼭 같다. 한 부분은 붉은 색이며 다른 부분은 푸르다. 붉은 것은 남성적인 것을 상징하며 푸른 것은 여성적인 것을 상징한다. 푸른색은 음이고 붉은 색은 양이다. 음양은 삶의 기본원칙이다. 양극이며 모든 존재하는 것은 양극사이에 있다. 모든 것은 이것이거나 저것이다. 그러나 다른 것 없이는 어떤 것도 있을 수 없다. 두 개가 함께 라야 전체다. 하나는 다른 하나를 통해서만 존재한다. 낮은 밤이 있기 때문이다. 삶은 죽음이 있기 때문이다. 무엇이 더 중요하고 가치가 있는가. 이를테면 밤인가 아니면 낮인가? 삶인가 죽음인가? 모든 평가는 인간적이고 지나가는 것일 뿐이며 진실을 만나지 못한다. 진실은 전체다.

음양은 대립으로 나타나지만 대립은 아니다. 낮은 밤의 반대가 아니며 불가피한 보충이상이며 다른 극이다. 자석의 양끝은 적이 아니다. 함께 라야 비로소 존재한다. 자석. 모든 이원론은 가상이며 실제가 아니다. 양극만 존재한다.

서양철학으로 표현하면 변증법이 존재할 뿐이다. 모든 것은 하나라는 논제다. 반제는 모든 것은 둘이라는 것이다. 양극 없이는 긴장이 없고 긴장 없이는 삶이 없기 때문에 모든 것은 두 개의 극을 필요로 한다. 종합은 두 극을 가지면서 하나이며 전체다.

중세철학에서는: 하나 (이를테면 사람들이 신이라고 부르는 것) 속에 모순의 붕괴에 관하여 말했다. 연금술사들은 모순의 일치에 관하여 말했다.

모든 생성되는 것은 그 안에 다른 극을 가지고 있다. 하나에서 다른 것이 생긴다. 모든 것은 끊임없는 움직임이며 모든 것은 흐르고 모든 것은 그 '반대'로 변한다. 탄생에서 죽음에로의 삶의 변화가 시작되며 아침에 저녁이 시작되고 시들어 가는 과일 속에 새 생명의 씨앗이 싹튼다, 산을 내려가면서 부엉이가 우는 것은 산을 올라가야만 하는 것을 알기 때문이다. 산을 올라갈 때 부엉이가 웃는 것은 편안한 하산을 생각하기 때문이다. 보이는 것은 아무 것도 아니며 현존하는 것은 아무 것도 남지 않는다.

그러면 이 깨달음은 비극적이지는 않은지? 애써 얻은 것을 하나도 보유할 수 없는 시지프스 삶은 아닌지? 붙들 수 있다고 생각하는 사람만 고통을 받는다. 강풍에 몸을 던지는 자는 흘러간다. 아무 것도 지속되지 않는 다는 것을 아는 자는 변화에 몸을 지탱할 수가 있다.

중국철학, 도의 가르침이 태극기 위에 그려져 있다. 그러나 이것은 소크라테스 이전의 그리스철학자의 가르침이기도하고 예수 그리스도의 가르침이기도하다. '아버지'는 생성하는 것을 움직인다. 이 가르침에 자신을 넘기는 자는 살아있다. 그리고 이 깨달음은 무엇에 이바지하는가?

유대인 유머모음집에 전혀 유명하지도 않으면서 깊은 지혜를 가지고 있는 사람이 있었다. 어떤 사람이 이 랍비에게 가서 다른 사람과의 싸움에 관하여 이야기했다. 랍비는 '자네가 옳다'라고 이야기한다. 그리고 나서 다른 한 사람도 랍비에게 가서 같은 일에 대하여 이야기했다. 랍비는 '자네가 옳다'라고 이야기한다. 세 번째 사람이 그 이야기를 듣고 '랍비, 당신은 이 사람이나 저 사람에게 다 옳다고 말할 수는 없소.'라고 말하자 랍비는 '자네 말도 옳다.'하고 말한다.

누구든, 무엇이든 이야기의 순간에는 다 옳다. 이미 다른 순간에는 다르다 것을 아는 것은 행동을 자유롭게 하지는 않으나 행동에서 근시안적 공격적 독선을 없앤다.

어쩔 수없이 날카롭게 말해야하는, 많은 정치적인 현안을 내포하고 있는 이 일기가 이 첫 몇 페이지에 대한 통찰력으로 읽혀지기를 원한다. 또 다른 오해가 일어날 수도 있기 때문이다. 13)

태극기에 관한 린저의 관심은 이미 『고래가 싸우면』의 서언에서도 나타나있다. 태극기를 국기로 택한 민족은 어떤 민족인지, 도가 그려진 국기를 가진 이 민족의 구체적인 상황은 어떤지 설명하고 이 국기와의 관계를 묘사하는 것이 남한 방문의 목적이었다면 일기 『전쟁장난감』에 와서 린저는 한국의 국기, 그 속에 담긴 음양의 원리를 더욱 상세하게 서술하고 있다.

린저는 1977년, 지미 카터 Jimmy Cater의 한미정책회의에 참가했는데 당시 회의장 입구에서 '남한에는 억압이 없으며 감옥에 수천 명이 있는 것이 아니라 국가와 민족에게 위험한, 전향될 수 없는 몇 명만 있다. 우리들은 북한 공산주의에 의해 세뇌된 희생자들이다.'라는 글이 적힌 전단지를 받았다고 한다. 그러나 그녀는 자신이 남한에 가서 당시 고문을 당하고 사형선고를 받은 김지하의 어머니와도 직접 대화를 했으며 친구 윤이상이 2년 동안 감옥에 있는 것 등을 예로 들었다. 미국에서 윤이상 축하공연인 '한국의 밤'이 취소된 것 역시 한국 중앙정보부 요원들의 협박 때문이라고 주장하면서 이 모든 것을 강제수용소, 혈족감금, 유대인 추적과 같은 히틀러 정권과 비유했다.14) 1976년 남한 방문 후 린저는 자신이 늘 한국 중앙정보부 요원에 의해 감시를 받고 있으며 독일에 사는 열 명의 남한 사람 중에는 두 명의 스파이가 있다고 주장할 정도로 한국 정부를 불신했다.

---

13) Luise Rinser: *Kriegsspielzeug*. S. 7 – 8. Fischer Verlag. 1980.
14) *Kriegsspielzeug*. S. 83.

1976년 한국방문 당시 린저는 경주에서 에밀레종을 구경했으며 일 년에 한 번 울리는 종소리를 들을 수 있는 영광까지 얻었다. 자신의 딸을 지글거리며 흐르는 주조 물 속에 던져 종을 울리게 한 에밀레종은 희생에 대한 상징이며 서양에도 이런 동화가 있지만 에밀레종에 얽힌 희생 역시 한국 정치적 상황과 연관시켰다.

종은 오래되었고 어떤 이야기를 지니고 있었다. 이런 이야기는 동양과 서양의 많은 나라에 있다. 근본구성 – 종을 만드는 사람이 커다란 종을 만들었으나 종은 울리지 않고 말이 없다. 뭔가가 부족하다: 영혼. 희생, 인간희생이 있어야한다 – 종을 만드는 사람은 사랑하는 자기 딸을 지글지글 끓는 주물 속에 던진다. 이제 종이 울린다. 우리들은 재빨리 의미를 파악한다: 그것은 물론 상징적인 이야기이다, 완벽한 작품을 위해서는 가장 사랑하는 것을 희생해야한다는 것을 말한다. 자신의 피와 살인 아이, 아이는 예술가의 혼이 살아있다는 증거다. 그는 아이와 함께 자신의 미래를 작품 속에 던진다. 생명의 작품에 지나지 않는다. 예술가만이 받아드릴 수 있는 끔찍한 해설이다. 예술은 가차없이 희생을 요구한다는 것을 예술가는 알고 있다. 다른 해설: 정신이 담겨 있지 않은 어떤 작품도 살아있지 않다. 정신은 독특하게 인도적이다. 정신만이 물질, 소재가 살아 움직이도록 한다.

내가 인도네시아에 갔을 때 (동화는 아니었다!) 사람들은 나에게 10년 전에 높은 다리를 세울 때 아이 몇 명을 산채로 파묻었다는 이야기를 해주었다. 인간희생만이 신들의 보호와 호의를 강요한다. 우리들은 경악했다.

그러나 오늘날도 어떤 일을 위해 도처에서 인간이 희생되고 있지는 않은지? 살아있는 인간을! '조국'은 젊은이를 무의미한 전쟁과 군사훈련에서 희생시키고 있다. 교회는 믿음의 정교와 힘의 일치를 위하여 위대하고 용감한 성직자를 요구한다. 혁명은 '더 나은 미래를 위하여' 인간희생을 요구한다. 그리고 선량한 시민들은 더 이상 사형이 없는 곳에, 다시 도입되어 보게 될 사형에 이 법을 어긴 아이들을 희생시킬 각오를 하고 있다. 그들은 살아있는 인간을 보잘것없는 자신들의 궁색한 시민안전을 위하여 희생시키려한다. 살아서 묻히는 것보다 평생 감옥이 더 나쁘지 않은가? 인간희생을 명령하는 신들의 자리에 인간희생을 요구하는 이데올로기가 들어섰다. 종 만드는 사람의 어린 딸은 늘 희생되고 있다. (*Kriegsspielzeug* S. 101)

린저는 '이데올로기적인 이유 못지않게 경제적 군사적 이유를 지니고 있는' 남북대립을 빌미로 군사정권이 죄 없는 한국의 젊은이들을 희생시키고 있다는 비판을 수없이 가했다. 린저의 작품이 1980년대 이후 그전처럼 한국에서 그 인기를 누리지 못한 것은 남한을 극도로 비판적 시각으로, 북한을 긍정적인 시각으로 본 린저의 저서와도 무관하지 않을 것이다. 린저는 남한을 비판적인 시각으로, 북한을 긍정적인 시각으로 글을 썼지만 1970년대 한국과 관련하여 가장 많은 글을 쓴 독일작가이다.

4. 올림픽이후에 나온 한국관련 저서

『한국』

1994년 구 동독 그라이프스발트 Greifswald 대학을 방문했을 때 그곳 독문학과 교수에게 언제 처음으로 한국에 관하여 이야기를 듣게 되었느냐?고 물은 적이 있다. 그때 그 교수의 대답은 "어느 날 갑자기 텔레비전을 보았는데 한국이 엄청나게 잘 사는 나라로 나옵디다."였고 '엄청 잘 사는 나라'라는 말에 필자는 뭔가 묘한 가시를 느꼈다. '어느 날 갑자기'

라는 것은 1988년 올림픽 무렵, 독일장벽이 무너지기 시작한 그 무렵을 말한다.

외세침입, 전쟁, 분단으로 인해 각인 된 한국의 이미지가 세계인들의 의식 속에 또 한번 바뀐 것은 1988년 한국이 올림픽 개최국으로 선정된 일이며 이는 비록 분단되었지만 한국이 국제적인 인정을 받은 것으로 볼 수 있다. 당시 한국을 찾는 독일인들의 한결같은 말은 한국에 관한 지식과 정보를 얻기 위해 마땅한 책이 없다는 것이었다. 올림픽을 전후하여 한국이 세계적으로 많이 알려지게 되었지만 1970년대 린저의 한국기행 이후 한국에 관련된 이렇다 할만한 책은 나오지 않았기 때문이다. 그나마 올림픽을 즈음하여 한국에 관한 상세한 정보를 제공해주는 독일 책은 1988년 9월에 출간된 게브하르트 힐셔 Gebhard Hielscher(1935-)의 『한국 38mal Korea』이다.

힐셔는 1935년 동프로이센 틸지트 Tilsit에서 태어나 베를린과 프라이부르크에서 법학을 공부를 했으며 1971년부터 20년 가까이 일본, 한국, 타이완에서 '지트도이치짜이퉁'의 특파원으로 일한 아시아 전문가이다. 한독교류, 일본과 중국사이의 교량 역할을 한 역사적인 관점에서 시작하여 오늘날 남한에 이르기까지 무려 505페이지에 달하는 거대한 정보를 담고있는 『한국』이라는 책은 중국과 구별되는 한국상을 찾으려는 『겐테의 한국기행』(1905)이나 1970년대 말 오직 정치적인 시각에서 쓴 린저의 남북한 기행과도 다르다. 한국인을 한마디로 "폴란드 사람처럼 민족적이고 적어도 이탈리아 사람처럼 정열적이고 일본사람보다 더 부지런하다."[15]고 표현하는 힐셔는 자신의 주장이나 견해를 완벽하게 배제하고

---

15) Gebhard Hielscher: *38 mal Korea*. Vorwort. Serie Piper. München 1988.

사실에만 입각해서 쓰고 있다.

그러나 세기말부터 오늘날에 이르기까지 한국관련 책에서 빠지지 않고 있는 것은 종교의 다양성과 유교사상이다. 힐셔 역시 '오늘날의 남한'이라는 장에서 한국종교의 다양성에 관하여 언급하고 있다.

> 불교사찰, 유교 사당이 나란히 서있는 것은 문화의 다양성과 종교적 열정, 종교에 대한 관용을 드러내주고 있다. 1985년 11월에 있은 조사에 의하면 남한 인구의 42,6퍼센트는 종교를 하나 가지고 있다. 그 중에서 기독교인은 48,5퍼센트이며 37,7퍼센트가 신교이며 10,8퍼센트는 카톨릭이다. 그리고 불교는 46,8퍼센트로 가장 많은 인구를 차지하고 있다. 유교인들은 세 번째 큰 집단으로 28퍼센트를 차지하고 있다. 특히, 유교의 문화적 사회-가족적 영향은 종교공동체로서 겸허한 역할을 훨씬 능가한다. (38 mal Korea S. 466)

구한말, 많은 기독교 선교사들이 죽음을 당하는 핍박을 받아왔지만 100년이 지난 지금 한국에는 기독교 신자와 불교 신자 수가 거의 같을 정도로 기독교 신자가 많으며 이는 그 동안 기독교의 영향이 얼마나 컸었나 하는 것을 알 수 있다. 그러나 이러한 기독교의 영향에도 불구하고 여전히 한국인 의식을 지배하고 있는 것은 유교사상이었다. 한국관련 '실용문학'에 속하는 『한국』에서 힐셔는 특히 1980년대 산업화로 인해 유교의 쇠퇴와 함께 한국여성의 지위향상에 대해서 많은 부분을 할애했다.

유교주의자들의 이상이었던 대가족은 사라져간다. 1985년 한 지붕 밑에 4세대가 사는 가족은 4만이었다. 3세대가 함께 사는 가족은 9,6백만 명 중에서 14퍼센트에 못 미친다. 부모와 자식, 즉 2세대가 함께 사는 가정은

80퍼센트 이상을 차지한다. 오늘날의 남한에서는 핵가족이 일반적이며 평균 가족 수는 4,2에 이른다. 1975년에는 5명이었다. 가정에서 남성의 우선권이 서서히 중요성을 잃어가고 있다. 핵가족의 일상에서는 부부가운데 더 강한 쪽이 이긴다. 여성이 가장인 경우는 1퍼센트이다. 남한사람들은 옛날보다 결혼을 늦게 한다. 1960년 평균결혼 연령이 여성은 21,6살, 남성은 25,4살이었다면 1985년에는 여성은 24,7살이고 남성은 27,8살이다.
(중략)
한국여성은 결혼 후에 자신의 성을 가지는 것을 남녀평등이라고 새로이 해석하는 상황이다. 그러나 결혼, 이혼, 남편과의 사별에서 여성의 법적인 위치는 남성의 위치와 동등하지는 않다. (중략)
여성의 비하는 남한에서 가족 내의 법적인 위치에만 국한되지 않는다. 직업생활에서도 여성들의 상황은 남성보다 현저하게 나쁘다. 섬유와 제화산업의 수출결과는 젊은 여공들의 착취를 통해서 가능했다. 박정희와 전두환 대통령 시절에 외부의 도움이나 공동 액션을 통해 여공들의 상황을 개선하려는 노력들이 무참하게 억압을 당하기도 했다. 많은 긍정적인 변화들이 나타났으나 여성인력의 임금은 예나 지금이나 남성들보다 훨씬 뒤떨어진다.
남녀평등의 투쟁은 대가족제도에 대한 투쟁이다. 남한의 민법에 의하면 모든 성인은 새로운 가정을 이룰 수가 있다. 만 20세가 넘으면 대가족이라는 규제에서 벗어나는 가능성이 주어진다. 핵가족과 도시화로 인해 유교적인 가족풍습은 그 무게를 잃고 있다. (38 mal Korea S. 473)

70년대, 80년대 한국의 산업화에는 여성노동자들로부터 노동착취가 그 한몫을 하기도 했는데 이는 유교사상에서 나오는 남녀불평등에서 기인하는 것으로 보고있다. 그러나 최근 한국의 산업화로 인하여 여성의 지위에 많은 변화가 있으며 결혼 후에도 여자들이 자신의 성을 지니고 있는 것을 남편의 집안에 완전히 받아들여지지 않음을 말하기보다도 오히려 남녀평등으로 해설되기도 한다는 것이다. 대가족제도에서 핵가족으로 인한 유교의 쇠퇴, 여성의 사회적 지위 향상은 그전의 한국관련 책에서 찾아볼 수 없던 새로운 한국상으로 나타나고 있다.

『한국 여행안내서』

1988년 올림픽개회 이후, 한국을 찾는 독일관광객의 발걸음이 늘어났지만 독일에서 제대로 된 한국여행안내서를 찾기가 힘들다. '드몽 Du Mont'에서 나온 여행안내서에도 중국편은 있지만 한국편은 없으며 가끔 대만, 한국, 일본을 함께 소개하는 여행안내서는 발견할 수가 있다. 다행스럽게도 2002년 HB출판사에서 114쪽에 달하는 『한국 여행안내서 Reiseführer. Südkorea』가 나왔다.「신선한 아침의 나라」,「불사조 도시 서울」,「설악산」,「담없는 박물관 고도 경주」,「항구도시 부산」,「허니문 섬 제주」,「홍도」를 소개하는 마지막에「신, 귀신 그리고 사업번창 Götter, Geister und gute Geschäfte」라는 제목으로 약 2페이지에 걸쳐 한국의 샤머니즘을 소개하고 있다.

흰 천막 아래 산더미 같은 과일, 고기, 곡식과 떡, 막걸리와 돼지머리가 놓인 상이 차려져있으며 주변에 기대에 찬 시선을 한 사람들이 웅크리고 있다. 귀신을 부른다는 향내가 진동을 하고 가운데서는 무당이 춤을 추면서 부채, 이상한 거울, 종이총채, 딸랑이, 검을 흔든다. 무당의 시종들은 징이나 북으로 노래의 흥을 돋운다. 무당은 기도를 중얼거리고 마적인 몸짓으로 귀신을 부른다. 그리고 나서 빙빙 돌다가 지쳐 쓰러질 때까지 바닥에서 구른다, 늘 타악기 소리가 동반한다.
경제기적과 고도기술의 국가에서 미신이라니? 몇 년 전 만해도 남한에는 7만 명의 무속인들이 있었으며 줄어들고 있지 않다. 한국말로 무당이라고 한다. '기적을 부른다'는 뜻이다. 남성 무속인들은 얼마 되지 않으며 거의 맹인이다. 박수라고 한다. 가끔 무당의 조력자이기도 하다.

무당의 과제는 살아있는 자와 신적인 영역 사이의 매개인 역을 한다. 무당은 죽은 다음에 공간과 시간과 상관없이 세상을-지상, 하늘과 초자연적인 저승-돌아다니는 육신 바깥의 불멸의 영혼에게 말을 건다는 생각에는 종교적 관점이 있다.

샤머니즘은 종교가 아니라 애니미즘 적인 관점에서 성장한 종교적인 실제이다. 애니미즘은 인간이 자연에 영혼이 있다고 보고 체험하는 것을 의미한다. 한 걸음 더 나아가면 이 영혼이 들어있는 자연은 신적인 형태로 의인화된다: 산신, 뇌신(雷神), 지신, 돌신, 혹은 조왕신. 이들은 다양한 이유에서, 다양한 기분에서 그들과 갈등에 빠져들 수 있는 인간의 일상을 감시한다. 무속인들은 이 긴장상태를 해결한다고 한다. 그들은 인간의 운명을 결정하는 귀신들에게 대신 제물을 바친다. 이 기능에서 이들은 권위를 지닌다.

한국의 무속에 이르는 두 가지 길이 있다, 즉 세습을 통해서(세습무) 그리고 소명(강신무)을 통해서이다. 무당의 소명은 초자연적인 영역에로의 '정신적인 연결'을 통해 이른다. 즉 어떤 귀신이 무당의 몸을 차지한다. 기절, 환영, 무병으로 일종의 '귀신이 덮였다.'라고 표현한다. 해당자는 대체로 여러 해 계속되는 동안 미친 상태에 있다. 현대의학도 이 현상을 설명할 수 없으며 의사들은 선택된 자가 자신의 운명을 받아들일 때까지 고통을 받는 것으로 추측한다.

소명을 받아들인 자는 무당 업을 하고 있는 나이든 무속 인에게서 굿, 의술, 자연비밀, 꿈 해석을 배운다. 무당공부는 2년에서 4년까지 지속된다. 한국 무속인들은 성전도 성경도 없으며 위계질서도 없다. 굿 장소는 다양하다. 대체로 신당을 모신 무당의 집, 시골마을, 도시주거지, 나아가 특정한 산, 바위 혹은 근처 나무이기도하다. 무당자체는 귀신이 인간에게 말을 하게 하는 매체이며 무당만이 이 말을 이해한다. 이는 춤, 노래, 북을 치면서 굿을 하는 동안 일어난다. 무당은 술이나 다른 약물 없이 굿에서 트랜스에 빠진다. 굿은 다양한 동기에서 일어난다. 굿은 가벼운 병을 고치거나 혹은 병과 해를 막기 위해서, 이를테면 여행을 떠나기 전 혹은 낙성식, 개업식전에 한다. 굿은 음식과 무당이 귀신에게 바치는 기도를 통해 은혜롭게 되어야한다. 무당은 기도를 하는 동안 손바닥을 비빈다. 더 심각한 경우-중병이나 재정적인 문제에는-무당에게서 인간의 소원을 귀신세계에 전하는 것을 기대한다. 귀신의 지지를 얻기 위해 북 치고 장구 치며 무당은 춤과 노래를 통해 귀신을 부른다.

다른 종교와는 달리 불교, 도교 혹은 유교적인 요소는 수세기가 흐르면서 민족영웅이나 중요한 인물들처럼 자연신이 되었으며 샤머니즘적인 '올림포스'에 편입되었다.

실제 굿이란 것은 수많은 참가자들과 함께 하는 복잡한 일이다, 게다가 굿은 죽은 가족구성원을 영의 세계로 동반하는 일도 한다. 출생, 병, 가난 같은 가정사도 무당의 방문을 권한다. 저 세상으로 가는 길에 조상의 영혼을 도와주는 일도 한다. 이 목적에서 '길'은 종이인형이 달려있는 희고 긴 끈의 형태이다. 이 인형은 죽은 자의 영혼을 위한 상징이다. 무당은 몸으로 끈을 끈다. 이는 영혼이 조상의 정신세계로 나아가는 것을 의미한다. 그렇지만 친척들은 책임에서 벗어나는 것은 아니다, 조상, 그들의 조상신은 제사나 무덤에 제물을 바치는 형태로 책임을 요구하기 때문이다. 어느 세대에서 이를 소홀히 하면 그들은 귀신이 되어 가족을 찾아 집으로 가거나 해를 끼친다. 무당들은 그런 방해꾼을 찾아내어 다시 화해를 창출할 수도 있다.

마을에서 굿을 규칙적으로 여는 것은 그 마을사람들의 안정과 화해를 비는 것이라고 한다. 장승들은-마을입구에 몇 개 세워져있거나 토템기둥 비슷하며 나무로 깎았거나 색이 칠해져있다-그 마을의 번영을 돌본다.

조선 왕조 때 천민에 속했던 무속인들은 무시당했으며 도시에서는 살 수도 없었다. 특히 자연재앙, 불안, 걱정이나 전쟁이 있었던 경우 왕실조차도 무속인을 불렀다.

가난, 자연재앙, 전염병, 굶주림이 수십 년 동안이나 한국인을 괴롭혔던 19세기에 샤머니즘은 전성기를 이루었다. 점과 의술은 인간에게 확신과 새로운 희망을 주었다. 대부분의 무당은 단순한 신분출신이며 그 때문에 도시 교양 층, 특히 남성들로부터 무시를 당했다, 그럼에도 굿은 전통적인 민중축제의 일부였다. 게다가 무당은 굿을 하기 위해 자주 현대 기업가들의 사무실에도 불려간다. 한국의 경제기적은 사람들의 땀과 지구력 못지않게 무당에 의해 관대하게 된 귀신들의 탓이라고 할지도 모른다.16)

이상에서 구한말에서 오늘에 이르기까지 독일인이 쓴 한국관련 글을 살펴보았다. 19세기 말 까지만 해도 한국은 '미지의 나라'였다. 그러나 구한말 중국이나 일본을 통해 한국을 다녀간 선교사, 통신원이 쓴 기행문을 통해 차츰 독일에 알려지기 시작했으며 '이교도의 나라', '비문화민족'으로 각인 되었다. 그 후 외세침입, 기독교박해, 한국전쟁과 분단으로 한국은 '끔직한 나라'로 인식되었고 1970년대 후반 린저의 남북한 여행기 및 한국관련 저서에서는 유신독재로 얼룩진 한국이었다. 그러나 지금까지 한국 관련 글이나 저서에서 빠지지 않고 나오는 공통점은 한국문화, 종교의 다양성과 샤머니즘이다. 이는 21세기 세계 최고의 기술을 자랑하는 인터넷 국가인 오늘날의 한국상이기도 하다.

---

16) Andreas Gruschke(Text), Martin Sasse(Fotos): *Reiseführer. Südkorea* S. 100 - 101. HB Verlag. 2002.

제3장 독일어로 번역된 한국문학

산발적이나마 19세기말부터 시작된 한국문학의 독일어번역은 크게 나누어 독일 한국학자와 한국 독문학자들에 의한 번역으로 구분할 수 있다. 1893년 아르누스 H. G. Arnuos의 『한국 민담과 전설 Korea. Märchen und Legenden』을 시작으로 지금까지 독일인에 의하여 번역된 한국문학 작품 수는 그렇게 많지가 않으며 최근에 와서 늘어난 것도 아니다. 이는 그동안 독일 한국학자들의 수가 전혀 증가되지 않았다는 말이며 지금까지 배출된 독일 한국학자는 손에 꼽을 정도이다. 최초의 한국학자 안드레아 에카르트 Andre(as) Eckardt를 비롯하여 현존하는 인물로는 보쿰대학의 베르너 자세 Werner Sasse, 본 대학의 알브레히트 허베 Albrecht Huwe, 그 외 한국에 오랜 기간 체류하면서 한국문화와 문학에 자연스럽게 접하게 된 한스-유르겐 자보롭스키 Hans-Jürgen Zaborowski를 들 수있다. 이들 독일 한국학자에 의해 단독으로 번역된 한국작품은 많지 않으나 우리가 미처 한국문학의 세계화에 관심을 두지 못했던 시기에 독일어로 번역, 소개되었다는 점에서 평가되어야 할 것이다. 1960년대부터는 한국 독문학자들도 독일문학의 한국어번역뿐만 아니라 한국문학의 독일어번역에도 관심을 가지기 시작했다. 그러나 극소수에 불과했으며 한국문학의 독일어번역이 본격적으로 시작된 것은 1990년대이며 독일인과의 공역을 전제로 문학번역지원을 받아 이루어지고 있다.

번역 초창기 독일인의 한국문학번역은 소설, 시, 희곡보다는 민담이 주를 이루었다. 독일어로 번역소개 된 한국민담을 살펴보자.

1. 한국민담

1) 1920-1950년대

한국민담을 가장 많이 모으고 독일에 소개한 인물은 최초의 한국학자인 안드레 에카르트 신부(1884-1974. 한국명: 옥낙안)이며 1884년 교수이자 화가인 니콜라우스 Nikolaus 에카르트의 아들로 태어났으며 베네딕트 수도원 선교사로 1909년 함경도 덕원으로 와서 1929까지 한국에 체류했다. 1924년부터 1928년까지는 당시 경성제국대학에서 언어 및 한국미술사를 강의했으며 1929년 귀국하여 브라운슈바이크 Braunschweig 대학에서 '조선의 학교제도 Das koreanische Schulwesen'(1931년)로 박사학위를 받고 이 대학의 교육연구소 동양학부에서 연구원으로 근무하였다. 그 후 나치에 의해 연구소가 문을 닫게되자 고향인 뮌헨으로 돌아가 1956년부터 한국학을 가르치기 시작하여 1974년 사망할 때까지 한국학에 관한 많은 논문과 저서를 남겼다.[1] 에카르트의 저서 『한국문학사』 중 근대한국문학은 1976년 서순석에 의해,『조선미술사』는 2002년 권영필에 의해 다시 한국어로 번역되었다. 자보롭스키는 에카르트의『한국문학사』와 관련하여 "그의 책은 한국사람들에게는 모국을 세계에 개방하라는 독촉장이 되어 정신적 정리를 마련하는데 온갖 정력을 다 쏟게 한 것입니다. 또 그의 책은 오늘날 몇 안 되는 한국학을 경주하는 독일인들에게, 머나먼 동쪽에 박힌 작기는 이를 데 없지만 문화적으로 큰 나라인 이 나라의 유서 깊은 문화를 독일은 물론 유럽인에게 얼마만큼이라도 전달하려는 수고의 끈을 늦추지 않을 권고장이 될 것입니다."[2]라고 말했다. 에카르트가 한국문화와 한국문학을 세상에 알리기 위하여 남긴 많은 업적 중에서 한국에서 수집 편찬하여 독일어로 출판한 한국민담을 빼놓을 수 없다.

『조선어문법』

에카르트는 지금까지 세 권의 민담집 『조선 민담집 Koreanische Märchen und Erzählungen』(1928), 『오동나무 밑에서 Unter dem Odongbaum』(1951), 『산삼 Die Ginsengwurzel』(1955)을 편찬하였다. 그러나 1923년에 나온『조선어문법 Koreanische Konversations—Grammatik』책 부록에 이미 다양한 조선 민담을 소개하기 시작하였다. 에카르트가 1923년에 편찬한『조선어문법』부록에는 45과에 걸쳐 24편의 조선 민담이 수록되어있는데 한

---

1) 한국관련 저서로는『조선어문법 Koreanische Konversations – Grammatik』(1923),『조선미술사 Koreanische Kunstgeschichte』(1929),『조선 음악 Koreanische Musik』(1930),『나의 조선 체험기 Meine koreanische Erlebnisse』(1950),『오동나무 밑에서 Unter dem Odongbaum』(1951),『산삼 Die Ginsengwurzel』(1955),『조선의 역사와 문화 Koreanische Geschichte und Kultur』(1960),『한국문학사 Die Geschichte der koreanischen Literatur』(1968) 등이 있으며 그 외에 한국관련 논문이 100여 편에 달한다.
2) 이어령/자보롭스키: 오늘의 韓國作品. 269-270쪽. 汎曙出版社. 1976.

국어 텍스트와 독일어텍스트가 함께 수록되어있다. 한국어로 적힌 조선 민담을 읽어보기로 하자.

「정신이 업는 아히」

시골에 훈 사룸이 잇으니 셩이 배가라, 훈 아들을 드엇는데 정신이 아조 업는지라, 사돈집엣셔 초샹을 당홈으로 조샹을 보낼시 닐으되 네가 정신이 업스니 만일 친구가 맛나 「셩이 무엇이냐」 후거든 「비셔방이다후고 조상 홀 째에 우는 소리를 듯고 조샹ᄒ여라」 ᄒ고 보내니 그 사룸이 제 부친의 말을 듯고 배 훈 개를 고름에 차고 가며 흥샹 배를 생각하더니 그 집에 니르러 샤랑에 드러 쥬인과 인스홀시 급히 고름을 보니 빈는 간 디업고 꼭지 만 달녓거늘 즉시 대답하되 「나는 꼭지셔방이여」 ᄒ니 좌즁에 안즌 사룸들이 크게 웃더라. 인ᄉᄒ후 상쳥엣 드러가 조상ᄒ려ᄒ나 조상ᄒ는 말을 닛고 심즁에 걱정되는 즈음에 뒤동산에셔 쎕국새가 슯히 울거늘 그 소리를 듯고 쎕국쎕국조상ᄒ니 샹졔가 조상을 밧다가 우슴을 참지못ᄒ더라. 3)

「정신이 업는 아히 Das dumme Kind」는 자기 이름조차 기억하지 못하는 멍청한 아들을 문상 보내면서 아버지가 배를 하나 손에 쥐어주고는 이름이 생각나지 않으면 이 배를 보고 성을 기억하라고 했으나 아들은 도중에 목이 말라 배를 다 먹어버리고 상가 집에서 누구냐고 묻자 손에 남은 배 꼭지를 보고 자신을 '꼭지'라고 소개하며 어떻게 곡을 하는지 몰라 뻐꾸기가 우는소리를 듣고 곡을 한다는 이야기다. 위 책에서는 단순

---

3) Andre Eckardt: *Schlüssel zur koreansichen Konversations-Grammatik*. Julius Groos. 1923. 부록 20-21쪽. 이 『조선어문법』은 1977년 광문사에서 나온 『한국역대문법대계』 23, 24권에 영인본으로 수록되어있다.

한 스케치에 불과하지만 1951년에 출간된 『오동나무 밑에서』에는 완벽한 이야기로 구성되어 있다. 「정신없는 아이 이야기 Die Geschichte von dummen Kind」(S.157-159)에서 소년은 문상을 가던 중 목이 말라 손에 들고 있던 배를 다 먹어 버리고 배 꼭지만 쥐고 있다가 이름을 묻는 상제에게 꼭지라고 대답을 하는 것까지는 같다. 그러나 뻐꾹새 울음소리를 듣고 뻐꾹 뻐꾹하고 곡을 하는 것이 아니라 마침 고양이가 야옹하는 소리를 듣고 야옹 야옹하면서 곡을 한다. 그 곡소리를 듣고 문상 온 사람들이 웃음을 터트리자 소년은 다른 사람들이 하는 대로 따라 곡을 하라는 아버지의 말을 기억하고는 자신도 사람들을 따라 웃어젖힌다. 주인은 소년을 가엽게 생각하여 그의 문상을 기꺼이 받아드리고 선물까지 풍성하게 주어 집으로 돌려보내는 것으로 이야기를 끝맺고 있다. 다음에는 한라산 신선이야기를 읽어보자.

「한라산 신션 니야기」

됴션 젼라도 졔주 쌍에 데일 노흔 산 ᄒᆞ나히 잇스니 일홈은 한라산이라, 엇지 놉흔지 쳥명훈 날이라야, 산쏙다이를 보고, 그러치아니ᄒᆞ면 샹샹봉에는 ᄒᆡᆼ샹 비가 오는 모양인디, 됴션 사람들이 말하기를 그 한라산 쏙닥이에 각금 신션이 나려와 논다 함으로 셔울 훈 량반 ᄒᆞ나히 한라산에 신션이 나려와 논단 말을 듯고 ᄒᆡᆼ샹 원ᄒᆞ고 말하기를 「내가 언제나 졔쥬목사를 한번 하야 이 신션 노는 구경을 할고?」하더니 쳔만 ᄯᅳᆺ 밧게 ᄒᆞ로는 님굼이 불너 졔쥬 목ᄉᆞ를 가라 ᄒᆞ뫼, 빅빅샤례ᄒᆞ고. 데일 깃븐 ᄆᆞ음은 ᄒᆡᆼ샹원ᄒᆞ고 바라던 신션을 보게 됨으로 엇지 다 힝ᄒᆞ지몰나, 급훈 ᄆᆞ음으로 그 날노 쩌나 몃 칠 만에 졔쥬 읍에 도임ᄒᆞ후, 즉시 아젼 ᄒᆞ나흘 불너 말ᄒᆞ디 「네 골에 한라산이 잇느냐?」

「예. 잇습니다」

그려면 그 산에서 신션이 ᄂ려와 논단 말 올흐냐
 아젼이 그 말을 듯고 속으로 숭각ᄒ되 이런 쳔치가 우리 졔쥬 목ᄉ를 ᄒ야 왓고나!ᄒ고 한번 속여보리라!ᄒ고 즉시 대답ᄒ되 과연 신션이 내려와 놉니다 하니 목ᄉ가—
 내가 셔울셔 듯던 말과 갓고나!ᄒ고 ᄒ번 보기를 원하는 지라.
 아젼돌이 그 긔미를 알고 셔로 의론ᄒ고, ᄒ로는 사ᄅᆷ ᄒ나흘 한라산 쏙닥이에 올녀보내어 통소를 불게ᄒ엿더니, 목ᄉ— 듯고 깜작 놀나 이 것이 무슨 소리냐?ᄒ니 아젼이 디답ᄒ되 이 것이 신션님이 내려오셔 노시노라고 부는 옥통소 소리올시다.
 그러냐? 엇지ᄒ면 ᄒ번 보겟느냐
 보옵기를 간쳘이 원ᄒ심녀 뵈옵지오!
 그러면은, 내 원을 풀겟다마는 신션님을 뵈온후에는 엇더ᄒ냐?
 그 됴코 신긔ᄒ 것은 다 말할수 업슴니다.
 목ᄉ—「그러면 ᄃ개라도 말ᄒ여라!」
 아젼이「신션님을 ᄒ번 뵈오면 셰월이 가는 줄 몰나 ᄒ로가 여러 쳔년이 되옵고 먹지안이하여도 비곱흐지 안이ᄒ고, 닙은 옷이 ᄒᆼ샹 새로워 걱졍이 업고, 향내 나는 술을 먹어 늙지안이ᄒ고 쇼년 모양으로 잇습ᄂ이다」
 목ᄉ—「야, 그러면 아모조록 보게 ᄒ려주려모나!」
 아젼이「그리ᄒ오리다」,하고 서로 의론한후 묘한 아ᄒ들을 의복을 곱게 닙히고 션묘히 꿈인후 통소하나흘 가지고 병에는 말 오줌을 가득히 너허 들고 산에 올나가 통소를 부니 목ᄉ—듯고 ᄯᅩ 반가와 무른되, 아젼이「ᄯᅩ 오늘 신션님이 ᄂ려와 노시ᄂᆞ뵈다.」
 목ᄉ—「야, 그러면 내가 가겟다!」하고 됴ᄒᆫ 의관을 잘 츠리고 ᄒ인들을 연솔하고 한라산 아래 니르뫼 아젼이「여보시오! 샷도님! 우리들은 다 이곳에 쳐졋잇서 샷도님 드녀 오싏대 ᄭᆞ지 기다리터히오니, 사쏘님 혼자 올나가십셔셔! 신션님 계신듸는 범샹한 사람은 마고 못 올나가는 법이외다」, ᄒ니 목ᄉ—「그러면 그리 ᄒ라」, ᄒ고ᄒ자올나간지라. 그 동안에 하ᄒ들이 몰 뼈와 소뼈와 죽은 사람의 뼈를 만히 모하 그 곳에 훗허놋코 읍

으로 도라와 관가 문과 아젼과 ᄒᆞ인들을 다 변하게 마드라 놋코 기다리게 ᄒᆞ엿더라

목ᄉᆞ가 차차 흐라산 꼭닥이에 올나가보니, 두 명의 동ᄌᆞ가 당졍히 안자 통소를 부는 지라, 목ᄉᆞ가 그 압헤 니르러 졀ᄒᆞ야 보오니, 동자-갈아되

여긔가 인간이 안이되 셰속 사람이 엇지 왓는고? 목ᄉᆞ가 「예, 쇼인은 졔쥬 목ᄉᆞ로셔 신션님을 ᄒᆞ번 뵈옵고져ᄒᆞ오나 못 비압삽더니, 이 번에는 텬우신조하와 여긔를 왓삽나이다.」

두 동ᄌᆞ-갈아되 「이런 인간의 희ᄒᆞᆫ 일이니, 우리 먹는 술이나 ᄒᆞᆫ잔 먹어라」 하고 물오줌 ᄒᆞᆫ잔을 철철 넘게 부어 주니, 목ᄉᆞ 두손으로 황쇼이 밧아 다 먹으니 동ᄌᆞ-무러 왈 「셰샹 술과 맛이 엇더ᄒᆞ고?」

목ᄉᆞ-황공복지하며 「인간에셔 엇지 이런 술 맛을 보앗겟슴닛가? 참 됴키도 됴습이다」 하니 동ᄌᆞ- 「그러면 한잔 더 먹으라」 ᄒᆞ고 또 부어주니, 목ᄉᆞ- 「곰압슴니다」 ᄒᆞ고 죽으러 마신후에 동ᄌᆞ- 왈 「여긔는 셰상과 매우 달나, 지금 나려가도 발셔 여러 쳔년이 지낫을터히니 밧비 나려가라!」

목ᄉᆞ ᄒᆞ직하고 나려와 ᄒᆞ인 둔곳을 본즉, ᄒᆞ인과 말은 간데업고 말 ᄲᅧ와 소ᄲᅧ와 사람의 ᄲᅧ뿐인고로, 목ᄉᆞ- 생각ᄒᆞ더 「아마 몃 쳔 년이 된것이로곤! 이사람들이 나를 기다리다가 다 죽엇나보다」 ᄒᆞ고 관문 앞에 와셔 본즉, 문젼이 다 변하고 그 젼에 보던 아젼도 하나도 업는 지라. 목ᄉᆞ 생각에 「참, 신션님을 뵈오면 늙도안이ᄒᆞ고 ᄒᆞ로가 몃쳔 년이 된다더니, 참 그러코나!」 하고 머뭇머뭇핬대에 사람 ᄒᆞ나휘 지나가는 고로 목사 붓들고 뭇되 여긔가 졔쥬도가 안이냐?」

「과연 그러소이다」

그러면 내가 졔쥬 목ᄉᆞ로셔 신션 구경을 ᄒᆞ고오노라,

예 올치! 몇쳔년 젼에 졔쥬 목ᄉᆞ ᄒᆞ나히 신션 구경ᄒᆞ리 갓다가 오지안이ᄒᆞ고 하놀로 올나갓다 홉닌다, 그 말은 이 졔쥬 읍에서 유전ᄒᆞ는 말임닌다. 우리고고죠쯰셔 브터 느려오는 말이외다」 하니, 목ᄉᆞ 홀 일업시 셔울 본 집으로 올나와 쳐자를 보니 아들이 쌈작 놀나 말ᄒᆞ되

「아버지 원 일이오닛가? 졔쥬 목ᄉᆞ 가신제가 몃칠이 못 되어 혼자 거

러오심닛가?」

　목ㅅ 대답ᄒ되「내가 그 새 신션이 되엿슨즉, 너희들이 내 ᄋᆞ들이 안이오 몃되손이라!」ᄒ며 제 안히를 가르치며「너는 내 몃대션자며누리이라!」ᄒ며「네가 쪽 그젼에 우리 마누라 갓다」ᄒ니, 온 집안 사람들이 우슴을 참지못ᄒ고「우리 아버지 졔쥬 목ㅅ를 가시더니 독갑이의게 홀녓고나! 그러치안이ᄒ면 밋치셧나보다」ᄒ고 걱정이 자자하며「무삼 말을 그러케 하심닛가?」ᄒ즉, 목ㅅ ᄎᆞᄎᆞ 졍신을 ᄎᆞ려 싱각ᄒ되 아젼의게 속은줄을 알고 그졔야 붓그러움을 이긔지못ᄒ야 코를 싸쥐고 방으로 드러가 츌입을 못ᄒ고 늙어 죽도록 방에만 이섯다더라. (*Schlüssel zur Konversations-Grammatik* S. 36-43)

　한라산에 산신이 내려와서 논다는 이야기를 듣고 한라산에 올라 산신을 만나보고 싶어하는 서울에서 온 멍청한 제주목사를 골려먹는 이야기다. 이『한라산 산신 Die Berggeister des Hallasan』이야기는 그 후에 나온『조선 민담집』(S. 4-6)과『산삼』(S. 114-120)에 전혀 변형되지 않은 채 그대로 수록되어있다.

『조선 민담집』

　1928년에 나온 에카르트의『조선 민담집』에는 "한라산과 백두산 사이 Koreanische Zwischen Halla-und Päkdusan"라는 부제가 있으며 한국어와 독일어로 동시에 출판하고자 했으나 한국어활자를 인쇄하는 기술적인 어려움과 소요경비 때문에 독일어텍스트만 수록되었다. 에카르트의 이『조선 민담집』에는 38편의 민담이 수록되어있으며 신화, 민담, 우화가 대부분이고 한 두 편의 전설, 시, 노래가 있으나 이런 소 장르가 표시되지 않은 것도 몇 편이나 된다. 이『조선 민담집』에는 단원 김홍도의 민화를 비롯하여 모두 16편의 민화가 수록되어 있으며 각각 그림에 대한 설명도 첨부되어있다. 1923년에 나온 『조선어문법』 부록에 수록된 조선 민담이 독자들로부터 좋은 반응을 얻자 아시아문학, 나아가 한국문학을 알리고자하는 용기에서 『조선 민담집』을 출간했다고 한다. 그러나 궁극적으로는 '가련한 이교도 Arme Heiden', 한국인에 대한 관심을 불러일으키고 그 수익금으로 선교 활동을 하기 위한 선교목적이었다.[4] 『조선 민담집』에 수록된 「고마워하는 까마귀 Der dankbare Rabe」을 다시 한국어로 번역해 보았다.

「고마워하는 까마귀」

신라후기 소지왕(479-500)은 젊은 시절 부지런히 활쏘기를 하고 말타기를 좋아했다. 그의 수려하고 당당한 외모는 모든 다른 사람을 능가했다. 어느 날, 봄이 다 갈 무렵 다시 말을 타고 가슴 앞에는 화살 통, 어깨에는 커다란 활을 메고 산으로 갔다. 백마에 은 안장을 하고 기분 좋게 말을 달렸다. 젊은 왕자는 어느 가을빛이 만연한 나무 위에 까마귀 한 쌍이 이리저리 퍼덕이면서 쉰 목소리로 불안하게 꽉꽉 우는 것을 보았다. 왕자는 이상하게 생각하고는 자세히 그쪽을 바라보았다. 나무 위에는 까마귀 새끼들이 앉아있는 까마귀둥지가 있었고 커다란 구렁이 한 마리가 까마귀새끼를 잡아먹으려 재빨리 나무 위로 올라가는 것을 보았다.

왕자는 말을 멈추고 혼자 중얼거렸다.

"저렇듯 작고 보잘 것 없는 까마귀 같은 미물도 자기 새끼를 사랑하고 그 생명을 걱정하는 구나. 내가 새끼를 잡아먹으려는 구렁이를 화살로 처치해야겠군!"

그는 재빨리 화살 통에서 화살을 꺼내어 활에 갖다대고는 겨냥을 했다.

---

[4] Andre Eckardt : *Koreanische Märchen und Erzählungen*. Vorwort. S. VII. St. Ottilien. 1929.

화살은 곧장 날아가 커다란 구렁이의 몸을 관통했으며 구렁이는 떨어져 죽었다.

까마귀 두 마리는 이것을 보고는 훨훨 날았으며 감사의 마음을 표시하려는 것처럼 몇 번이고 왕자의 머리 위를 돌았다.

몇 년 뒤 젊은 왕자는 신라의 왕이 되었다. 어느 날 그는 대신들과 지체 높은 사람들을 대동하고 말을 몰아 '天泉亭'으로 갔다. 모두들 기뻐하고 즐거워했다.―그때 갑자기 까마귀 한 마리가 나타나 부리에 물고 있던 은으로 된 통을 왕의 말 앞에다 떨어트렸다. 왕은 놀라서 통을 받아 열어보았더니 그 안에 편지가 한 통 들어있었다.

"작은 까마귀가 위대한 왕으로부터 바다와 같은 큰 은혜를 입었습니다. 감사한 마음에서 이 편지를 보냅니다."

그리고 나서 수수께끼 같은 글이 나왔다.

"이 편지를 열어 읽으면 두 사람이 목숨을 잃을 것이다. 편지를 열지 않으면 한사람만 죽을 것이다."

왕은 이를 기이하게 생각하고는 말했다.

"나는 사람을 죽일 생각이 없다. 그러나 하늘의 법에 따라 두 사람이 죽게 되어 있다면 나는 한사람을 구해야만 한다. 나는 이 편지를 열지 않을 것이다!"

왕의 신하 중에서 아주 나이 많은 대신 한 명이 왕의 말을 듣자 깊이 절을 하고는 말했다.

"폐하, 사건이 예사롭지 않습니다. 소인 생각에 의하면 두 사람의 죽음과 생명에 관련됩니다. 편지를 열고 편지를 읽음으로 두 사람의 생명을 다 구할 수 있을지 모릅니다. 불운이 폐하의 옥체를 위협하고 있다는 예감이 듭니다. 망설이지 말고 편지의 전 내용을 알도록 하십시오!"

그리고 나서 그는 다시 절을 하고는 왕이 혼자 생각하도록 했다.

왕은 편지를 열고 다음과 같은 글을 발견했다.

"폐하께서 좋아하는 큰 거문고 상자를 활로 쏘십시오!"

이날 왕은 좋아하는 승마를 중단하고 집으로 돌아가기를 명했다. 대궐에 도착하자 그는 서슴없이 활과 화살을 가지고 침실로 가서 거문고가 보관되어있는 상자를 화살로 쏘았다. 그때 나직한 신음소리가 나드니 궤 짝에서 피가 흘러나왔다. 왕은 재빨리 거문고상자 뚜껑을 열었으며 놀랍게도 중 한 놈이 단도를 손에 불끈 쥐고 피를 흘리면서 누워있는 것을 발견했다.

왕은 너무나 분노하여 이런 망측한 놈이 어떻게 왕의 침실에 오게 되었는지 신하에게 물었다. 대신 한사람이 염불하는 듯한 중을 성안으로 안내하였다는 사실을 알게 되었다. 왕은 성실하지 못한 대신을 불러 그의 부당함을 질책했다. 중이 이 대신의 부탁을 받고 왕을 사살하려했다는 사실을 고백하자 왕은 그를 곧 처형하게 했다.

그렇게 수수께끼 같은 편지의 내용은 진실이 되었다. 왕이 편지를 열지 않았더라면 왕 자신이 죽음의 희생자가 되었을 것이다.
왕은 까마귀가 고마워 해마다 이날이면 까마귀에게 맛있는 음식을 준비하게 명령했다. 이는 오늘날까지도 그렇게 해서 일어난 일이다. 8월 4일이 되면 남한의 주민들은 집 앞에서 까마귀에게 먹을 것을 던진다. 제주도에서는 이 까마귀가 성스러운 새로 알려져 있다. (Koreansiche Märchen und Erzählungen S. 42−44)

신라 소지왕에 얽힌 이「고마워하는 까마귀」이야기는『오동나무 밑에서』(S. 116−119)에서 같은 제목으로 다시 나오며 내용에는 전혀 변화가 없다. 소지왕과 사금갑(射金匣)에 얽힌 이야기는 정월 보름날 약밥을 지어먹는 풍속과 관계되는 설화로『삼국유사』에 실려 전해지고 있다. 488년 왕이 천천정(天泉亭)에 거동하였을 때 까마귀와 쥐가 와서 울다가 쥐가 "이 까마귀가 가는 곳을 따라가 보라" 하여 까마귀를 좇아 남쪽 피촌(避村)에 이르니 까마귀는 사라지고 못 속에서 한 노인이 나타나 글을 올렸다한다. 그 겉봉에 "열어보면 두 사람이 죽고, 안 열어보면 한 사람이 죽는다" 하였으므로 왕은 열어보기를 꺼렸는데, 일관(一官)이 두 사람은 서민이요, 한사람은 왕일 것이라 하여, 왕이 그제야 열어 본즉 '금갑(거문고갑)을 쏘라'고 적혀 있었다. 이상히 여긴 왕이 궁으로 돌아가 금갑을 쏘니 그 속에서 공주와 사통하고 있던 중이 나왔으며 두 사람은 곧 처형되었다. 이로부터 이 나라에는 이 날을 기념하여 오기일(까마귀제삿날)이라 하고 약밥으로 제사지냈다. 그리고 노인이 나타난 못을 서출지(書出池)라 하였는데, 이 못은 지금도 경주에 있다고 한다. 『삼국유사』에 나오는 이야기가 이미 1928년에 원전과 크게 다르지 않게 독일어로 번역되었다.

이 『조선 민담집』에는 우리들에게 널리 알려져 있는 「산신령 호랑이 Der Geistertiger」이야기도 실려 있다.

「산신령 호랑이」

인종(1123~1152) 때 서화담라는 훌륭한 학자가 살았다. 그는 이 나라의 모든 서적을 탐독하였으며 은밀한 고대불교서적을 통해 미래를 내다볼 줄 알았다. 그는 세상사의 허무함도 깨닫고 있었기에 세속을 떠나 외딴 지역으로 가서 불교를 믿는 소년들과 젊은이들을 가르쳤다. 어느 날, 글을 가르치고 있는데 갑자기 아주 늙은 중 한 사람이 대문 안으로 들어서드니 선생에게 깊이 인사를 하고 무엇이라 중얼거리고는 그곳을 떠났다. 한순간에 일어난 일이었다. 혼자 남은 그는 불안과 슬픔으로 어쩔 줄 몰라했다. 제자들이 그 연유를 물었고 그는 다음과 같이 고백했다.

"방금 들린 중은 근처 산에 사는 호랑이다. 내일 이 동네에 혼례식이 있단다. 호랑이가 밤에 신부를 데리고 가서 잡아먹겠노라고 알려왔단다.

신부집에서는 닥쳐올 불행을 예감 못하고 있으니 이렇듯 슬프고 걱정스럽구나."

제자가운데 아주 용감한 젊은이가 있었는데 불안으로 걱정하는 스승한테 화를 내면서 못마땅하다는 듯이 물었다.

"알고 있는 위험을 막고 불운을 피할 수는 없습니까? 다가오는 위험을 피할 방도를 신부 측에 알려 줄 수 없는지요?"

늙은 스승은 생각에 잠기고는 말했다.

"방책이 있기는 하지만 아주 어려워. 보통 사람이 이를 실행하는 것은 불가능하단다."

열정적인 제자는 계속 방법을 알려달라고 스승을 졸랐다. 스승은 대답했다.

"금강경이라는 훌륭한 불경을 한 자도 틀리지 않고 읽는 자는 모든 위험을 물리칠 수 있다. 그러나 한자라도 틀리게 읽으면 읽는 사람한테는 아니라도 불운이 닥친다."

이 말을 마친 다음 그는 불경을 꺼내 작은 책상 위에 올려놓았다. 젊은이는 호랑이가 신부가족에게 그런 불행을 가져올 것이라는 사실을 알자 분노하고 흥분해서 위험에 처해있는 자를 도우리라 결심했다.

"산이 무너지고 바다가 갈라진다 하드라도 저는 도울 것입니다! 제가 아무리 멍청이라 할지라도 불경을 한자도 틀리지 않고 읽어 가련한 사람을 돕도록 전력을 다 할 것입니다!"

스승은 젊은이의 말에 동의를 했으며 마음씨 착한 젊은이는 불같이 빠른 말을 타고 멀리 신부가 시집간 마을로 향했으며 저녁에 그곳에 도착하였다.

어느 부잣집이었다. 사람들은 무거운 궤짝 안에다 막 신부의 혼수, 이를테면 옷과 값비싼 일용품을 실어왔으며 많은 손님들과 낯선 사람들이 밀어닥쳐 대 혼잡이 일어났다. 애써 젊은이는 사람들 사이를 뚫고 말을 몰아 마침내 대문에 이르게 되었다. 중요한 것을 알려야하기에 급히 주인을 부르자 주인은 방해를 받아 못마땅해 하면서 나왔고 신부가 큰 불행에 처해있다는 사실을 듣게 되었다.

"이놈, 미쳤구나! 나의 며느리에게 어떻게 그런 일이 일어난다 말인가?"

"그렇습니다, 그러나 저만이 이 불행을 물리칠 방법도 알고 있습니다. 저를 믿어만 주신다면 곧 실행하겠습니다. 제가 말하는 대로 반드시 따를 것을 확신시켜주셔야 만합니다."

주인은 몹시 놀랬으며 마치 마른하늘에서 날벼락이 떨어져 집을 불태우는 것 같은 느낌이 들었다. 처음에는 젊은이가 하는 말을 믿지 않으려 했으나 한편으로는 그의 끈질김과 다른 한편으로는 그의 설득력 있는 말, 미래에 대한 근심이 주인으로 하여금 이 일을 확신하게 했다. 그는 신부를 구하기 위해 모든 것을 해달라고 낯선 젊은이에게 부탁했다.

젊은이는 며느리를 4, 5명의 신부 하객들과 함께 방안에 가두라는 지시를 주인에게 내렸다. 이날 신부는 어떤 경우에도 한 발자국이라도 방밖이나 집밖을 나가서는 안되었다. 젊은이는 커다란 초를 켜고는 마루에 앉아서 큰 소리로 불경을 읽기 시작했다.

손님들은 다가올 불운에 대한 이야기를 듣자마자 모두들 잔칫집을 떠났다.

사흘째 밤을 지키고 있을 때 갑자기 바깥에서 호랑이가 울부짖는 소리가 들렸으며 너무나 강렬해서 천둥이 치는 것 같았다, 그리고 늙은 호랑이 한 마리가 담을 넘어 와서는 신부가 앉아있는 방 창문으로 뛰어 들어오려고 했다. 그러나 불경소리를 듣자 호랑이는 점점 힘이 쇠약해져서 으르렁거리면서 마당으로 뒤돌아갔다. 집안에 있는 사람들은 놀라서 얼굴이 하얗게 되어 아무 소리하나 내지 못하고는 불안과 걱정으로 온몸이 굳어버렸다. 젊은이만 조용히 혼자 남아 두려워하지 않고 큰 소리로 불경을 읽었다.

호랑이는 다시 신부의 방으로 뛰어 들어가려 했다. 신부 역시 놀라 사람들을 옆으로 밀치고 문을 향해, 그녀의 재앙을 맞으려 나가려했다. 하인들이 전력을 다해 겨우 신부를 붙들 수 있었다. 호랑이는 조용해지고 수그러지더니 곧 다시 세 번째로 창문으로 뛰어올랐다. 그러나 호랑이는 불경소리를 듣자마자 풀이 죽었고 호랑이가 창 밖에서 뛰어오를 때마다 신부는 미친 여자처럼 흥분해서 나가려고 했다. 호랑이는 전보다 더 화를 내어 울부짖었으나 방안으로 들어 올 수가 없었다.

그런 일이 세 번이나 반복되었다. 밤이 거의 다 지나가고 동쪽에서 아침이 동트고 있을 무렵 젊은이는 과감하게 불경을 완전히 다 읽었으며 호랑이는 흔적도 없이 사라졌다. 그러나 며느리는 정신을 잃고 말았다. 재빨리 물을 가져왔고 그녀는 다시 서서히 의식이 돌아오게 되었다. 주민들은 이 모든 것을 요술이나 나쁜 꿈으로 생각했으나 주인과 잔치 집에 와 있던 손님들은 젊은이에게 신령이나 그 제자에게 감사하듯 감사를 했다. 주인이 백 냥을 내놓았으나 젊은이는 돈에는 손도 대지 않고 한 인간의 목숨을 구한 일이 기쁘다면서 말 위에 올라 뒤돌아갔다.

당도하자마자 스승은 젊은이에게 말했다.

"너는 어려운 과제를 잘 풀었다, 너를 칭찬해야만 하겠지. 그러나 너는 불경을 읽을 때 세 군데 틀리게 읽었더구나."

"뭐라고요? 저는 모든 것을 바르게 읽었습니다!" 하고 제자가 화를 내었다.

스승은 조용히 앉아서 말했다.

"방금 늙은 중이 다시 와서 나에 말했다. 한 인간을 구해주어서 고맙소, 그러나 불경을 세 번이나 틀리게 읽어서 그때마다 호랑이가 집안으로 뛰어 들어올 뻔했소 하고. 어떤 단어를 읽을 때 호랑이가 문을 향해 뛰어 들었는지 생각해보거라!"

제자는 불경을 꺼내 호랑이가 방해를 한 자리를 찾았다. 그는 자신의 잘못을 깨닫고 자만을 후회했으며 더욱 불경공부에 심취했다.

그러나 모두들 이 금강경의 위대성을 확신했다. (*Koreanische Märchen und Erzählungen* S. 26-30)

화담, 서경덕의 제자이야기는 『오동나무 밑에서』에서도 「산신령호랑이」 (S. 71-76)라는 같은 제목으로 수록되어있다. 이 이야기는 『계서야담』에 '호식당할 처녀를 구한 화담의 제자, 『동패락송』에서는 '제자를 보내 처녀를 구해준 서경덕'라는 제목으로 한문에서 국역되어있으며 제자가 읽은 불경은 이 두 곳에서는 그냥 경서 또는 경문으로 되어있다. 에카르트의 『조선 민담집』에 수록된 민담들은 우리가 알고 있는 이야기와 크게 다르지 않다.

『오동나무 밑에서』

『조선 민담집』이 나온 다음 20년이 넘게 지나 『오동나무 밑에서』 (1951)가 에카르트에 의해 편찬되었다. 『오동나무 밑에서』에는 43편의 민담이 수록되어 있는데 대부분 『조선어 문법』 부록과 『조선 민담집』에 수록되었던 것들이며 새로 나오는 것은 8편에 불과하다. 『오동나무 밑에서』에 수록된 전체 43편은 각각 신화, 민담, 우화, 설화라는 소 장르 별로 나누어져 있으며 각 장르마다 「눈먼 가수」, 「마을 오두막에서」, 「주막집」, 「서당선생」, 「숲 움막에서」라는 소제목이 붙어있다. 그리고 어떤 상황에서 이야기를 하고 있는지 그 배경을 설명하고 읽으며 각각 기고자의 이름이 밝혀져 있다. 『오동나무 밑에서』에서 처음으로 나오는 「불평하는 머슴 Der unzufriedene Bauermann」 이야기를 읽어보자.

「불평하는 머슴」

옛날 어느 시골에 한 남자가 농가에 머슴으로 살고 있었는데 그 집 주인은 늘 글만 읽는 선비였다. 5월인가 6월, 어느 몹시 더운 날이었고 태양이 너무나 강하게 내려 비쳐 땀이 이마에서 등까지 흘러내렸다. 그때 머슴은 힘든 일하면서 생각했다.

'우리 주인님은 시 짓는 것을 좋아하는구나. 더울 때 일도 하지 않고 서늘한 사랑방에 조용히 앉아서 고서나 읽고 있군. 나도 언제 이런 힘든 일을 떨쳐버리고 주인님처럼 사랑방에 앉아서 글이나 읽을 수 있을까?'

이 말이 선비에게 전해졌다, 어느 날 그는 머슴을 불러서 말했다.

"자네도 글을 읽고 싶어한다는 이야기를 들었네. 소원을 들어주도록 하지. 오늘은 하던 일을 그만두고 글을 읽도록 해보거라!"

대개 선비들은 혼자 있을 지라도 품위의 상징인 선비 복을 입고 있다. 그 때문에 선비는 머슴에게 양말을 신기고 머리띠를 두르고 선비 복을 입히고 갓을 쓰게 했다.

선비가 말했다.

"제대로 된 글 분위기를 잡기 위해서는 선비 복과 주변이 맞아야하거든."

그는 머슴으로 하여금 자리 위에 양반다리를 하고 공자의 대학을 가르쳤다. 선비는 "대학 치 토닌……"하고는 머슴이 이 문장을 외울 때까지 반복하게 했다.

아직 낮 12시가 되지 않았는데도 머슴은 더 이상 참을 수가 없었다. 온 몸에 땀이 흘렀고 정신이 하나도 없었으며 눈앞에는 모든 것이 번쩍이었다. 그래 그는 너무 힘이 들어 주인에게 말했다.

"주인님, 제 말 좀 들어보십시오! 차라리 밭을 메고 싶습니다, 글은 못하겠습니다!"

그러나 주인은 여유 자적하게 대답했다.

"도대체 왜 못하겠는가?"

머슴이 말했다.

"보십시오, 양말을 신었더니 발이 아픕니다. 머리띠를 메었더니 머리가 아픕니다. 선비 복을 입었더니 정신이 하나도 없습니다. 저는 대학을 공부하고 있지만 그 대신 정신을 잃고 있습니다! 더 이상은 못 하겠습니다,

겁이 나서 이마와 등에서 땀이 흐릅니다. 다시 밭을 메러가도 되겠습니까?"

"그래, 그렇게 하게!"

주인은 그의 용기를 북돋우고는 선비복을 벗게 했다.

머슴은 밭에 가자마자 소를 몰면서 중얼거렸다.

"앞서거라, 어리석은 짐승아! 그렇지 않으면 양말을 신기고 머리띠를 메고 선비 복을 입힐 거야, 그러면 너는 양반다리를 하고 앉아야만 해! 앞으로!, 멍청한 짐승아! 너에게 '대학'이라도 가르쳐주어야만 하겠나?"

이때부터 머슴은 시기심에서 벗어났으며 더 이상 불평불만하지 않았다. 모두 운명에 의해 주어지고 배운 일을 해야만 한다.

"이 이야기에는 많은 진실이 담겨있어!" 하고 박씨가 확신했다. '각자 운명이 정해준 일은 해야한다'는 속담을 아는가? 그러면서 그는 기침을 하고는 다시 이야기를 시작했다.[5]

이야기 마지막에 박씨라는 인물이 등장하여 다음 이야기로 넘어가고 있는 점이 앞선 책과 다르다.

이 민담집에는 황희에 얽힌 「기이한 정승의 이야기 Erzählung vom merkwürdigen Beamten」도 실려있다.

「기이한 정승의 이야기」

조선 남쪽에 유명한 선비들이 대거 살고 있었다. 그들 중에서 황희 (1392년 사망)에 대한 이야기는 오늘날까지도 생생하게 남아있다. 그는 공민, 신무, 공양왕시절에 높은 벼슬을 지냈는데 중요한 일에서도 절대로 '안돼'라는 말을 입술에 올리지 않는 대신에 늘 '그래' 라는 말을 하는 이

---

5) Andre Eckardt: *Unter dem Odongbaum.* S. 151. Erich – Röth. 1951.

상한 습관을 지니고 있었다. 모든 것이 그에게는 상관이 없는 듯했으나 얼굴 표정은 절대로 슬픈 기색은 아니었다.

어느 날 머슴 두 명이 서로 다투었는데 의견일치를 볼 수가 없었고 그러자 한 명이 그 사실을 주인에게 알렸다. 그리고 머슴은 싸움의 내막을 아뢰었고 정승은 대답했다. "소인이 같은 머슴과 싸움을 했습니다. 부디 관대한 판결을 내려주십시오!"

"네 놈 말이 맞다, 네가 옳다!"

그 후 곧 다른 머슴이 와서 동료머슴과 이런 저런 이유로 싸웠으니 판결을 부탁하노라고 했고 정승은 다시 대답했다.

"네 놈 말이 맞다, 네가 옳다!"

우연히 그 자리에 있던 정승부인이 웃으면서 말했다.

"여보, 왜 그런 경우에 분명하게 말씀을 하지 않습니까? 당신은 두 머슴이 싸우는 이유를 상세하게 들었습니다. 한사람에게는 '네놈 말이 맞다', 또 한사람에게는 '네놈 말은 틀렸다'하고 말하는 것이 그렇게 힘듭니까?"

주인은 대답했다.

"그래, 당신 말이 맞구려!"

또 다시 머슴 한 놈이 와서 말했다.

"주인님, 주인님의 커다란 황소가 쥐구멍으로 들어갑니다!"

그때 황희는 또 다시 말했다.

"그래 네놈 말이 맞다! 네놈같이 어리석은 황소라면 쥐구멍 안으로 들어 갈 수 있겠지?"

이 말은 오늘날까지도 전해지고 있었다, 가끔 우리시대에도 어떤 논쟁을 풀 수 없는 사람을 보면 "자네는 황희 정승처럼 말하는 구나!" 한다.

김씨가 자기 이야기를 마치자 박씨가 맞다하고 무릎을 치면서 말했다. "그래, 그래, 자네 말이 맞아! 모든 사람이 다 옳다고는 말할 수 없지!" 그리고 나서 그는 새 장작개비를 불 속에 집어넣고는 말했다. "우리말의 이

중의미에 관계되는 이야기 하나가 생각나는군. 이런 이야기가 있지."
(Unter dem Odongbaum S. 156)

「기이한 선비 이야기」에서 나오는 황희 정승은 내외관직을 두루 거치면서 조선 개국초기의 문물과 제도의 정비에 힘썼으며 특히 이렇다 할 정적도 없이 비교적 순탄하게 정치활동을 한 것이 하나의 특징이며 청백리의 표상으로 알려져 있다. 황희정승 설화는 「황희 정승이야기」, 「계란유골」, 「개가법 고치고 원망산 황희」, 「황희정승 탄생설화」, 「황희정승의 판결」 등 아주 다양한 내용이 있으며 대체로 그의 우유부단한 성격이 결국은 탈 없이 세상을 살아 갈 수 있는 근원적인 힘이 되고 있다는 노장적 사고방식의 일단을 보여주는 이야기들이다. 『오동나무 밑에서』에 수록된 민담들도 우리에게 알려진 이야기와 크게 다르지 않다. 서양동화에도 이와 유사한 랍비의 이야기가 있다.

『산삼』

1955년에 출간된『산삼』에는 모두 26편의 민담 수록되어있으며 그 중에서 16편은『조선 민담집』에 수록되었던 것이며 새로 소개되는 것은 10편으로 주로 산삼과 산신령에 얽힌 이야기들이다. 병든 어머니를 구하기 위해 자신을 희생하는 「소년의 희생 이야기 Erzählung von Opfer des Knaben」를 읽어보자.

「소년의 희생 이야기」

옛날 경상도 일월산 기슭에 영양이라는 작은 마을에 부지런하고 착한 한 가족이 살고 있었다. 세 식구인데 늙고 근심 많은 아버지, 병든 어머니, 그리고 다 자랐지만 열세 살 난 약골의 아들이 있었다. 아버지는 날마다 나무하러갔으며 고개에 이르면 우리도 그렇게 하듯 잠시 산신령나무 앞에서 걸음을 멈추고 돌무더기 위에 돌 하나나 구리 엽전 한 푼을 던지고는 한숨을 쉬었다.

"신령님, 제 마누라를 다시 건강하게 해 주십시오!"

그리고 나서 그는 숲 속으로, 고개 너머 더 깊숙이 들어가 나무를 했으며 저녁에 나무를 가득 싣고 집으로 향했다.

아내의 병은 좁은 오두막에서 점점 깊어만 갔다. 많은 의사들이 다녀갔지만 아무도 그 아내를 도울 수 있는 방법을 몰랐다. 모든 약이 소용이 없자 어느 경험 많은 의사와 점쟁이가 마침내 다음과 같이 말했다.

"하나밖에 없는 외아들이 희생하면 어머니의 병이 나을 수 있을 텐데."

집안 모두 몹시 슬퍼했으나 정작 어린 아들은 어머니가 낫기만 한다면 자신의 목숨을 기꺼이 바치겠노라고 느긋하게 말했다. 그렇지만 나무하는 아버지를 돕기 위해 삼일의 말미를 달라고 부탁했다.

세 번째 날 소년은 다시 아버지를 따라 숲 속으로 갔다. 고갯길에 오자 소년은 약간 피곤하니 아버지에게 남아서 좀 쉬겠노라 부탁했다. 아버지는 기꺼이 허락을 했으며 소년은 산신령나무 그늘 밑에 누워 잠이 들었다.

그사이 아버지의 집에 이상한 일이 일어났다. 어머니는 고통으로 신음하면서 딱딱한 방바닥에 누워 있었는데 소년은 창가로 가서 방안을 들여다보고는 병든 어머니에게 갔다.

"어머니, 이제 저는 준비가 되었습니다. 저를 죽여 의사의 말대로 저에게서 필요한 약제를 마련하십시오!"

"말도 안 되는 소리를 하는구나! 사랑하는 내 자식을 희생시키느니 차라리 내가 죽으련다. 내 병은 어떻게 할 수가 없느니라."

여인은 소년의 광채나는 얼굴이 기이하게 생각되었으나 바라보면 볼수록 자기 앞에 서 있는 아들이 그 어느 때 보다도 아름답고 우아하다는 느낌이 더욱 분명하게 들었다. 어머니가 아들의 희생을 받아들이려 않으려 하자 아들은 더욱 그녀를 졸랐다.

　이 사랑싸움에 의사가 들어서서는 소년의 옷을 벗기고는 부글부글 끓는 솥 안에 던졌다. 그러자 소년은 솥 안에서 점점 작아지고 쪼그라들더니 산삼의 은은한 냄새가 솥에서 나왔으며 끈끈한 죽이 피처럼 붉게 물들었다. 의사가 어머니에게 진정제로 이 죽을 들게 했으며 어머니가 이 죽을 들자마자 진짜 아들이 문안으로 뛰어 들어오면서 외쳤다.

　"어머니, 저 여기 있습니다. 저를 제물로 받아 주십시오!"

　진짜 아들의 자리에 삼소년이 와서 희생을 했다는 사실을 깨닫자 어머니와 마찬가지로 의사도 몹시 놀랐다. 여인은 이 시간부터 완쾌하였으며 무릎을 꿇고 산신령에게 살려 준 것에 감사를 했다.

　아버지도 이날은 평소보다 일찍 나뭇짐을 지고 집으로 돌아왔다. 아들이 이상한 꿈을 꾸었다는 이야기를 하자 그곳에 있던 모든 사람들이 이야기를 해달라고 했고 아들이 이야기를 시작했다.

　"오늘은 유난히 전보다 피곤했습니다. 아버지의 걸음을 따라 갈 수 없을 정도였습니다. 마침 고개 위에 도달하자 저는 도저히 갈 수가 없어서 소나무그늘에 누워 금방 잠이 들었습니다. 꿈속에서 아름다운 새소리를 들었습니다, 누르스름한 얼굴을 한 아름다운 소년이 붉은 색 바지와 바이올렛 색 저고리를 입고서 저에게 와서 멈추어 서더니 미소를 지으면서 말했습니다. '네가 마음에 드는구나, 소원이 있으면 말하거라, 내가 들어줄테니!' 저는 오래 생각지 않고 말했지요. '어머니가 몹시 편찮으십니다. 뭔가 청해도 좋다면 이것입니다. 어머니를 건강하게 해주십시오!' 소년은 고개를 끄덕이고는 말했습니다. '너는 착한 아이구나! 어머니의 건강을 부탁하고 재산과 명예를 부탁한 것이 아니기에 너의 소원을 들어 줄 뿐만 아니라 행복하게 해 주마. 내가 직접 가서 너의 어머니를 낫게 할 것이다!' 그 말을 하고 소년은 그곳을 급히 떠나갔습니다. 저는 다시 아름다운 새 소리를 듣고는 잠을 깨었습니다. 그때 제 마음이 아주 가벼웠습니다. 이제 어머니가 건강하신 것을 보니 제 마음이 너무 행복합니다. 소원이 이루어진 것을 보니 단순히 꿈이 아니라 산신령의 목소리였음을 이제사 알겠습니다."

모두 기뻐했다, 아버지는 급히 바깥으로 나가 산신령에게 감사의 절을 했으며 어머니도 좀 더 원기를 회복하자 산신령나무 있는 곳으로 갔다. 아들은 나중에 이 나라의 유명한 학자가 되었고 그의 명성은 오늘날까지 이어져 모든 사람들의 입에 오르내리고 있다. 그는 김 사영, 김 안동이라고도 했다. (14세기 중반에 살았다.)

정씨가 소년의 희생에 관한 이야기를 마치자 박씨가 찬동을 하면서 말했다. '정말일세, 소년의 그런 마음씨는 정말 칭찬할만하고 상을 받을 만하이!' 소년의 천명에 만족하여 두 나무꾼은 다시 어깨에 짐을 지고 고향 마을로 향했다. 여섯 번째 저녁 두 나무꾼이 산산령 소나무에 도달하여 자리에 앉았을 때 박씨가 이야기를 시작했다.[6]

조선 민담에는 부모를 공경하는 사람은 복을 받는 다는 유교사상이 강하게 배여 있는 이야기들이 많다. 오륜을 지키는 사람은 복을 받지만 그렇지 않은 사람은 화를 당한다. 특히『산삼』에는 산삼이나 산신령에 얽힌 이야기가 많이 나오고 있는데 김봉제에게 들은 이『소년의 희생 이야기』를 비롯하여 8편의 산신에 관련된 이야기는 독일어로 처음 소개된 한국민족의 고유 자산에 속하는 것들이다. 산삼은 산신에 대한 존경이나 믿음과 밀접한 관계를 지니고 있으며 아무나 발견할 수 있는 것이 아니라 마음씨가 착하고 특히 부모에 대한 효심이 지극한 사람들만이 발견한다. 에카르트는 당시 세계적으로 명성이 높았던 한국산삼에 대하여 많은 관심을 가지고 산삼에 대한 글을 발표하기도 하였으며 이 책 서언에 무려 5페이지에 걸쳐 산삼에 대하여 상세하게 설명하고 있다. 이『산삼』

---

6) Andre Eckardt. *Die Ginsengwurzel*. S. 38 – 42. Erich Röth. 1955.

중에서 에카르트 신부가 유창식에게 들었다는 「행운의 돌 Der Glückstein」
을 읽어보자.

「행운의 돌」

옛날 강원도 울창한 산림에서 멀지 않은 봉밀이라는 마을에 고와 박이
라는 성을 가진 나무꾼 두 사람이 살았다. 두 사람은 몹시 가난했다. 그러
나 고가 정직하게, 모든 어려운 일을 헤쳐나가면서 자신의 운명에 만족하
여 사는 반면에 박은 교활하고 비겁했으며 이웃을 속이려고 애썼다. 고는
어느 날 보통 때처럼 숲 속으로 나무를 하러갔다, 그러나 그의 이웃은 어
떤 이유에서인지 집에 남아 있어야했다. 고가 혼자 산에 간 것은 드문 일
이었다, 그래서 부인은 남편한테 딸기와 음식에 사용할 약초를 구해서 가
져다 달라고 부탁했다. 고는 숲 속에서 이리저리 다니면서 이런 저런 약
초를 캐고 표주박 안에 딸기를 따 모으고 있는데 갑자기 덤불과 나무사
이에 횃불 비슷한 불이 보였다. 불을 들고 가는 사람도 보이지 않는데 불
은 계속 가고 있었다. 그가 걸음을 멈추면 횃불도 가만히 멈추었다, 횃불
을 따라 잡기 위해 빨리 걸으면 걸을수록 눈에 보이지 않은 손에 의해 운
반되는 횃불도 더욱 서둘러 그들 사이의 간격은 늘 같았다.

고는 이상하게 생각하고는 걸음을 멈추었다. '이건 분명 도깨비불이구
나' 하고 혼자 생각했으며 어떻게 해야 할지 몰랐다. 사람을 현혹하는 도
깨비불이지만 때로는 행운과 기쁨을 보증하는 좋은 안내자라는 것을 그
는 알고 있었다.

고는 자신의 삶을 뒤돌아보아 아무 것도 부끄러운 것이 없었다. 마디
많은 신령오동나무 있는 곳에서 늘 산신에게 제물을 바쳤고 수만 개의
돌 위에 돌을 던지거나 자기희생의 표시로 침을 내뱉거나 했다. 그래서
아무 것도 두려워 할 필요가 없었으며 도깨비불이 그를 어디로 인도할
것인지 호기심을 가지고 용감하게 따라갔다.

실제로 도깨비불은 그를 멀리 멀리 데리고 갔다. 때로는 자갈과 바위를 지나 조선 땅 어디에서도 이보다 더 부드럽지 않은 향긋한 목초지를 가거나 가끔은 거대한 나무들이 있는 숲 속으로 깊숙이 들어가기도 했다. 갑자기 불빛은 소나무로 그림자가 드리운 가파른 바위벽에 멈추었다. 고가 다가가자 불빛은 사라졌다. 그러자 길고 흰 수염을 한 작은 남자가 바위벽에 기대어 앉아있었다. 남자는 청록색저고리와 검은 바지를 입고 있었으며 커다란 머리에 붉은 모자를 쓰고 있었다.

고는 놀라 멀리 달아나 난쟁이를 머뭇거리면서 바라보고는 공손하게 절을 했다.

"너는 어떻게 내 영내로 오게 되었느냐?" 하고 난쟁이가 물었다.

"저는 불빛을 보고 따라왔을 뿐입니다. 제가 부당한 짓을 했다면 부디 저에게 벌을 내리십시오!"

고는 그렇게 대답을 하고는 딸기가 가득한 표주박과 약초를 싼 보자기를 난쟁이의 발 밑에 내려놓았다.

그렇지만 난쟁이는 관대하게 고와 고가 모은 약초와 딸기를 번갈아 쳐다보고는 말했다.

"이보게, 강력한 산신은 자네의 운명과 덕성을 알고 있네. 이 옥을 가지게! 자네가 옥을 손안에서 돌리면 나의 주인을 둘러싸고 있는 영원한 삶, 열 개 중 하나가 자네에게 주어질 걸세. 돌을 잘 간직하게, 이것은 행운의 돌이네! 돌이 부당한 사람의 손에 들어가게 되면 돌의 축복은 저주와 불운으로 변하게 될 것이야!"

고는 땅에 엎드려 감사의 말을 더듬거렸다. 그가 다시 몸을 일으켰을 때 남자는 사라지고 없었고 삼 냄새 같은 향내가 공기를 채우고 있었다. 난쟁이는 실제로 산신의 사자였다는 사실을 고는 이제사 알았다.

다시 한 번 그는 땅에 엎드려 산신에게 감사를 했다, 죽을 때까지 행복할 수 있게 되었다고 믿었기 때문이다. 그는 천천히 다시 보자기와 표주박을 들고 생각에 잠겨 산을 내려왔다.

'그 주인을 둘러싸고 있는 열 개가 나에게 주어진다고 난쟁이가 말하지 않았던가? 그것은 영원한 삶을 보장하는 십장생이 아니었던가, 이를테면 사슴, 토끼, 거북, 대나무, 삼, 태양(빛), 산, 물, 구름. 고는 이런 저런 생각을 하면서 손안에다 번쩍이는 돌을 돌렸으며 그때 사슴을 생각했다. 그가 사슴이라는 단어를 혼자 내뱉자마자 거대한 뿔을 가진 멋있고 잘 생긴 사슴 한 마리가 그 앞에 서서 그를 진심어린 눈으로 쳐다보고는 따라왔다.

이제 나무꾼은 수수께끼를 풀었다. 그는 다시 한 번 돌을 돌리고는 '사슴아 가거라!'라는 말을 했다. 그러자 사슴은 이미 사라지고 없었다.

고는 집으로 오자 기쁨에 가득 차서 말했다.

"마누라, 당신은 이제 일할 필요도 없고 걱정 할 필요도 없소!"

그 말을 하면서 손바닥에 있는 돌을 돌리자 곧 그의 소원이 이루어졌다―그전에는 부인이 멀리 가서 힘들게 등에 물을 지고 와야만 했었는데 땔나무가 가득했고 커다란 항아리 안에는 물이 가득 채워져 있었다. 그의 밭일도 번창했다, 제 때에 해가 나고 비가 왔기 때문이다. 일에 필요한 대나무와 건축용 자재를 가지게 되었다. 토끼는 부부금실을 알려주었다, 제주주민들이 사용하는 아기 구덕 안에는 방실 방실 웃는 사내아기가 누워 있었다. 거북은 장수를 알려주었다. 한마디로 고와 그 아내는 행복했으며 아무 것도 부족한 것이 없었으며 순박하고 겸손하게 살았다.

박씨 부인은 서서히 시기심에서 이 일을 주시했으며 가난한 고가 갑자기 그렇게 행복하게 될 수 있었던 것을 이상하게 생각했다. 마침내 그녀는 늘 고가 손에 반짝이는 물건을 들고 있는 것을 눈치챘다. 곧장 남편에게 이 사실을 알렸고 남편은 이웃이자 동료인 고한테서 이 물건을 빼앗을 기회만 호시탐탐 엿보고 있었다.

어느 날 두 사람은 다시 한라산 숲 속에서 함께 나무를 하고 있었다. 작렬하듯 더운 날이었다, 태양은 가혹하게 내려 쪼이고 두 나무꾼의 목을 마르게 했다. 박이 애원을 했다.

"자네는 신들과 잘 지내지 않나, 제발 우리에게 마실 물이나 좀 달라고 하게나!"

아무 것도 눈치채지 못한 채 착한 고가 돌을 돌리자 가까운 바위틈에서 샘물이 펄떡펄떡 흘러나왔다.
박은 몹시 놀라워하면서 신비한 그 돌을 한번 보여 달라고 고한테 부탁을 했다. 고는 손바닥을 펼쳤고 박은 그의 손에 있는 돌을 탈 쳤다.
아주 놀라운 일이 일어났다. 물이 박을 넘치게 했고 태양이 그를 훨훨 태웠으며 대나무는 후두두 소리내면서 그 위로 넘어졌다. 박은 무릎을 꿇고는 다시 돌을 쥐고 자신을 저주에서 풀어달라고 동료에게 애원했다.
고가 그렇게 했다, 신령세계의 힘은 그의 희생자에게서 사라졌다. 쓰러진 동료를 땅에서 일으키기 위해 돌을 다른 손으로 잡으려고 하자 돌은 손에서 떨어져 절벽으로 굴러내려 더 이상 찾을 수가 없었다.

유선생과 모든 참석자들은 만족하여 귀를 기울이고는 이야기하는 사람을 위하여 잔을 비웠다.
길게 묻지도 않고 김씨가 말했다:
"저도 여러분들께 재미있는 이야기를 하나 하지요" 그때 밥상이 들어왔으며 농부들은 만족하여 맛있는 식사를 했다. 밥상과 숟가락을 물리치자 김씨가 이야기를 시작했다. (Die Ginsengwurzel S. 141-146)

같은 나무꾼이지만 산신령은 착하고 부지런한 사람에게는 선을 베풀고 게으르고 시기심 많은 사람에게는 화를 내린다는 권선징악 이야기이다. 『오동나무 밑에서』와 『산삼』에 수록된 민담은 대부분 『조선어문법』 부록과 『조선 민담집』에 소개된 민담을 다시 보충하여 두 권으로 편찬한 것이다. 그러나 이전의 민담과 다른 것은 한 이야기가 끝나면 청중의 반응을 적고 대화형식을 통해 교훈을 끌어내거나 어떻게 다음 이야기로 이어지는지를 설명하고 있으며 이야기 기고자의 이름을 밝히고 있다는 점이다.

당시 한국사람들은 추위와 가난을 잊기 위하여 즐겨 '이야기Ijägi'를 나누곤 했는데 에카르트는 기나긴 밤에 막걸리를 마시거나 장기를 뚜는 중간에 한국사람들이 하는 이야기를 그 자리에서 받아 적거나 정확하게 받아 적을 수 없을 경우에는 한국말을 배우는 스승의 지도하에 문자로 고정시켜 놓거나 어려운 부분은 적어 달라고 했다고 한다.7) 에카르트 에게 이야기를 들려준 김봉제, 오창식, 유염조, 권계량은 하나같이 고서에 능통했으며 스스로 시나 단편을 써서 발표한 문인들로 학교, 신문사, 잡지사에 일한 당시 지식계층에 속하는 인물들이다. 따라서 이들이 들려준 조선 민담은 단순히 민중들 사이에 입에서 입으로 전해지는 구비문학이라고 만은 볼 수가 없다. 이들 기고자들은 대부분 고서를 읽은 사람들이기에 『여지성남』, 『삼국유사』, 『소설소감』, 『삼국사기』, 『조선실록』 등 다양한 책에서 읽은 내용을 전했으며 에카르트는 이외 다른 사람들로부터 들은 유사한 이야기와 비교하여 가장 좋은 유형을 보관했다. 여기서 에카르트 신부가 여러 가지 변형을 듣고서 마음에 드는 하나를 택한 것은 독일낭만주의 작가인 그림형제가 동화를 수집, 편찬 한 것과 같은 방법이다.

에카르트가 한국민담을 수집, 번역한 1920년대에는 국내 젊은 문인들 사이에서도 한국민담에 대한 관심이 모아졌다. 방정환은 서양동화의 이입을 통해 우리 전래동화의 중요성을 깨닫고 일제강점기에 있는 우리민족에게 1922년 잡지 《개벽》을 통하여 한국 전래동화수집을 호소했다. 이 현상모집 결과 1923년 1월에 모두 150편의 조선전래동화를 모으게 되었으며 그 후 차례로 한국 민담집이 출간되었다.8) 에카르트

---

7) *Die Giensengwurzel*. S. 12 참조.
8) 1926년 『조선동화대집』이 한성주식회사간에 나온 다음 『황금새』, 『바다색시』가

의 『조선 민담집』이 출간된 것은 방정환의 발기로 모은 조선 민담이 『조선동화대집』(1926년)이라는 책자로 출간된 바로 3년 후 1929년이다. 그러나 에카르트의 『조선 민담집』은 에카르트가 한국에 체류했던 1909-1929년 중에서 특히 1911년에서 1923, 1924년 사이에 모은 것으로 1922년 방정환이 잡지 ≪개벽≫을 통해 조선전래 동화를 모집했던 시기보다 앞서고 있다. 그리고 에카르트의 『오동나무 밑에서』와 『산삼』에서 이야기가 끝날 때마다 청중의 반응을 적고 오류 등의 교훈을 이끌어 내고 있는 것은 그 전 어느 책에서도 발견할 수 없으며 조선 민담에 대한 하나의 해설이나 코멘트로 볼 수 있다.

2) 1970년대

에카르트의 『오동나무 밑에서』와 『산삼』 이후 한동안 중단되었던 한국민담번역은 1970년대에 와서 다시 활성화되기 시작했다. 국내에서도 한국 전쟁 등으로 인해 한국민담에 대한 관심이 중단되었다가 다시 1970년, 1980년대에 한국민담수집과 민담에 관한 연구가 활발하게 이루어졌다.9) 독일에서는 1973년 트라우테 샤르프 Traute Scharf의 『한국 민담 Koreanische Märchen』이 독일어로 번역 출판되었으며 이 민담집에 수록된 23편의 민담 중에서 「쥐 왕국의 오만한 여왕」, 「까마귀의 편지」, 「염라대왕의 보석상자」, 「재판관으로서의 토끼」, 「바보온달과 공주」, 「교활한 늑

조선도서주식회사에서 그 다음 한충편으로 『우리동무』가 1927년에 藝香書屋에서 나왔다. 손진태의 『조선 민담집』은 1930년에 그리고 박영만의 『조선 전래설화집』은 1940년 학예사에서 출간되었다.
9) 1970년대에서 1980년대 국내에서 나온 한국민담집으로는 장덕순(외): 『한국구비문학선집』. 한국구비문학학회편. 일조각. 1977., 임석재: 『한국전설화집』. 평민사. 1984., 조동일(외): 『한국구비문학대계』. 한국정신문화원. 1980.가 있다.

대와 꽤 많은 여우」,「양반과 호랑이」,「현명한 목사」이 8편은 에카르트 의 『조선 민담집』에 수록된 것으로 제목만 약간 바꾸었을 뿐 내용상의 변화는 전혀 찾아볼 수가 없다. 샤르프의 한국동화집에 처음으로 나오는 「쥐 왕국의 오만한 여왕 Die stolze Königin des Mäusereiches」를 읽어보기로 하자.

「쥐 왕국의 오만한 여왕」

오래된 공주성 서쪽, 충청도 논산이라는 산언저리에 '미륵'이라는 부처 가 새겨진 거대한 바위가 솟아있다. 바위는 430미터 높이 공중에 솟아올 라 와 있었으며 비바람에도 꿋꿋했다. 해마다 도움을 필요로 하는 사람들 이 산을 올라가 모락모락 연기가 나는 쌀밥, 과일, 견과류를 미륵상 앞에 바쳤다. 그들은 손뼉을 탁탁 치면서 이마가 땅에 닫도록 아홉 번이나 절 을 하고는 늘 이렇게 말했다.

"나무아미타불 (나는 아미다-부처를 믿는다)"

거대한 산이 장엄하게 높이 솟아있다. 그러나 바위 밑에는 전 쥐 왕국 이 헤아릴 수 없는 작은 방과 복도에 살고 있었으며 수없이 많은 출구가 바깥으로 나있었다. 그러나 바위 밑에서 가장 아름다운 방은 여왕쥐와 여 왕의 재색 공주가 차지하고 있었다.

막 화려한 축제가 시작되었다. 여왕 쥐는 열두 명의 새끼를 한꺼번에 얻었다. 주변의 친구들이 여왕을 축하하기 위해 밀려왔다. 그들은 여러 종류의 선물을 가지고 왔다, 멀리서 가져온 향긋한 냄새가 나는 고기 덩 어리, 쌀, 곡식 등 쥐가 좋아하는 것들을 골라 가지고 왔다. 모두들 기분 이 좋아서 환호성을 지르고 밤늦게까지 춤을 추었다. 홀은 흐릿한 달빛을 받았고 개똥벌레는 이리저리 넓은 공간을 날아다녔다. 어미 쥐는 그 어느 때보다 기뻤다. 그녀는 모든 집중에서 가장 아름답고 가장 큰집도 가지고 있었고 그렇듯 사랑하는 아이들도 있었다. 지하궁전으로 들어가는 입구에는 향기로운 꽃들과 그늘진 덤불이 있는 정원도 있었다.

여왕은 친구들과 느긋하게 저녁식사를 하면서 옛날에 자기가 한 여행, 체험에 관하여 이야기했다. 특히 그녀는 인간, 인간의 보물, 인간의 지혜, 인간의 힘, 관습, 습관에 대하여 이야기했다. 한동안 그녀는 인간의 궁중에서 살은 적도 있었다. 사실 몰래 궁 안으로 산책을 할 수가 있었으며 모든 것을 보았다, 이를테면 누렇게 빛나는 황금, 오색비단, 화려한 양탄자, 묵직한 커튼, 반짝이는 꽃병과 아름답고 이상한 글씨가 새겨진 우아한 그림들. 그 이후로 오랜 시간이 지났지만 여왕 쥐는 잊지 않고 있었으며 아직도 선명하게 그 모든 것을 이야기할 수 있었다.

청중들은 흥미있게 귀를 기울였지만 그런 것을 상상할 수가 없었다. 많은 쥐들은 여행을 하고픈 생각에 새로운 미래를 계획하면서 집으로 돌아갔다.

마침내 여왕은 열두 명의 새끼만 데리고 남게되었다. 열 한 명의 사내 놈과 보기 만해도 사랑스러운 딸 하나였다. 재색공주는 어머니의 성스러운 기쁨이었다, 그 딸은 그녀의 자랑이었고 그녀의 모든 것이었다.

새끼들은 날마다 튼튼하게 자랐다. 예쁜 공주는 더욱 더 예뻐졌으며 어머니의 자만심도 끝을 몰랐다. 친척과 친지들의 방문이 쌓이고 축제에 축제가 잇달았다. 오만한 여왕 쥐는 마냥 기쁨의 도취 속에 살았으며 어느 날 모든 사람들이 있는데서 맹세를 했다.

"난 나의 사랑스러운 공주를 이 세상에서 가장 힘센 남자한테 시집보내려해요."

그녀가 이 말을 하자 넓은 공간에 깊은 정적이 감돌았다. 많은 청혼자들도 아주 쥐 죽은 듯했다, 과연 누가 이 세상에서 가장 강력한 자인지 상의를 했다. 몇몇 쥐들은 고양이라고 했지만 대부분의 쥐들은 그 말에 반대를 했다. 모두 고양이를 두려워했지만 고양이는 모든 쥐의 불구대천의 원수였다. 그리고 고양이들도 다른 짐승들에 의해 잡혀 죽음을 당하거나 인간들에게 익사 당하는 것을 자신의 눈으로 직접 보았기 때문이다.

몇몇 쥐들은 인간이 가장 강력한 자라고 했다. 그러나 다시 새로운 반발이 일어났다. 인간들은 서로 죽이고 거친 짐승들에 의해 찢기고, 번갯불과 햇볕도 인간보다 강했다.

어미 쥐는 이 결정을 환영했다, 그녀는 어느 인간에게도 딸을 마음놓고 맡기고 싶지 않아서다. 어미 쥐는 인간들이 몇 번이나 작은 막대기로 자신들을 때리거나 돌을 던지는 것을 체험했다.

그렇다면 태양, 태양 빛이 짐승과 인간보다도 더 강하구나! 태양은 사실상 강력한 통치자임에 틀림이 없지 않은가! 태양이 나타나야 모든 자연, 이를테면 식물, 짐승과 인간들이 살지 않는가.

어미 쥐는 초조하게 아침이 오기를 기다렸다, 그리고 나서 딸을 컴컴한 궁전 밖으로 데리고 나갔다. 어린 쥐가 재색 옷을 예쁘게 입고 있는 것이 정말 사랑스러워 어미 쥐는 딸의 이마에다 키스를 했다. 이제 첫 햇살이 비추었다. 어미와 딸은 부드러운 빛 속에서 목욕을 하고는 이리저리 갉죽거리고는 아침을 먹었다. 차차 햇볕은 뜨거워졌고 재색 공주는 풀과 꽃 그림자 뒤에 숨었다.

어미 쥐는 해가 아주 가까이 와서 가장 뜨겁게 비추기를 초조하게 기다렸다가 임으로 나서서 외쳤다.

"위대한 태양왕이시여! 당신에게 부탁드립니다!"

공 같은 태양은 사랑스러운 듯 내려다보고는 말을 해보라고 했다.

어미 쥐는 말했다.

"제 딸을 가장 강력한 자에게 시집보내기로 맹세했습니다. 그분이 당신입니다! 부탁하건대 제 딸의 남편이 되어주시기를!"

태양왕은 얼굴을 숙이고는 고마워하면서 말했다.

"친애하는 여왕 쥐여, 그대의 부탁에 감사하오, 그러나 나는 댁의 따님을 아내로 삼을 수가 없소, 나보다 더 강력한 남자들이 많소, 바로 구름이오. 구름이 나타나면 나는 힘없고 약하오!"

그가 이 말을 하자마자 컴컴하고 무거운 구름이 몰려왔다. 날이 어두워지고 태양의 따스함 속에서 그렇듯 쾌적하던 어미 쥐와 딸은 추워 얼기 시작했다. 구름이 점점 짙게 끼어왔다, 이제 구름은 축축한 안개가 되어 땅, 풀, 꽃 위에 몸을 숙였다. 공주의 재색 옷은 축축해졌고 보석처럼 반짝 반짝했다. 그렇게 그녀는 구름 왕의 신부처럼 장식을 했다.

어미조차 추위에 얼어붙었지만 맹세를 했기에 물러섬은 있을 수 없었다. 그 때문에 마음을 다잡아먹고는 말했다.

"안개와 구름 왕이시여! 태양이 말하기를 당신이 태양보다 더 강력하다고 했습니다, 저는 가장 강력한 자에게 제 딸을 주기로 맹세했답니다, 그러니 제 딸을 아내로 맞아 구름궁전으로 데려가세요!"

그렇지만 구름 왕은 차고 거칠게 말했다.

"아니, 나는 그녀를 아내로 취할 수가 없소, 나는 가장 강력한 자가 아니오, 바람이 나보다 더 강력하오, 나는 바람의 머슴에 불과하오!"

이제 멀리서 바람소리가 나고 울부짖기 시작했다. 세찬 바람이 안개를 쫓아버리더니 저 위 창공의 구름들이 쉬지 않고 계속 밀려 가버렸다. 회오리바람이 나뭇잎을 떨어트리고 오만한 소나무, 버드나무, 포플러나무를 휘감고 쥐 어미의 눈에다 먼지를 넣고는 그녀 앞에서 원을 그리면서 맴돌기 시작했다. 소리를 지르면서 회오리바람은 바위 앞에서 공중으로 향했다.

재색공주는 불안에 떨면서 궁전 안으로 뛰어 들어갔다, 그러나 어미 쥐는 바깥에 남아있었다. 그녀는 회오리바람 한가운데 앉아있었다. 덜덜 떨렸지만 그녀는 마음을 다져먹고는 물었다.

"바람 왕이시여, 당신이 가장 강력한 분입니다! 아름다운 제 딸을 아내로 드리겠습니다. 그렇게 하겠노라고 맹세했습니다!"

바람은 더욱 강하게 불어왔다, 여왕 쥐를 약간 공중으로 떠올리더니 더듬거리면서 말했다.

"가장 강력한 자라고? 아니, 나는 아니 야! 나보다 더 힘센 자를 알고 있지! 내가 아무리 애를 써도 이 강력한 미륵바위를 무너트릴 수가 없어! 그것을 할 수 있는 자를 내가 알지, 바로 너희들이야—거대한 바위 밑에 있는 쥐들! 이 바위틈이 무너질 때까지 파고 또 파지. 너, 오만한 쥐여, 어디로 나가려하느냐? 너의 딸을 왕자 쥐에게 주거라, 너의 소박한 운명에 만족하거라, 그리고 멀고 다다를 수 없는 것을 얻으려하지 말아라!"
　여왕 쥐는 부끄러워하면서 지하 궁전에 있는 재색 공주에게 돌아갔다.10)

　이 이야기는 에카르트의 『조선 민담집』과 『산삼』에서는 「재색공주 Die graue Prinzessin」라는 제목으로 나온다. 그리고 『산삼』에 수록된 이야기의 마지막 "화자는 이야기를 마쳤으며 참석한 사람들은 무릎을 치고 술잔을 높이 들어 즐겁게 술잔을 부딪쳤다"11)라는 청중의 반응은 여기에서는 더 이상 나오지 않고 있다. 샤르프의 『한국동화』에는 처음으로 원효대사와 요석공주에 얽힌 「승녀와 공주 Der Mönch und die Prinzessin」 이야기가 나온다.

「승녀와 공주」

　유명한 승려인 원효는 의상이라는 승려 한 사람을 동반하고 산을 가고 있었다. 두 사람 다 불경을 공부하기 위해 당나라로 가는 길이었다. 그들은 가던 길을 중단했다, 몹시 피곤했기에 원효는 쉬기 위해 한적한 곳에 누웠다. 한 밤중에 그는 잠에서 깨어났다, 참을 수 없을 정도로 목이 탔기 때문이다. 어둠 속에서 손을 더듬었고 물이 가득한 항아리가 만져졌다. 마른 입술에 물 잔을 대자마자 그는 단숨에 물을 마셨으며 달콤하고 시원하다고 생각했다. 그리고 나서 그는 다시 향긋한 풀 속에 누워 이슬이 촉촉한 바람속에서 배고픔을 달랬다.
　동이 트자 그는 잠에서 깨어나 다시 물을 마시기 위해 항아리를 찾았다. 그렇지만 그는 놀랍게도 속인 빈 호박도 조개도 발견하지 못했으며

---

10) Traute Scharf: *Koreanische Märchen*. S. 54–57. Fischer Verlag. 1976.
11) *Der Ginsengwurzel*. S. 151.

빗물이 고여있는 해골을 발견했다. 해골바닥에는 아직도 한 입 가득 물이 있었다. 물론 더 이상 마시고 싶은 생각이 없었다. 놀란 눈으로 둘러보자 그가 그렇듯 잘 쉬었던 잠자리는 살아있는 사람을 위한 잠자리가 아니라 죽은 사람을 위한 무덤이었음을 알았다.

그는 소리쳤다.

"아 알겠다! 그릇이 '깨끗하다'고 생각하는 동안에는 물맛이 좋았군. 그렇지만 뭔가 '깨끗하지 못하다'라고 생각되자마자 역겹게 느껴지는구나. 좋고 나쁘다는 모든 감정은 눈에서 온다. 모든 것을 위해 열린 내 눈을 닫고 나의 내면의 눈으로 숙고하고 생각하면 모든 것이 아름답고 깨끗하게 여겨지는 구나. 그 안에는 눈을 내리깔고 은혜로운 마음을 지닌 잠자는 부처의 철학이 담겨있을 것이다."

함께 가던 또 다른 승려인 의상은 계속 중국으로 갔으나 원효는 그와 작별을 하고 신라로 되돌아갔다. 불교의 진리에 대한 감각과 감성이 깨어났으며 더 이상 중국사람들로부터 뭔가를 배울 필요가 없다고 생각했기 때문이다.

원효는 술을 마시고 고기도 먹도 여자들도 사랑했다— 이 모두가 불교의 세 가지 금기임에도. 그는 멋진 총각이었다— 극동아시아에서는 한창 나이의 독신남자를 총각이라고 표현했다. 그의 남성다움과 능란한 설법, 마술적인 인품은 신라의 모든 미녀들을 현혹시키기에 충분했다. 그들은 기도하고 명상하기보다는 아름다운 승려를 보기 위해서 절에 왔다. 그리고 열정적인 여인들은 행복한 결혼을 하게 해달라고 빌었다.

아름다운 공주 요석은 이런 여인들에게 속했다. 그녀는 남편이 백제와의 전투에서 전사한 다음 일찍 과부가 되었다. 궁궐 담 뒤 외로운 방안에서 그녀의 매력을 탕진하고 있었다. 음력 사월 초 팔일, 공주는 시녀들을 대동하고 석가 탄신 축제에 참석하기 위해 절로 갔다. 흰 비단옷에다 반짝이는 보석으로 장식한 그녀의 아름다움은 화려한 색깔의 옷을 입은 수많은 다른 여인들을 능가하였다.

원효는 공주 앞에 깊이 절을 했다— 그의 입술이 그녀의 손에 거의 닿을 정도였다.- 이 절을 방문해 준데 대해 감사하다는 말과 다른 친절한 말도 했다. 그러자 공주는 뺨을 연지 빛으로 붉히면서 그의 귀에 피리 같은 낭랑한 목소리로 이야기했다.

그렇게 그들의 사랑이 싹텄다, 첫눈에 불꽃이 붙자마자 구중 궁궐 닫힌 문 뒤의 금지된 사랑은 궁궐의 높은 담 벽도 막을 수 없었다, 사랑은 밤에 날개를 날고 여행하기 때문이다.

그들은 대궐 뜰에서 만나기로 했다, 꽃이 피어 있는 정원 길을 지나 그에게 오는 사랑하는 여인를 바라보는 동안 승려의 사지는 기쁨으로 떨었다. 그는 나무뿌리에 걸려 넘어지고 연못의 물 속으로 미끄러지고 수련의 키스가 뺨을 누르는 물결치는 파도 속에 긴 옷자락을 적셨다.

공주는 백합 같은 손으로 승려가 연못에서 나오도록 도왔으며 그를 방으로 이끌었다. "스님, 옷이 젖으셨군요." 그녀는 뺨에 홍조를 띄우고 입술을 움칠거리면서 속삭였다.

그녀는 새신랑만이 누릴 수 있는 영광인, 직접 짜서 바느질한 새 옷을 그에게 주었다. 그녀의 우유 빛 흰 가슴은 두 송이의 흰 백합처럼 한밤의 선잠 속에서 매순 피어나려는 것 같았다.

더 이상 말도 없이 그들은 서로 껴안고 키스를 했다-열 번의 키스는 한번처럼 짧았고 한 번의 키스는 스무 번처럼 길었다. 달빛도 없는 밤에 은촛대 위의 촛불이 방안에서 펄럭이고 있었다.

그렇지만 동이 틀 무렵 원효는 새 신부인 공주에게 상냥하게 인사를 하고는 멀리 어느 높은 산으로 가서 한적한 암자에서 위대한 부처처럼 은자로 살았다.-이것이 가르침이고 삶의 지혜였다.

요석 공주는 승려 원효와의 사랑의 열매로 아들을 낳았으며 설총이라고 불렀다. 이 아이는 건강하고 영리한 남자로 자랐다. 그는 위대한 학자가 되었으며 다른 일 중에도 "이도" 문자를 발견하였다. 그는 중국의 한자를 한국의 음절과 소리에 맞추었다. 이것은 그 당시 아직 조선 초기 세종대왕이 만든 한글이 존재하지 않았기 때문에 훌륭한 업적이었다. (*Koreanische Märchen* S. 105-109)

원효(617-686)는 신라시대의 고승으로 648년 황룡사에서 중이 되어 각종 불전을 섭렵하며 수도에 정진하였으며 일정한 스승을 모시고 경전을 공부하지 않고 타고난 총명으로 널리 전적을 섭렵하여 한국 불교사에 길이 남는 최대의 학장이자 사상가가 되었다. 34세 때 의상과 함께 당나라로 가던 중 해골에 고인 물을 마시고 진리는 결코 밖에서 찾는 것이 아니라 자신에게 찾아야한다는 깨달음을 터득하고 의상과 헤어져 돌아왔다. 태종 무열왕의 둘째 딸인 요석공주와의 사이에 설총을 낳았으며 스스로 속인행세를 하였으며 당시 왕실중심의 귀족화된 불교를 민중불교로 바꾸는데 큰 공헌을 한 인물이다.

1975년에는 자보롭스키의 『한국동화 Märchen aus Korea』, 허베의 『세계민담. 한국 Märchen aus aller Welt Nr. 16 (Korea)』이 나왔다. 허베의 이 민담집은 최은하(외)의 『옛날이야기』(1971-1973), 『한국의 민담』(동원출판사 1976년 5판)에서 선별하여 번역한 것으로 그 출처를 밝히고 있다. 여기에는 모두 28편의 민담이 수록되어있으며 그 중에서 제목은 다르지만 「삼 뿌리와 착한 아들」, 「재판의 증인 비석」, 「깨어진 거울」은 이미 에카르트의 민담집에 수록되었던 것들이다. 1970년대에는 국내에서도 한국민담에 대한 연구가 활성화되고 다양한 민담집이 발간되었기에 당시 해외에서 나온 한국민담집은 기존 한국 민담집의 번역본이 주를 이루고있다.

이상에서 볼 때 국내에서 있은 한국전래동화수집보다 앞서거나 동일한 시기에 독일에 소개된 에카르트의 한국민담은 한국문화와 문학을 독일에 전파하는데 궁극적인 역할을 했을 뿐만 아니라 1970년대 독일에서 출간된 민담집의 기저를 이루고 있다고 말할 수 있다.

2. 한국현대문학

지금까지 독일어로 번역된 한국문학작품은 160여종에 이르며 영어, 불어 다음으로 많이 번역되었다. 1920년대, 번역초창기에는 한국문학이 독일 한국학자들에 의하여 번역이 이루어졌지만 최근에는 대산문화재단, 한국문예진흥원, 한국문학 번역금고 등 각종 재단의 지원을 받아 한국 독문학자들과 독일인들의 공역을 전제로 하여 이루어지고 있다. 현재 공역자로 하이디 강 Heidi Kang, 실비아 브레젤 Sylvia Bräsel, 에델투르드 김 Edeltrud Kim를 비롯하여 많은 독일인들이 활약하고 있다. 1990년대 후반부터 활성화되기 시작한 한국문학의 독일어번역은 그 동안 독일에서 출판사를 찾지 못하는 등 출판사문제로 많은 난관에 부딪쳤으나 1998년 하이디 강이 번역한 김원일의 『바람과 강』이 처음으로 '펜드라곤 Pendragon'에서 출간되면서(펜드라곤의 발행인 귄터 부트쿠스 Günther Butkus에 의하면 한국작품을 출간하게된 것은 하나의 '우연' 이었다고 한다.) 그 후 계속 많은 한국작품들이 펜드라곤에서 출간되고 있다. 독일어로 번역된 한국작품들은 최근 펜드라곤을 비롯하여 '세콜로 Secolo', '페퍼코른 Peperkorn' 같은 독일 작은 출판사에 출간되고 있으며 독일의 대형출판사인 '주르캄프 Suhrkamp'나 'dtv'에서 출간된 한국작품은 극소수에 불과하다. 지금까지 독일어로 번역되어 출간된 책 중에서 재판된 것은 이문열의 『우리들의 일그러진 영웅』, 오정희의 『새』, 한국현대시선집 『바람과 풀』이렇게 세 권에 불과하며 각각 2004년과 2005년에 문고판으로 출간되었다. 그리고 한 작가의 작품을 집중적으로 번역, 소개하기보다는 여러 작가들의 작품이 다양하게 번역, 출간되었다.

2005년 10월 19일부터 23일까지 독일 프랑크푸르트에서 57번째 도서전이 열렸으며 한국이 주빈 국이었다. 도서전에는 세계 각국에서 100여 국이 참가했으며 소개된 책제목만도 100,000여권이었으며 7000여 개의 출판사들이 참여하였고 그 중 반은 독일 출판사들이었으며 한국에서는 약 500여 개의 출판사들이 참여했다. 실제 프랑크푸르트 도서전에 참가한 한국작가는 40여명이며 2005년 독일에서 출판된 한국문학작품은 무려 30여 권에 이른다.

도서전에 앞서 2005년 7월 9일과 10일, 독일의 유명한 일간지 <지트도이취자이퉁> 문화면에 '문명의 판잣집—유명한 경제기적의 분단국가 Die Bretterbude der Zivilization.—Das geteilte Land mit dem berühmten Wirtschaftswunder'라는 기사가 실렸다.

많은 나라로부터 우리를 갈라놓는 것은 언어장벽이다. 뿐만 아니라 다른 나라에서는 이름의 장벽 또한 우리를 갈라놓는다. 황석영, 김영하, 이문열, 은희경. 한번 생각해보십시오! 이중에서 누가 여성일까? 한국으로 향하는 비행기 안에서 우리들은 한국을 더 잘 이해하기 위해 우리들이 만나게 될 한국작가들 중 누가 여성인지 표시를 하기로 결정했다. 아름답고 화려한 문체의 소설가 이문열은 넓은 독자층을 지니고 있으나 그의 정치적인 견해는 문학계로 부터 날카롭게 공격당하며 상당히 보수적이고 좌익이 아니기에 일부에서는 그를 부랑아 취급한다.—그는 한국의 마르틴 발저이다. 한국의 다른 위대한 작가 황석영, 그는 작가생활동안 늘 정치적인 논쟁의 무대를 찾았다. 권력자들의 영향력에도 굽히지 않았으며 사회참여 문학가였다. 다른 나라의 비판적인 수뇌들과 폭넓은 관계를 지니고 있으며 그의 이름은 늘 노벨 문학상 수상 가능성을 지닌 한사람으로 언급되었다.—당연히 한국의 귄터 그라스다. 아이러니와 신랄한 조소로 현실폭로소설을 쓰는 은희경, 그녀는 소설에서 여성에게 모든 이상과 가치를 버릴 것을 부탁한다. 아무 것도 더 이상 믿지 않으며 더 이상 위대한 사랑을 믿지 않는 것이 더 좋기 때문이다. 그녀의 여성 등장 인물들이 담배를 덜 피운다 할지라도 그녀는 한국의 유디트 헤르만이다.

(중략)

북한주민과 마찬가지로 남한주민도 다른 쪽과의 교류는 엄격하게 금지되어있다. 한씨 연대기(올 가을에 dtv에서 출판예정)라는 소설 속에서 분단의 비인간성과 광란을 인상적으로 묘사하고 동족전쟁 동안 일어난 고문, 살해 등을 꾸밈없이 서술한 한국의 귄터 그라스 황석영은 1989년 북한 작가모임의 초대를 받아들였다. 그 결과에 대해서는 그도 알고 있었다. 그럼에도 그는 북한에 갔으며 그 후 서울에 돌아오지 못하고 몇 년 동안 베를린, 뉴욕 등 외국에서 살았다. 1993년 다시 한국으로 돌아 왔을 때 그는 체포되어 재판을 받았으며 유죄판결이 났다. 5년 동안 감옥에 있었다. 1998년에 석방되었다. 그는 호텔 바에서 "나는 한국 통일운동의 상징입니다"하고 감격적으로 말한다. 그리고는 강력하게 잭 다니엘을 한 모금 더 들이키고는 마치 국가권력과의 대치가 그에게 새로운 에너지와 생의 기쁨을 주었던 것처럼 만족하여 담배를 빨았다. 황석영이 북한 경계선을 넘어가는 것은 시위적인 제스처였다. 비무장지대, 이 경계선은 기이한 중간지대였다: 한편은 보안상 아주 신경통적인 부분이고 다른 한편으로는 불합리한 정치극장이었다. 한편으로는 제임스 본드영화서처럼 쇼며 다른 한편으로는 언제나 인간의 희생을 요구하는 중대사다.

(중략)

비무장지대 남쪽에는 사람들이 살고 있다. 철조망과 지뢰사이에 남한의 농부들이 세금을 내지 않고 벼농사를 지으면서 살고 있다. 작가 김영하는 비무장지대에서 성장했다, 그의 아버지는 직업군인이었다. 1968년에 태어난 그는 지뢰밭사이로 학교에 다녔다. 이 테마는 문학적으로 그에게 관심을 주지 않는다. 김영하 자신은 서울사람이다. 그는 맨하튼 옆에 바다수영장처럼 보이는 도시를 사랑한다. 그는 강 위로 뻗어나갈 8차선 고속도로, 24 시간 차가 밀리는 서울을 사랑한다. 그는 아스팔트를 사랑한다. 그는 1200만 도시의 인구밀집을 사랑한다. 하늘을 향해 치솟는 좁은 주거. 어쩌면 그는 그 매연을 사랑하는지도 모른다. 분단은 그에게 별 상관이 없다. 김영하는 현대 한국을 대변한다. 그는 그의 조국이 체험한 극단적인 산업화에 매료되어있다. 유럽이 200년 걸려 이루어낸 산업화를 한국은 30년 만에 이루었다.

비평가들은 김영하에게 '당신은 재미있는 카프카'라고 말했다. 그가 문학적으로 얼마나 서구 문화 속에 살고 있는 가를 말하기에 그의 마음에 드는 말이기도 하다. 서울은 재미있는 '누더기 도시 Patchwork City'라고 그는 말한다. 사람들은 초 성능의 BMW를 사지만 차를 타기 전에 먼저 악귀를 물리치기 위해 고사를 지낸다. 거대한 축구장이 보이는 김영하의 아파트에는 부처상이 있다, 그러나 한편 예술적으로 형상화된 상품코드가 보이는 커다란 그림이 거실을 제압하고 있다. '저 그림도 이제 곧 과거입니다' 하고 김은 미소지으면서 눈짓을 한다.12)

분단, 경제기적, 샤머니즘이 이 기사의 키워드이다. 분단을 보는 시선도 경제기적을 보는 시선도 곱지만은 않다. 보수적인 성향의 이문열(1948 −), 사회참여 작가인 황석영(1943−), 여성작가 은희경(1959−), 현대화된 남한을 대변하는 젊은 작가 김영하(1968−), 이들 중에서 진정한 한국을 대변하는 작가는 과연 누구인지 이 기사에 열린 채 남아있다.

2005년 10월 프랑크푸르트에서 도서전이 열리는 동안 독일일간지에는 한국과 한국문학을 소개하는 다양한 기사가 실렸으며 키워드는 언제나 '고요한 아침의 나라 Das Land der Morgenstille', '분단 Der Grenze− Teilung', '통일 Wiedervereinigung', '한강의 기적 Das Wunder vom Hangang'이었다. 10월 16일 베를린에서 발간된 <데어 타게스슈피겔 Der

---

12) Süddeutsche Zeitung. S. 14. 9. − 10. Juli. 2005.

Tagespiegel>에 2005년 독일에서 출간된 13편의 한국문학작품이 전면에 소개되었다. 1887년부터 1945년까지 평산리 최참판댁 이야기를 다룬 박경리의 16권으로 구성된 『토지』(3권까지 출간되었다.), 독일에서 '현실적인 이상주의자 Der realistische Idealist'로 불리는 황석영의 『오래된 정원』과 『한씨 연대기』, 일제강점기에서 오늘에 이르기까지 한국현대시인들의 시를 모은 『바람과 풀』, 조정래의 『불놀이』, 이청준의 『소문의 벽』, 이호철(1932-)에서 한강(1970-)에 이르기까지 다양한 세대에 속하는 작가들의 단편 8편을 수록한 『한국단편집』, 이상의 『시선집』, 유교사상에서 해방을 이야기하는 오정희의 소설 『새』, 희비극적인 여성자아 발견을 그린 조경란의 『빵 굽는 시간』과 이혜경의 『길 위의 집』, 김지하의 『화개』, 고은의 『조국의 별』, 이창동, 박완서, 이문열, 최인석의 소설 중단편을 묶은 『한국소설선 Die Sympathie der Goldfische』. 대부분 원전의 제목을 그대로 옮겼지만 프리드헬름 베르튤리스 Friedhelm Bertulies가 펴낸 『Die Sympathie der Ggoldfische』는 이창동의 『녹천에는 똥이 많다』를 역자가 임으로 제목을 만든 것으로 밝히고 있다.

2005년 프랑크푸르트 도서전을 즈음하여 출간된 이 한국문학작품들은 크게 작가별로 나누어보면 일제강점기와 한국전쟁, 군사독재 그리고 정보시대를 체험한 세대이며 테마별로 나누면 일제강점기, 전쟁과 분단, 군사독재를 다룬 작품, 여성해방, 사적인 것과 환상적인 것을 테마로 한 작품들이다. 소개된 위 13편의 작품 중에서 여성작가의 작품이 4편이며 (물론 단편집 속에는 박완서, 한강, 공지영 등 더 많은 여성작가의 작품이 들어 있기도 하다) 시집이 4권이다. 남편과 아들을 한국전쟁에서 잃고 '내가 행복했더라면 절대로 글을 쓰지 않았을 것이다.'라고 말하는 『토지』의 박경리, 그녀의 사위이며 유신시절 옥살이를 해야 했던 김지

하의 작품이 나란히 소개되고 있어 주목할 만하다.[13]

독일문학과 마찬가지로 한국문학 역시 한국의 역사와 분리될 수 없으며 전후 독일이 다루어야만했던 문제들을 다루고 있다는 점에서 독일과 한국은 동일하다고 볼 수 있다. 프랑크푸르트 도서전에 앞서 한국을 방문했던 <알게마이네 짜이퉁 Allgemeine Zeitung>의 토마스 호케 Thomas Hocke 기자는 1337년 한국에서 인쇄술이 발명되었고 그 후 100년이 지나 독일에서 구텐베르크가 인쇄술을 발명했다는 것을 아는 독일 사람도 많지 않다면서 독일은 그 동안 한국에 대해 많은 것을 알지 못하고 있었노라 했다.[14]

이상에서 볼 때 2005년을 시점으로 다시 한 번 한국과 한국문학에 대한 독일인의 관심이 기대되지만 아직 그 영향과 결과에 대해서 논하기가 이르다고 본다. 프랑크푸르트 도서전을 계기로 한국문학이 독일 서적시장뿐만 아니라 세계 서적시장을 석권하기를 바라면서 이 책을 마무리한다.

---

13) Der Tagesspiegel. S. 28. 16. Oktober 2005.
14) Allgemeine Zeitung Literatur. S. 34. 15. Oktober 2005.

독일어로 번역된 한국문학

연도	제 목	출판사	저 자	역 자
1893	Korea. Märchen und Legenden 한국전래동화	Wilhelm Friedrich		H.G. Arnous
1928	Koreanische Erzählungen 한국민담			P. D. Enshoff
	Koreansiche Märchen und Erzählungen 한국민담	St. Ottilien		André Eckardt
1933	Das Grasdach 초당	List	강용흘	
1950	Unsung Pai erzählt aus seiner koreanischen Heimat 한국민담	Kulturbuch Verlag		배운성
	Unter dem Odongbaum 오동나무밑에서	Erich Röth		Andre Eckardt
1951	Der Oirol	Rupert Verlag		Elisabeth Ackner
1955	Die Ginsengwurzel 산삼	Erich Röth		Andre Eckardt
1959	Kranich am Meer 한국고전시가집	Carl Hanser	월명대사 (외)	Peter H. Picht
1964	Der Kristallring 한국민담집	Gustav Kiepenheuer		Helga Picht
1966	Die bunten Schuhe und andere koreansiche Erzählungen 한국단편선	Horst Erdmann		이장범
1973	Lob des Steinquells 샘물의 마음	Gustav Kiepenheuer	최치원(외)	Ernst Schwarz
1975	Märchen aus Korea 한국민담집	Diederichs		Hans - Jürgen Zaborowski
1976	Mit dem brennendem Durst 타는 목마름으로	R. Seewann	김지하	Bauer Bonne, F.
1979	Märchen aus aller Welt. Korea 한국민담	Heyne Verlag		Albrecht Huwe
1980	Morgengrauen über Intschon 인간문제	Volk und Welt	강경애	Reinhard Ganzer
1981	Traditionelles koreanisches Puppentheater 꼭두각시놀음	DID		Hans - Jürgen Zaborowski
1983	Die gelbe Erde und andere Gedichte 황토	Surkamp	김지하	최두환, Siegfried Scharschmidt
1984	HAN 1984/5 한국문학특집	Institut für koreanische Kultur	최인호(외)	Dirk Fündling (편)

		Institut für koreanische Kultur	최인호(외)	구기성(외)
	HAN 1984/7 한국문학특집	Institut für koreanische Kultur	최인호(외)	구기성(외)
	Moderne koreanische Literatur 현대한국문학선	Institut für koreanische Kultur	김동인	구기성
	Ein Leben – Ausgewählte Gedichte. 조병화시선	Korin Verlag	조병화	Hans – Jürgen Zaborowski
	Märchen und Legenden 한국민담	Korin Verlag		H. G. Arnous
1985	Tradition und Experiment 한국문학선집	Verlag Ute Schiller	신경림(외)	Hans – Jürgen Zaborowski
	Die Literaturzeitschrift 한국문학사화집	Peter Lang	나도향(외)	Albrecht Huwe
	Koreanische Volkserzählungen 한국민담	Reuter + Klöckner		오명호
1986	Korenische Literatur Band 1 한국문학선집 제1권	Bouvier	허균(외)	구기성
	Koreanische Literatur Band 11 한국문학선집 제2권	Bouvier	계용묵(외)	구기성, 이장범 (편)
	Koreansiche Literatur Band 111 한국문학선집 제 3권	Bouvier	김승옥(외)	Hans – Jürgen Zaborowski
1988	Granatapfelblüte 석류	Bouvier	서정주	Wha Seon Roske – Cho
	Märchen aus Korea 한국민담	Diederichs		Hans – Jürgen Zaborowski
1989	Die Stimme lebt in jedem Schweigen 침묵 속에도 살아있는 목소리	Falter	고은, 박완서	임종대, Wenninger Franz
1991	Wind und Gras 바람과 풀	Christian Rohr	한용운(외)	Marion Eggert
	Geschichten aus Ahngol 안골이야기	Haag und Herchen	이정길	이정길
	Der tanzende Philosph 춤추는 철학도	Haag und Herchen	이정길	이정길
1992	Vogelauge 새의 눈	Lamuv	김용익	Artl. Inge M.
	Koreanische Märchen 한국민담집	Dausien Verlag		Vladimir Pueck
1993	Die Elsternbrücke 한국여인고전소설	Diederichs		Reta Rentner(외)
	Wanyodo 와녀도	Haag und Herchen	이정길	이정길
1994	Auf der Bank von Dreyfus 드레퓌스의 벤치에서	Karin Fischer	구상	서정희
	Das Familienregister 그대 아직 꿈꾸고 있는가	Volk und Welt	박완서	Helga Picht

	Meine Mutter war eine Korea - Nutte 에미이름은 조센삐였다	Kiro Verlag	윤정모	Helga Picht
	Die träumende Brutmaschine 꿈꾸는 인큐베에트	Secolo	박완서	Rainer Werning
1995	Drei Tage unterwegs 사흘간의 외출	Haag und Herchen	이정길	이정길
	Han Korea 17	Institut für Koreanische Kultur		구기성(편,역)
	Han Korea 18	Institut für Koreanische Kultur		구기성(편,역)
	Die Sterne über dem Land 조국의 별	Suhrkamp	고은	채운정, Siegfried Schaarschmidt
	Windbestattung 풍장	Peperkorn	황동규	김미혜, Sylvia Bräsel
1996	Warum das Mädchen Sim Tscheong zweimal ins Wasser ging 심청이는 왜 인당수에 두 번 몸을 던졌는가	Peperkorn	오태석(외)	김미혜, Sylvia Bräsel
	Windtaufe 바람세례	Horlemann	김남조, 이강백	서정희, Sylvia Bräsel
	Die Horen 한국문학특집호	Die Horen	황동규(외)	김미혜, Sylvia Bräsel
	Die Rückseite des Lebens 생의 이면	Horlemann	이승우	서정희
	Koreanische Theaterstücke 한국의 희곡	Peperkorn	오태석	김미혜, Sylvia Bräsel
1996	Unter den Menschen ist eine Insel 사람들 사이에 섬이 있다	Hockgraben	정현종	김주연, Jürgen Kreft
	Die Feuerfrau 불의 여자	Residenz	이청준	이상경(외)
1997	Der Zwerg 난장이가 쏘아 올린 작은공	Hockgraben	조세희	김영옥, Matthias Gatzemeier
	Wind und Wasser 바람과 강	Pendragon	김원일	안소연, Heidi Kang
1998	Die kleine Schmanin 새끼무당	Marino	이상(외)	김종대, Enid Gajek
	Die Seele des Windes 바람의 넋	Peperkorn	오정희	김미혜, Sylvia Bräsel
	Die Töchter des Apothekers Kim 김약국의 딸들	Peperkorn	박경리	윤현숙, Nikolaus Groß
	Die Tiefe der Muschel 조개의 깊이	Peperkorn	김광규	정혜영, Matthias Göritz
1999	Der entstellte Held 일그러진 우리들의 영웅	Peperkorn	이문열	김희열, Heidi Kang

	Das ferne Du 먼 그대	Peperkorn	오세영	Wha-Seon Roske Cho
	Grenzerfahrungen 한계의 경험	Pendragon	김병익	최문규, 윤태원
	Am Ende der Zeit 그 모든 시간의 끝에	Peperkorn	박완서(외)	Heidi Kang, Helga Picht
	Ende einer Vorstelllung 부초	Peperkorn	한수산	송문의, Doris D. Spari Nina Berger
	Es ist weit von Seoul nach Yongwol 영월행 기행	Peperkorn	이강백	김미혜, Sylvia Bräsel
	Die Leute von Wonmidong 원미동 사람들	Peperkorn	양귀자	전용은, 장지연, Andreas Heinrich
	Drehpunkt 스위스문예지	Drehpunkt	현길언(외)	정혜영, 장은수, Heidi Kang(외)
	Das geheime Feuerfest 비화밀교	Pendragon	이청준	서정희
	Blätter des Indong 인동초	Peperkorn	김춘수	Wha-Seon Roske Cho
	Der Brunnen meiner Seele 내 영혼의 우물	Middelhauve	최인석	김선희, Edeltrud Kim
	Der Hase im Wasserpalast 토끼야 용궁에 벼슬가자	Kappa(Wien)	이청준	이상경, Erika Reichl, Brigitte Schantl, Andreas Schirmer
2000	Koreanisches Madang Theater 마당극	Abera Verlag	김지하. 황석영(외)	김형식
	Das Haus am tiefen Hof 마당깊은 집	Iudicium	김원일	양귀분, Wolfgang Schibel
	Die Frau im Wolkenschloss 구름성의 여자	Pendragon	김혜순	김영, 한정화, Matthias Gatzemeier
	Das Zimmer im Abseits 외딴 방	Pendragon	신경숙	김윤옥, Ragni M.Gschwend
	Land 1 토지 1	Secolo	박경리	Helga Picht
	Der Stachelrochen 홍어	Perperkorn	김주영	윤현숙, Nikloaus Groß
	Im Lande der Morgenstille	Drehpunkt		정혜영, Seelmann, Hoo Nam(편)
	Jenseits der Liebe 사랑의 저쪽	Peperkorn	오세영	Wha-Seon Roske Cho
	Liebesgedichte eines Unwissenden 오세영 시선집	Peperkorn	오세영	Wah-Seon Roske Cho

2001	Der silberne Hengst 은마는 돌아오지 않는다	Pendragon	안정효	곽미란, Jürgen Kreft
	Illusion. Drei Erzählungen 착각	Peperkorn	안정효	정민기, Stefan Straub
	Von Blumen, Vögeln und anderen nutzlosen Dingen 정채봉 동화집. 물에서 나온 새	St. Ottilien	정채봉	민선우, Albrecht Huwe
	Orientierungen 독일문예지 하반기 호 한국문학 특집 소설 5편, 동화1편	edition global	채만식, 정채봉, 김승옥	Albrecht Huwe
	Der Hof meiner Kindhiet 유년의 뜰	Peprkorn	오정희	Kyung Hee Brixel, Christa Wittermann
	Der Wächter der Wolke 구름의 파수병	Peperkorn	김수영	김미혜, Sylvia Bräsel
	Sim Chong hat gute Beziehungen 심청이는 빽이 든든하다	Peperkorn	이청준	이상경, Erika Reich, Brigitte Schantl, Andreas Schirmer
	Nolbu hat viele Lehrer 놀부는 선생이 많다	Peperkorn	이청준	이상경, Erika Reich, Brigitte Sschantl, Andreas Schirmer
	Das Schweigen des Geliebten 님의 침묵	Horleman	한용운	배형옥
	Mit leiser Stimme 낮은 목소리로	Peperkorn	조병화	Wha-Seon Roske Cho
2002	Ein Tag voller Wind 내일의 노래(외)	Pendragon	고은	임종대, Jurgen Abel
	Wintervision 겨울의 환	Haag und Hercht	박완서(외)	김희열, Achim Neitzert
	Land 11 토지 2	Secolo	박경리	Helga Picht
	Markt und Krieg 시장과 전장	Secolo	박경리	Helga Picht
	Versammelte Lichter 모여있는 불빛	Pendragon	조경련(외)	Anja K.Haftman
	Vögel 새	Pendragon	오정희	김선희, Edeltrud Kim
	Brutale Stadt 잔인한 도시	Pendragon	이청준	김희열, Achim Neitzert
	Die Trauerfeier 축제	Horlemann	이청준	서정희

	Menschen aus dem Norden Menschen aus dem Süden 남녘사람, 북녘사람	Pendragon	이호철	안인경, Heidi Kang
	Der Platz 광장	Peperkorn	최인훈	김희열, Ralf Deutsch
	Die Geschichte von Hong Kiltong 홍길동전	Iudicium	허균	홍순미, Marion Eggert
	König Sejong 월인천강지곡	소학사	세종대왕	안정희, Werner Sasse
	Hoffen 희망	St. Ottilien	양귀자	박경희, Matthias Augustin
	Ein Fischer brechen das Schilfrohr nicht aus 고기잡이는 갈대를 꺾지 않는다	Peperkorn	김주영	이기향, Martin Herbst
	König Jonsan 문제적인 인간 연산	Theater der Zeit	임윤택	김미혜
2003	Eine unmögliche Liebe 안수길단편집	Konkursbuch	안수길	안인길, Alissa Walzer
	Die Suche nach den verlorenen Worten 잃어버린 말을 찾아서	Eos	이청준	김형기, Mattias Gatzemeier
	Das rote Zimmer 붉은 방	Pendragon	임철우	정영순, Herbert Jaumann
	Wie kommt der Elefant in mein Schlafzimmer 코끼리를 찾아서	Pendragon	조경란	정영순, Herbert Jaumann
	Lautlos fällt ene Blüte 저기 한 점 소리없이 꽃잎은 지고	Pendragon	최윤	정희경, Christian Walsdorf
	Ein ganz einfaches gepunktetes Kleid 현대여성단편선집	Pendragon	은희경(외)	김소현, Heidi Kang
	Sündhafte Sehnsucht 어느 흐린 날 나는 주점에 앉아 있을 거다	Avera Verlag	황지우	김미혜, Sylvia Bräsel
	Kurzgeschichten 단편선, 물레방아	St. Ottilien	나도향	Elke Golchert Jung, Sabine Ganter-Richter
	Der doppelte Ong	Peperkorn	이청준	
	Menschenduft 사람의 향기	Pendragon	송기원	정민기, Stefan Straub
	Mutter, Gtroßmutter Sihouetten 어머니와 할머니의 실루엣	Peperkorn	신경림	박진영, Matthias Augustin
2004	Nachtkerze 달맞이꽃	Peperkorn	김정길	서정희

	Land der Verbannung 유형의 땅	Peperkorn		조정래	이기향, Martin Herbst
	Jugendjahre 젊은 날의 초상	Pendragon		이문열	Cristina Youn-Arnoldi, Cornelia Roth
	Der Mai Koreas 한국의 오월	Pendragon		김형승	배형옥
	Kleine Leute 소시민	Pendragon		이호철	Heike-Lee
	Der Mann, der neun Paar Schuhe hinterließ 아홉 켤레의 구두로 남은 사나이	Perndragon		윤흥길	Shin, Hyesu
	Der entstellte Held 우리들의 일그러진 영웅	Union Verlag		이문열	김희열, Heidi Kang
	Zerbrochene Wörter 박이문 시선집	Abera Verlag		박이문	Karl Reinhard Friebe
	Brennende Wirklichkeit-kalte Theorie 평론집, 뜨거운 세상과 말의 서늘함	Iudicium		김주연	김영옥, Matthias Gatzemeier
2005	Ulwha, Die Schamanin 을화	Pendragon		김동리	김선희, Edeltrud Kim
	Mandala 만다라	Pendragon		김성동	송문희, Nina Berger
	Das Haus auf dem Weg 길 위의 집	Pendragon		이혜경	Christina Youn-Arnoldi
	Der Ferne Garten 오래된 정원	dtv		황석영	강승희, 오동석, Torsten Zaiak
	Koreanische Erzählungen 8편의 단편	dtv			이광숙, Sylvia Bräsel(편)
	Vermutungen über das Labyrinth 미궁에 대한 추측	Pendragon		이승우	이경분, Kai Köhler
	Die Geschichte des Herrn Han 한씨 연대기	dtv		황석영	강승희, 오동석, Torsten Zaiak
	Wind und Gras 바람과 풀	dtv		김주영(외)	Marion Eggert
	Das Spiel mit dem Feuer 불놀이	Peperkorn		조정래	이기향, Martin Herbst
	Das weiße Kleid 흰 옷	Iudicium		이청준	양귀분, Wolfgang Schibel
	Die Gerüchtemauer 소문의 벽	Peperkorn		이청준	오순희, Birgit Mersmann
	Land 3 토지 3	Secolo Verlag		박경리	한정화, Helga Picht
	Zeit zum Toastbacken 식빵을 굽는 시간	Pendrgon		조경란	정영순, Herbert Jauman

Blütenneid	Wallstein Verlag	김지하	양한주, Matthias Göritz
Mogelperspektive 이상시선	Literatur Verlag Dreschl	이상	양한주, Martin Eggert
Die Sympathie der Goldfische 한국소설선	Suhrkamp	이창동(외)	Friedhelm Bertulies
Dschingis Khan als CEO 칭기스칸-유목민에게서 배우는 21세기 경영전략	Bouvier	김종래	정형강, Elke Golchert Jung
Samguk Yusa 삼국유사	EB Verlag	일연	김영자, Rainer Zimmermann
Frauen in Korea 역사 속의 한국여인	Peperkorn	변원림	
Der Präventivkrieg Amerikas in 1950 6·25전쟁	Peperkorn	변원림	
Über alle Mauern 아름다운 영가	St. Ottilien	한말숙	Albrecht Huwe
Tanz der Worte 말씀의 춤을 위하여	Abera Verlag	정진규	정민영, Holmer Brochlos
Eine andere Sonne 또 따른 태양	Peperkorn	정지용	Wha-Seon Cho Roske
Jenseits des Rausches 김수영 시선집	Peperkorn	김수영	Uwe Kolbe, 강여규
Bauertanz 농무	Brandes & Aspel	신경림	김선희, Edeltrud Kim
Der Gedenkstein 불망비	Pendragon	오정희	김선희, Edeltrud Kim
Vögel 새	Union Verlag	오정희	김선희, Edeltrud Kim
Krieger und Sänger 무사와 악사	Peperkorn	홍성원	이기향, Marin Herbst
Aufgehen der Knopse 화개	Abera Verlag	김지하	강승희, Trosten Zaiak
Drei Pansori 판소리 (춘향가, 심청가, 수중가)	Peperkorn		정규철, Matthias R. Entreß
Der Gast 손님	dtv	황석영	Katrin Mensing, Lee Young
Die Schatten der Fische 황지우 시선집	Wallstein	황지우	강여규, Uwe Kolbe
Zen-Gedichte was'n das? 고원 시집	Abera Verlag	고원	Hans-Jürgen Zaborowski
Geschenk eines Vogels 새의 선물	Pendragon	은희경	박인원, Anja Michaelsen

| 2007 | Sardellen 멸치 | Peperkorn | 김주영 | 정한기, Stefan Straub |
| | Beim Erwachen aus dem Schlaf 잠에서 깨어나(고원시선집) | Wallstein | 고원 | 김미혜, Sylvia Bräsel |

* 표 자료의 일부는 대산재단과 한국문학번역원(한국문학번역금고, 문예진흥원)으로부터 제공받았습니다.

■ 참고문헌

♣일차문헌

강두식(역): 『젊은 베르테르의 슬픔』, 을유출판사, 1967.
김요섭(역): 『데미안』, 문예출판사, 1967.
모윤숙: 『렌의 哀歌』, 마당문고, 1984.
이병찬(역): 『청춘은 아름다워라』, 신원문화사, 1994.
오영훈(역): 『독일인의 사랑』, 북스토리, 2002.
지명석(역): 『괴에테 시집』, 문음사, 1968.
장지연・신채호・박은식 저: 『애국부인전・을지문덕・서사건국지』, 춘추문고, 1975.
정규화(편): *Der andere Dialelkt*, 성신여대출판부, 1984.
정규화(편): *Der Yalu fließt*, Pan Korea Verlag, 1979.
전혜린: 『그리고 아무 말도 하지 않았다』, 문서출판사, 1986.
전혜린(역): 『생의 한가운데』, 문예출판사, 1968.
전혜린(역): 『압록강은 흐른다』, 범우사, 2002(4판).
한민: 『또 하나의 조국』, 도서출판 공동체, 1988.
홍난파(편): 『세계의 악성』, 조선아동문학협회, 1947.
홍종도: 『상처 입은 용』, 한울 출판사, 1988, 1994.
초, 중, 고등학교 국어교과서(제1차 교육과정-제7차 교육과정)
초, 중, 고등학교 음악교과서(제1차 교육과정-제7차 교육과정)
차경아(역): 『우리를 슬프게 하는 것들』, 문예출판사, 1998.
유화수・이은수(역): 『계서야담溪西野談』, 국학자료집, 2003.
최석희(역): 『겐테의 한국기행』, 대구가톨릭대학교 출판부, 1999.
Chung, Kou-Hwa(Hrsg.): *Vom Yalu bis zur Isar*, Mirok Li, Benedict Press, 1982.
Eckardt, Andre: *Koreanische Konversations-Grammatik*, Julius Groos, 1923.

Ders: *Koreanische Märchen und Erzählungen,* St. Ottilien Verlag, 1929.
Ders: *Unter dem Odongbaum,* Erich Röth, 1951.
Ders: *Die Ginsengwurzel,* Erich Röth, 1955.
Fischer—Dieskau, Dietrich(Hrsg.): *Texe deutscher Lieder,* dtv, 1980.
Hansen, Walter(Hrsg.): *Die schönsten Volkslieder,* Wassermann, 2004.
Hebel, Johann Peter: *Seltsamer Spazieritt, Deutsche Anekdoten auf fünf Jahrhunderten,* Philipp Reclam, 1988.
Hesse, Hermann: *Die gesammelten Schriften,* 5. Bd, Suhrkamp, 1978.
Ders: *Schmetterlinge,* Insel, 1979.
Hilscher, Gebhard: *38mal Korea,* Piper Verlag, 1988.
Huwe, Albrecht: Märchen aus aller Welt Nr. 16. *Korea,* Heyne Verlag, 1975.
Meyer—Förster, Wilhelm: *Alt —Heidelberg,* Druck und Verlag von August Scherl, Berlin, 1903.
Rinser, Luise: *Wenn die Wale kämpfen,* R. S. Schulz, 1976.
Ders: *Kriegsspielzeug,* Fischer. Frankfurt 1978.
Ders: *Nordkoreanisches Reisetagebuch,* Fischer Taschenbuch, 1981.
Pfabigan, Alfred: *Schlaflos in Pjöngjang,* Verlag Christian Brandenstätter, 1986.
Scharf, Traute: *Koreanische Märchen,* Fischer, 1976.
Schiller, Friedrich: *Sämtliche Werke,* 1. Bd., Carl Hanser, 1984.
Schinnerer, Otto P.: *Geschichte von Alt Heidelberg,* Zi Bum Sa(志凡社), 1963.
Schnack, Anton: *Angel des Robinson.* Verlag Kurt Desch, München 1946
Schwarz, Ernst: *Lob des Steinquells.* Gustav Kiepenhauer, Weimar 1973.
Zaborowski, Hans—Jürgen: *Märchen aus Korea,* Diederichs, 1975.

♣이차문헌

권순종(편):『김영보 희곡집』「황야에서」, 중문, 1999.
권영민: 한국문학의 세계화 그 현황과 전망, 인문학 5집 1-7쪽, 대구가톨릭대학교 인문과학 연구소, 2004.
권영필(역): 에카르트의『조선미술사』, 열화당, 2003.

김기선: 독일어권 지역에서의 한국학연구, <인문과학연구소> 제18집, 55-61쪽, 성신여대 인문과학연구소, 1998.
김동성(역):『동패락송 東稗洛誦』, 아세아문화사, 1996.
김윤식: 60년대 문학인식의 종언과 전혜린, 문학과 비평 20, 1991.
김윤식:『침묵하기 위해 말해진 언어와 그렇지 않은 언어』, 수필문학, 1973.
김효중:『박용철의 하이네 시 번역과 수용에 관한 연구-박용철의 창작시와 한국문단에 미친 영향을 주로 하여』, 정음사, 1987.
김선희(편):『한국어로 번역된 독일 현대문학, 독일어로 번역된 한국문학』, 서지목록(1,2부), 주한독일문화원 도서관, 2002.
김수용: 한국독어독문학회 '97 독어독문학 학술대회'자료집, 24-25쪽, 독일어와 한국어, 독일문학과 한국문학, 충북대학교 1997 10.
김청자(역사)): 독일가곡 181곡집 상권, 세광음악출판사, 1995.
권오현: 초, 중등학교에서의 세계문학교육-현황 및 제안, 헤세연구 제10집, 2003.
박환덕: 한국문학의 세계화를 위한 제언, 인문과학연구 제29권 제1호 151~170쪽, 충남대학 인문과학연구소, 2002.
박광자:『괴테의 소설』, 충남대학 출판부, 2003.
박광자:『헤르만 헤세의 소설』, 충남대학 출판부, 1998.
박광자: 헤세의『데미안』과 한국의 청소년, 헤세연구 13집, 5-24쪽, 2005.
박용철:『박용철전집 1권 시집』, 현대사, 1982.(同光社 1940년)
박정희:『국가와 혁명과 나』, 지구촌, 1997.
세계음악편집국(편): 世光名歌 350곡, 세광음악출판사, 1981.
손종업:『전후세대의 글쓰기와 '근대성' 문제』, 경희대 대학원 고황논집 제15집, 1994.
이덕희:『전혜린』, 서울(작가정신), 1998.
이덕희:『전혜린 이야기』, 도서출판 예하, 1988.
이유선:『한국양악백년사』, 음악춘추사, 1985.
이유영(공저):『한독문학비교연구 1』, 삼영사, 1976.
이유영(공저):『한독비교문학연구 2』, 서강대학교 인문과학연구소, 1980.
이충섭(편):『한국의 독어독문학 관계 번역문헌 정보』, 1906-1990, 한국문화사,

1990.
조옥정: 『전혜린 수필연구』, 한남대 교육대학원, 2000.
주종연: 『한독민담비교연구』, 집문당, 1999.
정규화: 한독문화교류 120, 『한국의 독일문학수용 100년 1』, 3-33쪽, 한신대학교 출판부, 2001.
정공채: 『아! 전혜린』, 문학예술사, 1983.
정경원: 세계 속의 한국문학, 세계비교문학연구 제 4호, 56-92쪽, 한국세계비교문학학회, 2000.
정규화(역): 『압록강은 흐른다』(외), 범우비평문학선 34호, 1987.
정경량: 한국의 헤세문학수용, 『한국의 독문학수용100년 2』, 한신대학교 출판부, 2001.
정경량: 『노래로 배우는 독일어』, 문예림, 1998.
정순란: 최초의 여성 독문학자 전혜린, 독일어문학 21집 11권 2호, 2003.
Tax, Sun-Mi: Herzenssprache und Seelenliebe?—eine intertextuelle Untersuchung der Werther-Rezeption in Korea(S. 66-87) In: 번역연구 제8집, 한독문학번역연구소, 2000.
피종호(편저): 『독일시와 가곡』, 자작나무, 1999.
홍경호(역): 『나비』, 범우출판사, 1999.
최종고: 『한독교섭사』, 홍익사, 1983,
최종고: 『한강에서 라인강까지』, 유로출판사, 2005.
이의령/ 자보롭스키(공편): 『오늘의 韓國作品』, 凡曙出판사, 1976.
粕谷眞洋(저): 독일가요곡집 *Deutsche Lieder*, 板本書店 出判部, 大正 15년(1926).
Claussen, Gertrud.(Hrsg.): *Fremde Heimat Korea, Ein deutscher Arzt erlebt die letzten Tage des alten Koreas* (1901-1905), München 1983.
Gruschke, Andreas(Text)/ Sasse, Martin(Fotos): *Reiseführer, Südkorea*, HB Verlag, 2002.
Gützlaff, Carl: *Gützlaffs Missonars der evangelischen Kirche, Dreijähriger Aufenthalt im Königreich Siam nebst einer kurzen Beschreibung seiner drei Reisen in den Seeprovinzen Chinas in den drei Jahren 1831-1833*, Basel 1835.
Korebel, Emma: *Wie ich an den koreanischen Kaiserhof kam, Eindrücke und Erinnerungen*, Berlin 1909.

Limberg, Michael: Höllenreise durch mich selbst Tiefenpschologische Einflüsse auf das Leben und Werk von Hermann Hesse, S. 70-97, 헤세연구 제10집, 2003

Moellendorf, Paul Georg: *Ein Lebensbild,* Leipzig, 1930.

Oppert, Ernst : *Ein verschlossenes Land, Reise nach Corea,* Leipzig 1880, Hesse-Wartegg, Ernst von: *Eine Sommerreise nach dem Land der Morgenruhe,* Dresden, Leipzig 1895, Reprint Seoul 1973, 1982.

Weber, Norbert O. S. B: *Im Lande der Morgenstille, Reise-Erinnerungen an Korea,* Oberbayern 1914, 1923.

Wegener, Georg(Hrsg.): *Korea, Reiseschilderungen von Dr. Siegfried Genthe,* Berlin 1905.

Zabel, Rudolf: *Meine Hochzeitsreise durch Korea während des Russisch-japanischen Krieges,* Altenburg 1906.

http//www.Pedragon.de

http//www.Koreaverband.de.Kultur/books/LiteraturKoreaDE.html

찾아보기

작품명

ㄱ

≪개벽≫ 14, 190
『겐테의 한국기행 Korea. Reiseschilderungen』 236, 237, 240, 244, 246
『고래가 싸우면 Wenn die Wale kämpfen』 247, 252, 254, 256, 269, 272
「고마워하는 까마귀 Der dankbare Rabe」 290, 292
「고요한 밤, 거룩한 밤」 181
「곰돌이 워셔블의 여행」 80, 84
「공작나방 Das Nachtpfauenauge」 120
「국가와 혁명과 나』 116
「그대는 한 송이 꽃 Du bist wie eine Blume」 200
「그대를 사랑하리 Ich liebe Dich」 210
『그리고 아무 말도 하지 않았다 Und sagte kein einziges Wort』 170, 172, 176
「금고기」 15, 18, 30, 40
「기이한 정승의 이야기 Erzählung vom merkwürdigen Beamten」 299

ㄴ

「나그네의 밤 노래 Wanderers Nachtlied」 207
『나비 Schmetterlinge』 117, 120

『나비의 미망인 Die Witwe des Schmetterlings』 267
「노래는 즐겁다」 184
「노래의 날개 위에 Auf Flügeln des Gesangs」 201
『노래의 책 Buch der Lieder』 190

■ ㄷ

「당나귀」 65
<대한매일신문> 100
『데미안 Demian』 137, 139, 140, 141
『獨逸歌謠曲集』 214
「독일의 부흥」 107, 112
「독일의 인상」 107, 110, 112
『독일인의 사랑 Deutsche Liebe』 144, 147
「동동 동대문을 열어라」 183
≪동명≫ 30, 40, 60, 65, 191, 197
「동무들아 나오라 같이 놀자」 178
「들장미 Das Heidenröslein」 202
『또 하나의 조국』 257, 258, 259, 261

■ ㄹ

『라인친구 혹은 새 달력 Der Rheinische Hausfreund oder Neuer Kalender』 71
『렌의 애가』 158, 159
「로렐라이 Die Lorelei」 190, 197

■ ㅁ

「마술학교와 다른 이야기 Die Zauberschule und andere Geschichten」 84
「마왕 Der Erlkönig」 204
『모모 Momo』 85
≪문예월간≫ 207
「미뇽의 노래 Lied der Mignon」 206

■ ⓗ

『바람과 강』 319
「반짝반짝 작은 별」 182
「백조왕자」 40, 46, 51
『백조의 노래 Schwanengesang』 188
「보리수 Der Lindenbaum」 209, 210
「봄바람」 180
「부레면의 音樂師」 60
『북한 여행기 Nordkoreanisches Reisetagebuch』 256
≪불교≫ 136
「불교동화 Ein buddhistisches Märchen」 256
「불평하는 머슴 Der unzufriedene Bauermann」 297
「브레멘의 음악대 Die Bremer Stadtmusikanten」 52, 56, 57, 60
『빌헬름 텔 Wilhelm Tell』 90, 99, 100, 106, 135
「뻐꾸기」 179

■ ⓢ

『산삼 Die Ginsengwurzel』 284, 301, 304, 308
「산신령 호랑이 Der Geistertiger」 293
『상처 입은 용 Der verwundete Drachen』 264, 265, 268
『생의 한가운데 Mitte des Lebens』 165, 168, 247
『생활인의 철학』 131
「샤머니즘동화 Ein schamanisches Märchen」 251
『瑞士建國誌』 100, 101, 106, 107
『세계의 악성』 72
「세레나데」 188
「소나무」 181
『소년의 마적 Des Knabens Wunderhorn』 14, 187
「소년의 희생 이야기 Erzählung von Opfer des Knaben」 301
『수레바퀴 밑에서 Unter dem Rad』 137
『수학귀신 Der Zahlenteufel』 88, 89
「승녀와 공주 Der Mönch und die Prinzessin」 315

≪시문학≫ 201
≪時事評論≫ 155
≪新生≫ 207
「十字架의 힘」 191, 197
『싯달타 Siddhartha』 136

■ ⓞ

「아름다운 여인 Die Schöne」 213
「아베마리아 Ave Maria」 210
<아이동무> 107
『아이들을 위한 이야기 Kindergeschichten』 127
『압록강은 흐른다 Der Yalu fließt』 217, 218, 232, 233
「야생백조 Die wilden Schwänen」 44
≪어린이≫ 14
『어린이와 가정을 위한 동화 KHM』 13, 29, 50, 60
「어부와 그 아내 Von dem Fischer un syner Fru」 18, 19
「漁夫의 夫婦」 30, 39
「여섯 마리 백조 Die sechs Schwäne」 46, 51
『옛 하이델베르크 이야기 Geschichte von Alt-Heidelberg』 160, 163
『오동나무 밑에서 Unter dem Odongbaum』 284, 286, 292, 297, 308
「옹달샘」 180
「우리를 슬프게 하는 것들 Was traurig macht」 128, 130, 132, 135
「월광곡」 72
『웰텔의 悲歎』 155, 156
「유교동화 Ein konfuzianisches Märchen」 253, 254
『유리알 유희 Das Glasperlspiel』 144
「이 몸이 새라면」 185
「이상한 나귀 타기 Seltsamer Spazierritt」 69, 71

■ ㅈ

「자장가」 186
「잘 있거라 내 고향」 185

「재색공주 Die graue Prinzessin」 315
『전쟁장난감 Kriegsspielzeug』 269, 272, 274
『젊은 베르테르의 슬픔 Die Leiden des jungen Werthers』 147, 148, 154, 157
「정녕 나는, 정녕 나는 Muß i denn, Muß i denn」 184
「정신이 업는 아히 Das dumme Kind」 285
『조선 민담집 Koreanische Märchen und Erzählungen』 284, 289, 297, 301, 308
『조선동화대집』 310
『조선어문법 Koreanische Konversations-Grammatik』 284, 290, 308
「쥐 왕국의 오만한 여왕 Die stolze Königin des Mäusereiches」 311
『찜머만의 문고판 여행기 Von Zimmermanns Taschenbuch der Reisen』 238

■ ㅊ

「책상은 책상이다 Ein Tisch ist ein Tisch」 123, 126
「청춘은 아름다워라 Schön ist die Jugend」 141, 143

■ ㅋ

『칼 하인리히 Karl Heinrich』 160

■ ㅌ

「테디 곰과 동물들 Der Teddy und die Tiere」 84
『토지』 323

■ ㅍ

「팔려가는 당나귀」 69
『페터 카멘진트 Peter Camenzind』 137
『평양에서 잠 못 이루고 Schlaflos in Pjöngjang』 261, 263

■ ㅎ

『한국 38mal Korea』 275, 276
『한국 민담 Koreanische Märchen』 310

『한국 민담과 전설 Korea. Märchen und Legenden』 282
『한국 여행안내서 Reiseführer. Südkorea』 278
「행운의 돌 Der Glückstein」 305
≪현대≫ 200
「환희의 송가 An die Freude」 211
『황태자의 첫사랑』 159

인명

■ ㄱ

게브하르트 힐셔 Gebhard Hielscher 275
고은 323
그림형제 Brüder Grimm 13, 14
김병현 100
김영보 155
김영하 322
김원일 319, 328
김재원 112
김지하 323, 325, 328, 332
김진섭 131
김홍도 289

■ ㄹ

로베르트 무질 Robert Musil 144
로베르트 슈만 Robert Schumann 200
루이제 린저 Luise Rinser 168, 247, 251, 254, 256, 260, 265, 269, 272, 273, 281

■ ㅁ

모윤숙 159
미하엘 엔데 Michael Ende 84, 135

■ ㅂ

박경리 323, 329, 331
박완서 323, 326, 327, 329
박용철 197, 200, 201, 206
박은식 100
방정환 14
베르너 자세 Werner Sasse 282
베르톨트 브레히트 Bertolt Brecht 144
베토벤 72, 79, 210, 211
빌헬름 그림 Wilhelm Grimm 13
빌헬름 마이어-푀르스트 Wilhelm Meyer-Förster 160, 165
빌헬름 뮐러 Wilhelm Müller 147, 209

■ ㅅ

서항석 206
슈테판 안드레스 Stefan Andres 230
실비아 브레젤 Sylvia Bräsel 237, 319, 327, 330, 331, 333

■ ㅇ

아르힘 폰 아르님 Archim von Arnim 14, 187
안드레 에카르트 Andre(as) Eckardt 231, 283, 297, 304, 309, 310, 315, 325
안톤 슈낙 Anton Schnak 130, 131, 135
알브레히트 허베 Albrecht Huwe 282, 325, 329, 332
알프레드 파비간 Alfred Pfabigan 262, 263
야콥 그림 Jacob Grimm 13

에델투르드 김 Edeltrud Kim 319, 328, 329, 331, 332
오르겐 게르스텐마이어 Eugen Gerstenmeier 116
오정희 319, 323, 327, 329, 332
오토 쉰네르 Otto P. Schinnerer 165
요한 볼프강 폰 괴테 Johann Wolfgang von Goethe 147, 202, 203, 204, 207
요한 페터 헤벨 Johann Peter Hebel 69
원효 318
윤이상 264, 267
은희경 322, 330
이문열 319, 322, 323, 327, 331
이미륵 110, 111, 217, 230
이상 323, 327, 332
이창동 323, 332
이청준 323, 329, 330, 331
이혜경 323
이호철 323, 330

■ ㅈ

전혜린 165, 170, 172
조경란 323, 330
조정래 323, 331
지그프리드 겐테 Siegfried Genthe 236

■ ㅊ

최남선 39

■ ㅋ

카알 프리드리히 헤롯세 Karl Friedrich Herrosee 210
클레멘스 폰 브렌타노 Clemens von Brentano 14, 187

■ ㅌ

트라우테 샤르프 Traute Scharf 310, 311

■ ㅍ

페터 빅셀 Peter Bichsel 126, 127
프란츠 슈베르트 Franz Schubert 186, 188, 207
프란츠 에커르트 Franz Eckert 177
프란츠 카프카 Franz Kafka 144
프리드리히 막스 뮐러 Friedrich Max Müller 147
프리드리히 질허 Friedrich Silcher 190
프리드리히 폰 쉴러 Friedrich von Schiller 90, 100, 106, 210
프리드헬름 베르튤리스 Friedhelm Bertulies 323, 332

■ ㅎ

하이디 강 Heidi Kang 319, 327, 328, 330, 331
하인리히 뵐 Heinrich Böll 172
하인리히 하이네 Heinrich Heine 151, 190, 200
한강 323
한스-유르겐 자보롭스키 Hans-Jürgen Zaborowski 282, 325, 326

한스 마그누스 엔첸스베르거 Hans Magnus Enzensberger 88, 89
한스 야콥 크리스토프 폰 그림멜하우젠 Hans Jacob Christoph von Grimmelhausen 234
헤르만 헤세 Hermann Hesse 117, 120, 136, 140, 143, 144, 213
헨드릭 하멜 Hendrik Hamel 234
호프만 폰 팔러스레벤 Hoffmann von Fallersleben 179, 180, 182
홍난파 72
황석영 322

- 최석희

    경북대학교 사범대학 독일어과 졸업
    고려대학교 졸업(문학박사)
    뮌헨대학 수학
    알렉산더 폰 훔볼트재단 초청연구교수(마인츠대학)
    대구가톨릭대학교 외국어대 학장 역임
    현재 대구가톨릭대학교 문과대학 독어독문학과교수

    저서 : 『Die unverkaufte Braut』, 『그림동화의 꿈과 현실』, 『독일어권 여성작가』(공저)
    역서 : 『힌쩨와 쿤쩨』, 『오를레앙의 처녀』, 『메시나의 신부』, 『겐테의 한국기행』, 『늑대가 돌아온다』, 『내 동생』

독일문학 그리고 한국문학

2007년 6월 10일 1판 1쇄 인쇄
2007년 6월 15일 1판 1쇄 발행

지은이•최 석 희
펴낸이•한 봉 숙
펴낸곳•푸른사상사

등록 제2-2876호
서울시 중구 을지로3가 296-10 장양B/D 701호
대표전화 02) 2268-8706(7) 팩시밀리 02) 2268-8708
메일 prun21c@yahoo.co.kr / prun21c@hanmail.net
홈페이지 //www.prun21c.com
편집/디자인•심효정／지순이／이선향／김조은 ; 기획/마케팅•김두천／한신규
ⓒ 2007, 최석희

값 20,000원
ISBN 978-89-5640-537-7-03800

☞ 푸른사상에서는 항상 양서보급을 위해 노력하고 있습니다.
　저자와의 합의에 의해 인지 생략함.